U0126575

京都學派與禪

吳汝鈞等著

臺灣 學生書局 印行

序

　　這又是我以中央研究院中國文哲研究所特聘研究員與國立中央大學合聘教授的身份為中央大學中文研究所與哲學研究所授課的成果。我們以對話的方式（老師與學生對話）來進行授課。我預先安排同學做某一主題的報告，上課的時候，由同學先闡述他／她所做的報告，在有需要的地方，我會提出回應，其中包括更正錯誤、補充、批評、質疑等方面。其他同學也可以參予討論，氣氛相當輕鬆。整個授課程序的談話都即時錄音。某一主題的討論完畢，報告的同學便自行把錄音內容記錄下來，交來給我看；我一邊閱讀，一邊改正，連個別字眼、句號都加以注意。最後交給同學修改，完成逐字稿。我把所有的逐字稿收集起來，作最後的整理，然後送去出版，印行成書。到現在已經出版了六本書了，這是第七本。這讓沒有參予上課的年青朋友都可以買來看，分享我們的授課、討論的經驗。

　　總的來說，同學的表現大體上不錯，也很用功，只是較少提出問題和參予討論，發言也不多。同學的報告基本上是參考我的著作來做的，有時也閱讀他人的有關著書。我的回應很多元，除了矯正錯誤，補允內容，提供知識等等方面，也很著重思考的啟發。在課堂上提出種種問題，以帶導同學去反思某些觀點或問題；也盡量邀其他同學回應有關的討論課題。他們的表現一般也頗積極。一言以

蔽之，授課除了提供同學相關的知識外，更重要的是鼓勵同學參予討論，啟發他們如何提出問題和展示自己的觀點，不要老是在吸收既有的研究成果。同學對於我的用心似乎也能理解。

　　以下我要作一些提示，希望對同學有些用處。第一，大部分參予聽講的同學都是中文系出身的，而我所開講的課程都是哲學性質的，同學雖然具有分析、思考問題的興趣，但邏輯、哲學分析的基礎訓練並不足夠，特別是在西方哲學和比較哲學（如京都學派）方面顯得有些弱，有點力不從心的狀況。在這方面希望能作些努力，加把勁。第二，同學的語文知識不足夠，除了中文外，對外語如英文、日文等缺乏閱讀的能力。這種情況，在大學階段還未有急切的需要。但到了研究所，唸碩士、博士，肯定要多掌握一些閱讀外語的參考資料的能力，多吸收一些國外的研究成果，俾能與國際的學術研究接軌。同學如真的要在學術研究上用功、打拚，現在急起直追，補這方面的不足，還來得及。

　　不過，話得說回來，近十多年來，學術研究在任何地方都在下滑，這自然與經濟不景氣有密切關連。特別是在臺灣，這種研究已沒有遠景。拿到博士學位而找不到教職的現象，到處皆是。不要說是專職教職，連兼職教職也不易找。流浪博士越來越多。一份大學的專任教職的空缺，往往招來四、五十個申請案，都是具有博士學位的，通過的機會只有四、五十分之一。甚至是通識課程的教職，都是一樣。我認識一個年輕的（實在並不年輕，只是比我年輕而已）朋友，拿了臺灣方面兩個碩士學位，一個博士學位，在中部的一所私立科技大學（以前是學院）教了十多年的通識課，已升等為副教授，三年前竟被學校解雇，學校不再與他簽聘請合約。一方面是財政上有問題，另方面是招不到學生。這個朋友連兼職都找不

到。三年以來，天天都待在家裏睡覺，無所事事。我一直都很鼓勵有潛力的學生繼續努力，在學術研究這個平台上有一個位置。近年已不這樣想、這樣做了。只對一些少數的學生是例外。只要努力耕耘，腳踏實地去做，打拚得研究成果，還是有希望的、值得的，總會有發展的機會。

回返到這個課程和這本小書方面。這個課程本來名為「禪與京都學派」，實際上的做法，是以京都學派特別是久松真一、阿部正雄和上田閑照為主軸，看他們在禪方面的理解與實踐，因此把書名定為「京都學派與禪」。參加聽講的同學有中央大學哲研所的碩士生陳明彥、中央大學中文所的博士生陳哲音、中央大學哲研所的博士生黃奕睿、中央大學戲曲所的碩士生許家瑞、中央大學戲曲所的博士生朱挈儂、中央大學哲研所的博士生林春銀和中央大學哲研所的碩士生林聖智。他們都是選修的。旁聽的則有臺北市立大學中語所的博士生吳嘉明、玄奘大學宗教所的碩士生薛錦蓮、玄奘大學宗教所碩士林美惠、中央大學哲研所的博士生瞿慎思和加拿大麥克馬斯德（McMaster）大學宗教所博士曾稚棉。

至於逐字稿方面，瞿慎思負責〈緒論〉部分，陳明彥負責第一章〈久松真一與他的學思歷程〉，陳哲音負責第二章〈久松真一的絕對無的哲學意涵〉，黃奕睿負責第三章〈久松真一論茶道與禪之美〉，許家瑞負責第四章〈宗教的終極可能：談阿部正雄的宗教理解〉，朱挈儂負責第五章〈阿部正雄對於禪的繼承與回應〉，林春銀負責第六章〈上田閑照的絕對無的觀照與禪的實踐〉和第七章〈結論〉。實際上，〈緒論〉部分與第七章〈結論〉都是由我講的，同學是做記錄，不是嚴格的逐字稿，與其他六章不同。另外，陳明彥在做第一章〈久松真一與他的學思歷程〉的逐字稿時，由於

不太適應我的對話詮釋的方式，對於我的回應，也不是能夠完全掌握，因此他參考我的著作和一些他人的述論，以問答方式為之。他擬設了一些問題，又以我的著作為基礎，會同其他的資料斟酌作答，而視之為我的回應。這種方式，與其他篇章有不一致之處。但在整體內容上並未有構成顯明的影響，因此我未有在形式上作重大修改。他的逐字稿還是有用的、可讀的。

　　回顧過往九年，我替中央大學開過八門課，涉及佛學、禪、儒家、道家和京都學派，有時也與我自己提出的純粹力動現象學作些比對，在講授（以回應同學的報告的方式為之）方面，有點勞苦，更有越來越疲累的感覺。主要原因是這些課程是三學點的課程，要進行三個小時。而實際上，幾乎每次都超過三個小時，以至於四、五個小時，望著外面已經昏黑一片，才感覺要停止，回家吃晚飯了。有些同學說不覺得怎樣疲倦，反而覺得時間過得很快哩。我說你們只是間中談話，提出一些意見，我則是由開始講到終了啊，講到口水都乾涸了，因而只能一邊講，一邊不停喝水。回到家裏，癱在床上，一動不動的，好像骨頭都鬆開了。好久才能起來吃飯。那個晚上便甚麼都不能做，只能聽音樂和看 DVD 來培養神經，恢復元氣，或到中庭看看月亮與星星。課程完了，又要處理同學的逐字稿，改了又改，覺得沒有大問題，才送去書局印行。到了最後還要做最後一次校對、修改。這都是很費時間與精神的事。我有時想，與其替同學的逐字稿修修補補，改這改那，以求得一致性，不如自己動筆，寫一份新的，來得省時省事，水準自然也會提高。不過，這便不符合原來的要求，失去通俗對話的性質與作用。我時常這樣想，學生老遠從桃園中壢來中研院上課，在交通上要花四、五個鐘頭，有些還從新竹開車過來，你總得講些具有實質性的東西給他們

聽，讓他們心裏感覺充實、踏實，不會空手而回吧。不過，不管怎樣說，這本書只是授課記錄，不算是甚麼學術性研究的專著，請讀者不要有太高的期待，我便感激不盡了。

　　附帶一說，書中細明字體是同學講的，楷體字眼是我講的。同學講的或許更有趣，更具可讀性哩。又，書中第六章涉及禪的十牛圖頌的問題，關於十牛圖，我找到這方面的最好的刻本，那便是日本的德力富吉郎的木刻本，那是多年前一個朋友到日本旅行時看到帶回來的。另外，第三章講到久松真一的茶道，提及一個在這方面有極深造詣的千利休。我近日在誠品書店找到一張日本製作的DVD「一代茶聖千利休」，其中有千利休在茶道儀式的表演，又展出種種在這儀式中用到的細緻的、精美的茶具。讀者可找來看。千利休初為豐臣秀吉所重用，最後竟被後者逼害而切腹自盡，令人惋惜。

　　最後，還是那句老話，我很感激中央大學有關方面，特別是楊祖漢教授，讓我替他們授課，而且是在中研院上課，不必要我從老遠的臺北市跑到中壢的大學本部上課，省卻很多精神和時間。但那又為難了聽講的同學了。

吳汝鈞

2015 年 2 月於南港中研院

京都學派與禪

目　次

緒　論

吳汝鈞：今天是第一次上課，目前這個題目先暫定這樣，實際上要講的內容還是要跟你們討論。這裏有三方面，一方面是禪，一方面是京都學派，另一方面是京都學派與禪之間的關係。

　　禪是在中國流行，傳到日本的佛教裏面的一個重要的學派。這一點大家也有點了解。你們念歷史或是中國思想史都會碰到禪這方面的問題，你會很容易想到禪裏面創教的就是菩提達摩（Bodhidharma），接下來，就有幾位相續地繼承達摩的祖師。到慧能與神秀，禪就分派了，不是原來統一的教派，卻分為慧能禪與神秀禪。慧能禪是南宗，神秀禪是北宗。這兩者對禪的基本了解與實踐都不一樣。接下來，唐代之後，神秀的北宗禪漸漸地衰退了，唯有慧能的南宗禪繼續發展下去，而且發展的情況非常興旺。結果一般人談起禪就會想起慧能，忘掉了北宗神秀的禪法。慧能禪發展到宋代及之後，禪也就慢慢衰退。因為那時候，宋明儒家出來，那一班儒者，要繼承先秦孔孟傳統，繼續發展儒學，可以說是開拓一個新的天地。不過，佛教，特別是禪，也不是完全斷滅，沒有人提倡，而是在民間裏面流行。大概在宋代中期，日本人喜歡這種宗教，就派一些人過來，學習禪的義理與實踐的方法，傳到日本去。所以禪在宋代從中國傳到日本，然後開出日本禪。這可以說是另外

一個派別，不過它還是跟南宗禪或慧能禪有比較密切的關連。這就是禪全部的情況。

在日本，禪到了今天還是在流行。不過有一些變動，主要是受西方宗教哲學方面的影響，所以日本禪也不純粹是慧能的系統，它也吸收了西方有關的思想再發展下來。你們大概知道鈴木大拙，他是當代在日本禪很有名氣的一位學者，他也算是一位出家人，可是他有太太，他太太是一位外國人。日本的佛教不像中國的，中國的出家人是獨身的，不能結婚，不管是比丘或是比丘尼都不能結婚，像天主教的神父一樣，都要獨身。基督教的牧師可以結婚，這不一樣。在日本的佛教來講，是容許教徒結婚的，而且有些教徒不光是只娶一個妻子，娶四五個哩。這在中國佛教是絕對不會出現的，一直到現代還是一樣。在傳統方面，如果你堅持要結婚，要娶妻或是嫁人，你就要退出禪或佛教的行列，不再當和尚或尼姑，這樣跟禪或佛教就切割了，沒關係了。

弘一大師是律宗重要的人物，他早年去日本，娶了一個日本太太，也有了孩子，後來他出家了，在律宗方面靜修和實踐。他太太帶著他們的孩子，到他住的地方，求見法師。結果他拒而不見，因為一見了，就拖拖拉拉的，以前的感情會再度出現，影響修行。所以他就長痛不如短痛，拒絕見家人，表示他出家修行的決心。可是也不是人人都能這樣做。你出家拋棄家庭生活，要下很大的決心。出家就是離開家庭生活，到另外一個地方，比如說，到寺院去修行。不是每一個人都可以做到弘一大師的程度。以前香港中文大學宗教系有一位天主教的神父，本來不能結婚，後來碰到他心愛的女子，最後要結婚，怎麼辦呢？他乾脆脫離天主教，跟那位女子結婚，最後到了甚麼地方就不是很清楚。我想，這樣的人也沒甚麼出

息。（同學之間出現笑聲）

吳汝鈞：怎麼樣？你們不同意嗎？

同學：老師，他是真男人。塵緣未了。

吳汝鈞：對啊！塵緣未了就繼續發展下去啊！不過他就是沒有決心，既然出家，就不要管在家的事情，這樣就可以專心做修行。出了家，看到美麗的女子，就放棄了自己的宗教的理想，這樣就是沒有大的志向，還是逃不脫紅塵的束縛。

這是有關禪的發展、義理與實踐的重點。

京都學派是當代東亞兩個大的學派之一，一個是京都學派，一個是當代新儒學。京都學派是日本人所創立的思想的、哲學的、宗教的一個學派。這個學派是以佛教做為基本立場，可是也不是只走佛教這條路。它廣泛深入地參考西方的哲學、宗教學、神學那一大套思想，來建立這個學派思想的體系。所以這學派非常有國際性，它以佛教作為根基，再吸收西方一些重要的元素，建構出一套可以說是內容很多元，涉及的人數也很多的學派。

我們從京都學派所涉及的人來看，京都學派創始的人是西田幾多郎。他自己就建構一套以東方思想為主要內容的學派，同時也吸收多元的西方思想，可以說是東方和西方在思想上的綜合的學派。它已經有很多代了，從西田開始一直到現代，已經有四代流傳。第一代是西田幾多郎與田邊元，第二代有久松真一與西谷啟治，第三代有武內義範、阿部正雄、上田閑照、辻村公一。第四代，年紀跟我差不多，六十幾歲到七十多歲，他們的思想還在發展中。京都學派國際上是這樣了解的學派，可是在日本國內，他們有另外一種京

都學派的講法，包括的成員，那些人物就跟我剛才講的那班人不完全一樣。我剛才提的那些人是國際上認可的學派的成員。這國際間對於學派的說法也不是每一個日本人都接受。在他們那方面就流行另一種講法。在日本國內認可的京都學派裏面那些人與國際上認可那些人，有些相同，有些不同。一般我們講到京都學派是以國際方面為準。有關日本國內認可的京都學派人物，我想在這裏就暫時擱下。不過，我可以提出一些名字，很多你們可能未聽過。除了國際上流行的西田、田邊、西谷、久松、上田等外，他們包括高山岩男、高坂正顯、鈴木成高、下村寅太郎、務台理作、戶坂潤、三木清、唐木順三、木村素衛、九鬼周造、高橋里美、和辻哲郎、鈴木大拙等等等。往後的課程所討論的人物，是以國際上認可的為主。

講到中港臺這方面，華人所做有關京都學派的研究，實話實說，非常少，一下子還不能吸引華文學界的注意。在著書與論文方面也不多，在大陸方面，有一個叫劉及辰的學者，他寫了兩本書，一本是講京都學派，不過他只是講幾個人，其中有些是不太重要的。他了解的京都學派，跟現代了解的不一樣。另外他又寫了一本《西田哲學》。這兩本書都是在馬克思列寧主義的意識型態框框裏面寫，以馬列思想為哲學原則來寫京都學派。京都學派基本上就是強調人的心靈、意識這方面的問題，把唯物論放在一邊。所以你你用馬列主義作為一個標準來講京都學派，講西田幾多郎也好，講其他人也好，那些都是屬於唯心主義的。在大陸，凡是唯心主義的思想，都被貶為反動主義。如果在政治上有反動行為，是要殺頭的。在著作裏面如果有反動的思想，有唯心主義的那種意識型態，就沒有書局會替你出版。所以寫了也沒有用，只能放在家裏，沒有一家出版社會替你出版。現在不一樣了，大陸改革開放有幾十年，國外

一些講觀念論、唯心主義這些書都可以出版。

　　另外一位日本研究的學者，叫做卞崇道，他是日本學的專家，不是專門研究京都學派的，當然研究裏會涉及現代日本的思想，有京都學派的思想在裏面。他來過臺灣開會，也曾到我家訪問，送了我一塊茶几的裝飾布，那是他家鄉的名產。過了一陣子聽說他過世了。聽到這消息有點莫名其妙，好好的一個人，比我大幾歲，看起來很健康，也常常參加在大陸、日本、臺灣舉辦的國際研討會，可是有一天我從朋友那裏聽說他過世了，到底是怎麼過世的呢？我也不是很清楚。這兩個人是大陸方面對京都學派有興趣，而且做過研究，可是劉及辰那兩本書是不能讀的。我是花了很大的工夫去找這兩本書，結果臺灣這邊沒有，圖書館也沒有。我寫信給上海復旦大學的朋友，結果他幫我找到《西田哲學》。但是我翻開閱讀，裏面每一頁都是政治語詞，根據馬克思、列寧來批判西田，這樣的書怎麼能看呢？西田從來就沒有唯物的思想，是觀念論的。所以我很難才找到那本書，翻了第一頁就看不下去了，現在還擺在家裏。

　　臺灣這方面，寫成為書的就是我一個人，寫了四本。另外還有些朋友，可是他們沒有一本專書專門討論京都學派的，是發表一些論文，論及京都學派的思想，像政治大學的林鎮國，或是臺北大學的賴賢宗，後者懂得的東西很多，哲學、藝術、文學，他也寫詩，也寫書法，開畫展，他還有唱一些宗教性的曲子，聲音還不錯。另外，清華大學的哲學研究所的黃文宏，研究西田。所以我們可以說京都學派的研究在大陸還沒有開始，臺灣這裏已經有人在做了。至於翻譯，大陸方面何倩翻譯了西田幾多郎的《善之研究》，臺灣方面陳一標、吳翠華翻譯了西谷啟治的《宗教是什麼》。陳一標也跟我提過，要翻譯田邊元的《懺悔道哲學》，不知道進展如何。

最近我找到一本在 2012 年出的一本書，裏頭引用了我的著作，是一位香港中文大學拿到博士學位的李宜靜寫的《空的拯救——阿部正雄佛耶對話思想研究》，是大陸出版的。這是以比較客觀、開放的眼光來講京都學派，涉及京都學派與基督教的對話。

最後一本書是在 2008 年中研院文哲所舉辦國際研討會出版的論文輯錄，題目是《當代新儒學與京都學派》。我們邀請了一些重要人物來參與對話。當代新儒學方面，我們運氣很好，邀請到杜維明與劉述先代表儒家，這是最好的兩個人選，是當代新儒學家中還健在的最重要的人物。日本方面，我們邀請了京都學派第四代的人物，花岡永子與松丸壽雄。本來我是想邀請第三代唯一還健在的上田閑照，但是因為當時他身體狀態不好，推薦了他的得意弟子松丸壽雄來。花岡永子是西谷啟治的學生。這本書的內容是當代新儒學與京都學派的對話和論文：《跨文化視野下的東亞宗教傳統：當代新儒學與京都學派》。在這裏我是簡單介紹京都學派與禪這兩方面，主要是哪一些人物作為代表，代表禪，代表京都學派。

不過京都學派裏面的成員，一方面是以佛教作為基礎展開理論體系，另一方面也多方面吸收了西方哲學、宗教學、神學的思想，建構出一套包容很廣的哲學體系。可是也不是每一個人都跟禪有密切的關係，有些是講禪，有些講淨土，另外有些是強調西方的神秘主義，特別是德國的神秘主義。所以在這裏跟禪比較有密切關聯的京都學派，一個是第二代的久松真一，另外是第三代的阿部正雄、上田閑照，也可以把花岡永子算在裏面，頂多是這四個人。最重要的是前面三位，花岡永子應該沒有那麼重要。如果我們拿禪跟京都學派做比較的話，我們就限定這三個人，花岡可以勉強算進來，可是她的研究不是很純粹，不夠專精。花岡永子是一個女生，拿了兩

個博士：神學、哲學博士，又拿了一個榮譽博士。因為德國人要表示一個人拿到博士學位當教授，那麼在名片上的表示就是 Prof. Dr.（某某某）。因為花岡拿了三個博士，名片上就印 Prof. Dr. Dr. Dr.（某某某）。拿一個博士已經不容易了，她一下子拿三個。我認識一個西方學者拿了四個博士，不得了，所以他是一個「博士收藏家（doctorate collector）」。

　　這門課，同學要我講禪也可以，京都學派也可以，或是把兩者比較研究，也可以。這是用對話的方式來進行，跟研究所的一般課程不完全一樣。每一位同學都會安排一個題材，拿這題材做一份報告，在課堂上依照次序報告出來。在報告期間，我會在需要的地方提出很多回應，這些回應可能是修改、修正同學的報告內容，也可能是補充內容，也可能是對特定的概念提出一些質疑，或者是要求報告的同學多講一點，講清楚一點，詳細一點。另外，同學也可能有問題要問，對報告的內容要求澄清，要求進一步解釋。真正提出有討論性的問題是很好的，我會以即時的方式來回應問題，這種即時的問題的提出與回應與預先準備提出不同。預先準備比較嚴肅，都是事先思考過；即時回應會有一些臨場突發的回應，一般所謂創見，都是在這種機緣下創發出來，與事先準備的觀點不同。事先準備容易有一種預設的想法，這種情況很難產生一種自然而然的靈感。如同音樂家有即興創作的即興曲，是沒有預先想定的。如果先把報告看過及標示，則容易有預設好的回應，即心理有的回應，那麼就沒有新鮮感，沒有生氣與靈感。以往我們出了六本書，都是以這種方式進行，如果同學報告準備好，老師的問題也準備好，就太呆板。所以「爆肚」有一種好處，就是即時提出關鍵性的想法，更有一種原創性的想法，這也是我們想達到的。

　　我想講的是要一份報告，老師會即時提出問題與回應。如某些歌手、京劇表演的人忘掉台詞，那麼就是要具有「爆肚」的本事，才能應付這種尷尬的場面，讓即席的演出有靈活性。舉例來說，有一次學生書局舉辦一個晚宴，請我們作者去參加，朋友中有些我認識或是半認識，這個晚宴在六點十五分上菜，那時我剛到臺灣，沒有注意下班交通狀況，所以塞車無法準時到達，我也打個電話給學生書局，但他們似乎要等我到達，當我到達會場，已經過了半個鐘點，大家都不耐煩，也不和我打招呼，那個場面很尷尬。我本想和他們打招呼，想伸手和其中一位朋友握手，對方居然坐著不動，所以我覺得很難受，我是出自友善，靈感一來就說起筷！起筷！我就用舉手順勢請大家起筷。這種事情如何準備，我事先完全沒有預想到會有這種反應，我舉手順勢化解了尷尬的場面。舉這種例子，主要解釋「爆肚」的即時回應。接下來的報告希望依這種模式來進行。比如慎思會提出很多問題，人如其名，不然怎對得起父母取名的苦心呢？我們用報告與對報告的回應來作一種對話與學術探討，即使有一點玩笑也很好，不用太嚴肅。事實上這種講習的方式在歐美是很常見的，主要是讓大家輕鬆一下，把整個頭腦放在報告文字與對話中。

　　每一個同學做這個報告，全部都錄下來，回去之後把上課全部的講課內容，包括同學的報告內容、老師的評論與修補，以及其他同學的回應，都錄下來。一份報告做完之後，以逐字稿記下來。這氣氛可以很輕鬆。不是一個老師講課，同學只要聆聽，記重點。這樣氣氛很悶，很呆板。所有的逐字稿做好之後，我會全部修正。我做的分量會比你們的報告多幾倍。當同學把所有逐字稿整理好，我會做內容、文字、參考材料的全盤閱讀、修訂，完成之後拿去出

版。

　　我替中央大學開課，每一年開一門。那門課的成果就可以出版。過去開了七門課，有一門最初沒有做這工作。有六門課這樣整理，現在就出了六本書。這書拿出去流傳，便有用。不然就只有幾位同學聽，聽了就回家，有點浪費，所以拿去出版，可以讓更多人閱讀。這樣上課氣氛很輕鬆，反應也很好。

　　我們還是做一些禪與京都哲學的比較，這樣同學可以學到一些東西。如果你從京都哲學裏面看他們怎麼去接觸、去理解禪，這就有一些新的思考與理解，就可以得到一些新的詮釋。你們可以拿老師寫的書去參考，還可以參考一些相關的英文書籍，做一些比較。如果光是講禪，目前已經有很多禪的研究，在大陸或臺灣都已經有很多書出版，他們講的沒有甚麼新意。京都學派就不是這樣。大陸的很多博士論文，做禪的研究，就拿禪的語錄或是《壇經》做一些文獻的解釋，不參考外面的人的看法。只拿一些中文資料，關起門來研究，對外面的世界不聞不問，日文、英文都不懂，可是他們還是拿到博士，接下來就拿博士論文來出版。這種題目已經很多人講過了，他們也不參考國外很多人對這個題目做的研究，只拿中文的資料來參考。這種博士論文，很難有學術性的價值。他們的指導教授也沒有這樣的觀念，要去看國際上新的見解和研究進度。很多大陸的教授，除了當大學的教職之外，還擔任博士生導師，可是他們連博士論文或碩士論文都沒寫過，就當起博士生導師。其實他們沒有這種能耐，只有學士的學位，大陸很多大學裏的老學者，在大學畢業後，就在原來的大學當助教，當了幾年之後就升等為講師、助理教授、副教授、教授，對外面學術研究的狀況甚麼都不知道，就這樣當起博士生導師了。這樣能怎麼指導一個博士生呢？現在大陸

對於讀博士學位，叫做「攻博」。好像很了不起，說我在「攻博」。

我們今天先決定內容，再分配同學題材，往後就是這樣報告下去。通常一份報告，都是四～六千字，可是逐字稿整理好之後，會發現有兩三萬字，比報告多幾倍，主要是我在課堂上的修改、補充和發問，還有對於觀點的進一步解釋。這裏有一個問題就是選修的同學有七位，通常做報告的是選修的同學，才可以評分。我們就這樣確定，久松真一、阿部正雄、上田閑照，看他們在禪方面的研究，這也涉及實踐方面的問題。比如說，禪坐、參話頭，很多不同的活動。慧能說行、住、坐、臥都是修行的機會。所以這樣就比較靈活。一般人想到禪一定會想到打坐，不打坐就不算禪，其實不是這樣。對話也可以幫助修行。比如說，有一次慧能到五祖弘忍的道場，要加入這個道場修禪。弘忍第一次見到他就問：「你是甚麼人？」慧能答：「我是嶺南人。」弘忍說：「嶺南人學甚麼佛法？講甚麼佛性呢？」慧能回說：「人有分東西南北，佛性哪有分東西南北呢？一切眾生，都有佛性。」於是弘忍就收他為弟子。這是一種口試，弘忍這樣提，是看慧能的回應，觀察他有沒有潛力、慧根。今天先安排今天到來的同學，兩個人為一組，六個人，把這份報告做好。兩個人一組可以連續做五堂課。

久松對禪的美感有比較深入的研究，像茶道、花道、武士道、書道、畫一圓相、美術（繪畫），都有美感。每個人的體驗不一樣。人對美的印象，可以很不一樣的。譬如說，現代西方最有名氣的畫家，畢卡索，他的畫怎麼好法？美感在哪裏？他畫的人物人不像人，鬼不像鬼，常常把人的臉分為兩半，一半是人，另一半是別的東西，他把人都解構了。可是要提出西方最有名的畫家，他的名

字一定在裏面。像法國的莫內，中國的林風眠、齊白石、趙無極、徐悲鴻都是大畫家。可是大家的看法不完全一樣。有一次聽牟宗三先生評論齊白石的作品，說他的作品粗糙，不算高級的藝術。我心裏想，牟先生只是看到齊白石某一些不討好的作品，像山水畫，可是齊白石畫的蝦、螃蟹，沒有人可以超過他，怎麼可以說他畫的東西沒有藝術的美呢？他畫的蝦的身體真的有一種透明的感覺，到現在還沒有人畫蝦可以超過齊白石。所以那是牟先生的偏見。還有，徐悲鴻畫馬，非常有神采。而且他畫得很快，大概十幾分鐘就畫出一張。到現在也還沒有人畫馬可以超過徐悲鴻。所以這裏有非常多問題。好，下星期就請第一組的幾位同學作報告。

第一章
久松眞一與他的學思歷程

陳明彥：可否請老師對「京都學派」的基本研究介紹給我們認識呢？

吳汝鈞：有關「京都學派」，我寫了四本書：《絕對無詮釋學——京都學派的批判性研究》、《絕對無的哲學——京都學派哲學導論》、《京都學派哲學：久松真一》、《京都學派哲學七講》。目前我們還沒找到第五本書專門講京都學派的。大陸的劉及辰寫了兩本書：《西田哲學》和《京都學派哲學》，但是從馬列主義作指導背景寫的，不能看的。我有一個朋友黃文宏，他翻譯了西田幾多郎的一些文章、一些論文，近年出版了。另外還有一本書是翻譯西谷啟治的《宗教是甚麼？》，出版了兩三年吧！佛光大學的系主任陳一標跟他的妻子一起翻譯，後者是念日文系的，日本語的水平應該很好。

陳明彥：請問老師東亞哲學在哲學界的定位是甚麼呢？

吳汝鈞：東亞哲學裏最有份量的兩個學派，就是新儒家以及京都學派，前者主要講道德問題，後者則講宗教問題。但二學派一直以來

都沒有直接的互動過。於是我們便在 2008 年舉辦了一場國際研討會，是第一次讓兩大學派的代表人物進行官方的（official，正式的）對話，有非常重要的意義。可參考吳汝鈞、陳瑋芬主編《跨文化視野下的東亞宗教傳統：當代新儒學與京都學派》。

陳明彥：為何京都學派的學者都如此長壽呢？

吳汝鈞：上田閑照在京都學派裏面還是比較淺一點，份量比較輕，沒那麼深入，年紀也比較輕。久松是這三個人物中最重要的，他是 1889 年出生，1980 年去世，你看他的年紀有多大？活了九十一年。阿部正雄也是九十一歲，剩下上田閑照目前還健在。京都學派七個人中六個已經往生，只剩下上田閑照，從 1926 年出生到現在。

陳明彥：這些學者的資料會不會很難處理呢？

吳汝鈞：就我們所選的這幾個人的資料都比較好處理，他們的學問比較單純，表達比較清晰，分析性比較強。其著作很多翻譯成英文，刊載在 *The Eastern Buddhist* 期刊中，一年出兩期，六零年代已經開始，一直到現在，算一算已經有五十多年了，大概已經出了一百多本了。最近出的我沒有訂閱，因為我沒有時間閱讀了。但是在我的研究室有一大部分，所以在參考資料方面尚可以應付。除了參考期刊以外也可以參考我的四本著作，較重要的是《絕對無詮釋學》，是在批判的眼光下寫的，《絕對無的哲學》是定位的性質。另外還有一些文章，收錄在我的另外一本書中：《純粹力動現象學》。

陳明彥：請老師說明一下您對京都學派的學思歷程。

吳汝鈞：對京都學派，我的學思歷程有三個階段：第一階段是定位性質，第二階段是比較性格，第三個階段是寫《絕對無詮釋學》，這是最重要的一本，也是最近期出版的。往後大概也不會有第五本了，因為我認為，它的絕對無這套哲學，不是一種最理想的哲學，他們對於絕對無的解讀，做為終極真理來講，我覺得是貧弱的。它講的那個力動講得不夠，力動比較弱，不能夠產生一種普渡眾生的充實飽滿的力量。因為作為一種宗教，佛教的目標是要普渡眾生，然而京都學派主要是繼承這方面的精神，繼續發展，他們的基本觀念就是絕對無。他們把絕對無看成一種終極真理，但那種動感不夠，不足以普渡眾生，所以我最後還是放棄了京都學派哲學的繼續研究。我自己則提出一個新的終極真理的觀念，就是「純粹力動」，寫了三本書：《純粹力動現象學》、《純粹力動現象學續篇》和另外一本薄薄的《純粹力動現象學六講》。

陳明彥：老師長年以來的研究工作都集中在哪一方面呢？

吳汝鈞：我個人的工作大概是兩方面，一方面是繼續做佛學的研究，另外一方面就是開拓純粹力動現象學，其中包括形而上學、知識論，也包括文化開拓，是一個相當龐大的哲學體系。不過最近出版的《純粹力動現象學》這本書是有一點生不逢時。

陳明彥：生不逢時？這有甚麼特別的原因嗎？

吳汝鈞：因為最近十年，臺灣的經濟下滑得很嚴重，從亞洲四小龍的龍頭，變成龍尾，以前南韓是龍尾，現在臺灣是龍尾，如果這個情況不能改善，往後臺灣可能給馬來西亞或者泰國取代。在經濟不好的情況下，這本書又貴，一本九百塊，而且比較難讀，所以讀者

買書的意願就減少了。商務印書館有這個意思，叫我以後寫書不要寫得太厚，不好賣出去。而且臺灣的大學生素質也越來越差。若大家把這門課的逐字稿完成，就會成為一本著作。這種以對話方式進行講學的出版品，外面反應不錯，不像純粹的哲學作品那麼艱澀。那接下來就請同學進行報告。

陳明彥：報告有關久松真一（1889-1980）的基本資料。久松是日本佛教學者、禪思想家、FAS協會的創立者。為日本繼鈴木大拙之後重要的佛教思想家。自號「抱石庵」。岐阜市長良人，畢業於京都大學文學部哲學科。就學期間，頗受西田幾多郎的「宗教學概論」課程啟發。歷任臨濟宗大學（現在的花園大學）、龍谷大學、京都大學等校教職。1932年以《東洋的無》一書，獲文學博士學位。並因此飲譽佛學界。時人常稱之為「東洋的無的久松真一先生」。

跟著補充一下久松真一的主要經歷如下：

明治22年（1889），出生於岐阜市長良。

明治41年（1908），岐阜縣力岐阜中學畢業，入第三高等學校。

大正1年（1912），入京都帝國大學文學部哲學系，師從西田幾多郎。

大正4年（1915），京都帝國大學畢業，經西田幾多郎的推薦，入妙心寺從池上湘山老師禪修。

大正8年（1919），擔任臨濟宗大學教授。

昭和4年（1929），龍谷大學教授。

昭和10年（1935），京都帝國大學講師。

昭和12年（1937），京都帝國大學助教授，講授佛教學與宗教學。

昭和13年（1938），於京大組織學生坐禪會，並指導坐禪。

昭和 16 年（1941），創立「京大心茶會」。

昭和 19 年（1944），創立「京都大學學道道場」。

昭和 21 年（1946），京都大學教授。

昭和 24 年（1949），自京都大學教授退出，轉任花園大學教授。

昭和 27 年（1952），辭去花園大學教授工作，轉任京都市立美術
　　大學教授。

昭和 31 年（1956），監修《茶道古典全集》，編《南方錄》，將
　　「京大心茶會」改組為「心茶會」。

昭和 32 年（1957），應聘美國哈佛大學神學部客座教授。

昭和 33 年（1958），到歐美各地巡迴演講。

昭和 34 年（1959），將「學道道場」改稱「F・A・S協會」。

昭和 36 年（1961），獲紫綬褒章。

昭和 38 年（1963），自京都市立美術大學離職，轉任花園大學教
　　授。

昭和 40 年（1965），獲勳三等瑞寶章。

昭和 49 年（1974），移居岐阜市長良。

昭和 55 年（1980），於岐阜市長良自宅辭世。

陳明彥：久松真一的一生有哪一些主要著作呢？

吳汝鈞：久松真一的主要著作大概有以下幾部：

昭和 14 年（1939），《東洋的無》（『東洋の無』）。

昭和 22 年（1947），《起信的課題》（『起信の課題』）。

昭和 23 年（1948），《絕對主體道》（『絶対主体道』）、《茶
　　的精神》（『茶の精神』）。

昭和 26 年（1951），《覺醒真正的自己》（『本当の自己にめざ

める』）、《人類的真正實存》（『人間の真実存』）。

昭和 32 年（1957），《禪與藝術》（『禅と芸術』）、《十牛圖
提綱》（『十牛図提綱』）。

昭和 35 年（1960），《維摩七則》（『維摩七則』）、《洞山五
位提綱》（『洞山五位提綱』）。

昭和 36-7 年（1961-62），《自覺的世界》（『自覚の世界』）。

昭和 37-9 年（1962-64），《臨濟錄抄綱》（『臨済録抄綱』）。

《久松真一著作集》全 8 卷，東京：理想社，1969-80 年。

《久松真一佛教講義》全 4 卷，京都：法藏館，1990-91 年。

《久松真一著作集　增補》全 10 卷，京都：法藏館，1994-96 年。

陳明彥：久松真一的主要研究專書和參考書有哪一些呢？

吳汝鈞：研究久松近年主要專書和參考書有以下幾部：1980 年藤
吉慈海編《久松真一的宗教與思想》（『久松真一の宗教と思
想』），京都：禪文化研究所；1983 年藤吉慈海《禪者久松真
一》（『禅者久松真一』），京都：法藏館；1987 年藤吉慈海、
倉澤行洋編《真人久松真一》（『真人久松真一』），增補版，東
京：春秋社；1991 年大橋良介《悲的現象論序說─從日本哲學的
六個命題說起─》（『悲の現象論序説─日本哲学の六テーゼより
─』），東京：創文社；1998 年上田閑照、堀尾孟編集《禪與現
代世界》（『禅と現代世界』），京都：禪文化研究所；1998 年
FAS 協會編《自己・世界・歷史與科學─追尋無相的自覺─》
（『自己・世界・歴史と科学─無相の自覚を索めて─』），京
都：法藏館；1998 年石川博子《覺與根本實在─久松真一的著力
點─》（『覚と根本実在─久松真一の出力点─』），京都：法藏

館；2000 年藤田正勝編《京都學派的哲學》（『京都学派の哲
学』），京都：昭和堂；2001 年美濃部仁編《覺的哲學》（『覚
の哲学』），京都哲學撰書第 21 卷，京都：燈影舍；2002 年倉澤
行洋編《藝術與茶的哲學》（『芸術と茶の哲学』），京都哲學撰
書第 29 卷，京都：燈影舍；2003 年北野裕通等編《禪與京都哲
學》（『禅と京都哲学』），京都哲學撰書別卷，京都：燈影舍。

陳明彥：請老師跟我們介紹一下久松的哲學與宗教之路。

吳汝鈞：久松真一本人的自傳，談及環繞著禪佛教探索個人學思歷
程與生命體驗。明治 22 年（即 1889 年）久松真一生在日本岐阜
縣，由於雙親以及祖父母都是虔誠的正統淨土真宗信徒，他自幼即
在強烈的宗教氛圍下成長，自己也志願成為一個探索絕對真實的宗
教家，甚至差點變成僧侶，進入京都西本願寺的佛教大學（即今天
日本的龍谷大學）。

陳明彥：甚麼是淨土真宗呢？久松怎樣看淨土教法呢？

吳汝鈞：在中學時期，久松受到新近科學知識的影響，對於淨土宗
絕對他力信仰與理性之間感到矛盾，由未經反省的樸素宗教信仰轉
向具有理性自律與經驗實證的近代批判性的生活信念。他開始認
為，祇有依靠理性的生命探索才能解決宗教問題；也就是說，宗教
所無從解決的，能在哲學思索中獲得解答。有一次他問岐阜中學校
長，要讀哲學應該選擇東京大學抑京都大學呢？校長回答說，京都
大學哲學系擁有新進少壯派的幾位教授，如桑木嚴翼與西田幾多
郎，尤其是西田的哲學氣質，說此人雖未享有盛名，終必成為一流
人物。淨土真宗是中國淨土宗在日本的發展，強調他力信仰和惡人

正機，強調最是惡劣的人，是最值得我們去拯救的，其代表人物是
親鸞聖人。

陳明彥：西田幾多郎好像有一本書叫《善之研究》？

吳汝鈞：那時西田幾多郎的《善の研究》還未問世，這位中學校長
即有先見之明，日後久松每每懷念及此，不得不衷心感激校長當年
的指點。

陳明彥：他有經歷過修行的淬練嗎？

吳汝鈞：久松真一出身於篤信淨土真宗的農家，入中學後，受科學
性知識的影響，逐漸對宗教產生疑惑，心中萌生追求以理性為基礎
的哲學。他經中學校長的指引，進入第三高等中學。在進入京都帝
國大學後，師從西田幾多郎，於大學專研西洋哲學的同時，認為西
洋哲學大都只將問題視為一種對象，而非將問題視為是主體自身的
問題。久松深感哲學重在真理的追求，而不是在對人生現實問題的
解決，因而向禪宗尋求解決問題的方法。及後經西田幾多郎的推
薦，入京都妙心寺，問道於池上湘山，並於大正 4 年（1915）12
月見性開悟。

陳明彥：久松佛學觀點有哪一些呢？

吳汝鈞：久松真一的宗教哲學背後不僅隱藏西洋哲學的素養，還包
含禪宗與淨土真宗的思想與實踐，且以開放的形式，透過禪修道場
與茶道場發揮其社會實踐的功能，在日本近代宗教思想史上具有獨
特的地位。

陳明彥：淨土教的特色是甚麼呢？

吳汝鈞：一般淨土教都強調念佛的目的是往生極樂、往生淨土，淨土教修行者的意識也幾乎全關注於此點上，因此淨土教被視為「往生教」。正視宗教問題的久松真一，認為真正的淨土教並非如此，並非先設定一個目的。於是展開批判，其內容主要是針對淨土真宗一些與淨土相關的思想。淨土真宗究竟有何思想能夠使這位禪者兼哲學家對它批判，然後提出獨到的見解呢？他的批判矛頭直指淨土宗的他力主義。他認為只有自己努力修行，進行己事究明的工夫，才能得到覺悟與解脫。這是自力主義的旨趣。

陳明彥：可否進一步詳細講一下呢？

吳汝鈞：久松針對佛教的「開顯自性」與「利他之行」兩個層面，來看淨土真宗的教義與佛教閎旨的矛盾點，提出「現生證滅度的還相現行」，闡明淨土思想在現代實行的正確方法與心態，瞭解生活在此世間，就是要積極的轉穢為淨，將此世間建設為人間淨土；也就是將淨土教所否定的世間，轉變為受肯定的世間，積極將被捨棄的世間轉為證滅度的究極生活，並且在此證滅度的生活中，還相行於大悲，久松認為這才是大乘佛教的真實修行。不過，說到底，久松是自力成佛論者，不是他力成佛論者，他也很嚴格地批判淨土宗的他力主義。他的路向是禪的修行，做一個禪的修行者和哲學家。

陳明彥：久松有提倡一些念佛的概念嗎？

吳汝鈞：久松提倡自力的「超三業念佛」，即自覺念佛的方法。旨趣在於使人積極地肯定自我，且能在現實的當下自悟自證，跳脫對

神佛的絕對皈依。它與一般圖求未來往生西方極樂世界的念佛不同，重視現世證得往生。久松強調念佛的目的是自覺、覺他、覺行圓滿，造福世間全人類，將大乘悲願以及佛陀慈心更加擴大開展，才是念佛的真實義。

陳明彥：現在讓我來簡介一下久松創辦的 F・A・S 協會。久松真一的宗教哲學以開放的形式發展於「F・A・S 協會」（禪修組織）與「心茶會」（禪茶會）之中。所謂「F・A・S」分別指「向無形相的自己覺醒」（to awake to the Formless self）、「站在全人類的立場」（to stand on the standpoint of All mankind）及「超越歷史並創造歷史」（to create Superhistorical history）。久松透過無相的自我的積極能動性於「F・A・S 協會」中宣傳禪的現代性功能、社會責任與創造力，並沒有把禪固封在禪修場域。他是要把無相的自我主體性拓展開去，對社會造成多元性的影響。

吳汝鈞：他另外將禪及最能表現其特性的日本傳統精神「侘（日語：わび，原為寂寥、寂靜之意）的精神」結合，提出「禪茶」即「侘茶」甚至是「心茶」。心茶即是精神之茶，它的演練有其獨特的模式。人在這種演練中，展現其內心的深邃的禪的涵養，甚至精神上的覺悟境界。「心茶會」是「久松禪」在文化、藝術甚至是人類歷史世界上具體表現的人間場域。

陳明彥：久松真一主要的關懷與使命是甚麼呢？

吳汝鈞：久松真一在其〈學究生活的回憶〉（〈学究生活の想い出〉）一文中，如此自我告白：「他（久松，筆者注）從中世信仰的宗教蛻變到近世理性的哲學，突破對對象的知識性的理性哲學的

極限，最終覺醒無礙自在的真正的自己。他從此好像活出真正的自己，並透過活下去來進行主體知識性的實踐，透過實踐在所有方面表現自己，將這種活動視為覺的宗教來開示，並樹立覺的哲學。此種覺的宗教與覺的哲學的完成，對他而言才是最主要的關懷、永遠的使命。」此段文字道出其思想的轉換與發展過程。這段文字，出於他著的《東洋的無》。

陳明彥：做為一個日本重要的思想家及宗教家，久松真一的宗教哲學的基礎是甚麼呢？

吳汝鈞：久松的宗教哲學的基礎可說是來自於西田幾多郎與田邊元的「絕對無」思想，特別是前者。主要是以大乘佛教的「空」或「無」的思想重新詮釋西洋哲學，相對於作為「有」的西洋哲學與基督宗教，他提出形成東洋精神與文化的「東洋的無」這個概念。所謂「東洋的無」即是「東洋式形上的東西」（日語意味著根基於「存有」自身的深層批判的存有的解體）。此處的無是「絕對無」，而「絕對無」即是斷絕有與無這種相對概念的無。「東洋的無」隨著戰爭結束轉變為「能動的無」，而作為無的主體的作用也從「消極的」主動轉變成「積極的」主動。

陳明彥：請老師多告訴我們一些有關日本佛教發展的事情，我發現京都學派的學者都非常長壽。

吳汝鈞：你有沒有想過為什麼那麼長壽呢？主要跟飲食、醫療、衛生、信仰和禪坐習慣有很大的關係。

　　再對淨土宗作補充：在日本京都學派的佛教的發展面相，有兩大系統：一個是從禪的方面進行，代表人物包含西田幾多郎、久松

真一、西谷啟治、阿部正雄和上田閑照等五人，另一方面則是淨土宗代表人物田邊元、武內義範兩人。在國際上所認同的京都學派是指從禪及淨土宗這兩方面著力的七位學者作為代表。但佛教本身是一個多元性的宗教與信仰，近期的京都學派的發展也是朝向禪、淨土這兩方面。

陳明彥：感覺上大乘佛教中禪宗及淨土宗的信徒非常多？

吳汝鈞：大乘佛教中禪宗及淨土宗擁有非常多的信仰者。禪宗屬於自力主義，強調自我的修行，到最後參悟到終極真理，從一切煩惱苦痛中脫卻出來，達致涅槃的境界，主要是靠自己的努力。其他閱讀文獻、師友協助都是次要的。主力在自己不在他人。淨土宗則是他力主義，強調無明作為讓人感到苦痛煩惱的根源。所謂「無明」（avidyā）是指生命中的虛妄與執著，一切苦痛的根源。要克服是非常困難的。人的力量很小，不能單憑自力來解決，必須要仰賴他力大能。而他力的大能就是阿彌陀佛。西方極樂世界是淨土宗理想的世界。現實與西方這兩個世界是不同的，西方極樂世界一切都非常美好完善，有很多善知識會協助你求解脫、得覺悟。因為環境很好，所以你很容易成就覺悟。要前往西方極樂世界，須要透過阿彌陀佛的悲願與引領，才能竟其功。

陳明彥：我們如何能與佛陀進行直接的交流呢？

吳汝鈞：那就得透過阿彌陀佛的悲願，如何能吸引到祂的悲願呢？必須透過一些實踐才能成就。比如說念佛，吸引祂的注意，祂會對於念佛者發出悲心弘願，把他從現實的娑婆世界引領到西方極樂世界。在西方極樂世界，一切都是正面的能量，你自然比較容易達到

理想。但是西方極樂世界不是一個終點，而是一個過渡，它只是提供一個非常好的環境，讓你達到涅槃的理想。一般人都認為能到達西方極樂世界，就是結束了，成正果了。其實不然，你還是必須努力。一般人都認為難行道是禪宗，易行道是淨土宗，這是誤解。其實這兩者都不容易，淨土宗雖然是他力，看似容易，但必須釋放自我的意識，解構自我，才能達到，你想這會容易嗎？畢竟人人都有自我中心的想法。

孔子說克己復禮為仁，看似容易，實踐很困難。克己就是節制自我，不要對自我有所執著，但這也是最困難的一件事情。己就是主體性，不要讓他膨脹到影響他人，要超越、克服對自我的執著。佛教對自我執著有四種講法：我見、我愛、我慢、我癡，這些都是執著自我所引發的大煩惱。你要從儒家思想中實踐，首先要克服對自我的執著，佛教在這一方面比儒家講的更清楚，但這都很難做到，你要徹頭徹尾把自我中心的意識徹底埋葬，才能有所覺悟。這樣說起來淨土宗其實也不容易。

自力主義是禪的方法，他力主義則是淨土的途徑，同學千萬不要混淆。自力跟他力是不一樣的概念，大、小乘佛教也有作法上的不同，就像交通工具一樣，大乘好比公車，可以載很多人，小乘好比自行車，只能載一個人。

陳明彥：大小乘佛教的差別？

吳汝鈞：在釋迦牟尼佛說法時期，佛教沒有分大乘與小乘，是後來佛教徒對佛理和實踐有不同的解讀，才產生分別。一邊是個人的問題，一邊則是除了關注自我之外，也要關注他人，佛教就開始分裂。釋迦牟尼往生以後就開始了分別，大眾部跟上座部從此有了不

同的傳播，基本上往南傳是小乘，往北傳就是大乘。我們可以從佛教的傳播史中了解佛教發展。簡單來說就是小乘不認為有大小之分，大乘為了跟小乘進行切割與區別，就像民進黨很多人都想跟陳水扁切割一樣。大小乘佛教之分是大乘提出的，小乘基本上不承認大乘佛教，認為自己一面才是佛陀的真義，大乘只是受外道宗教的影響而已。當然大乘佛教也認為自己一面才是佛陀的真義，不承認自己受到任何外來宗教的影響。但是宗教的發展，本來就是從一個雛型開始，釋迦牟尼本來也是一介凡夫，也是透過義理上、實踐上的進化與開拓，佛教就是這樣一直發展出來，而有今日的小乘與大乘的面貌。

陳明彥：從很多資料中我有看到久松的宗教的時刻說，請老師跟我們解釋一下這跟西方哲學概念中的「罪」有何不同？

吳汝鈞：久松所提到的宗教的時刻，也可以說是一種契機。換句話說，人在甚麼時候、機緣需要宗教信仰，這便是宗教的時刻。宗教的契機是引領人進入宗教的導火線，久松認為這導火線是罪與死，但我覺得只有罪與死還不完整，應該包含苦在內。在人生中死是必有的現象，不能避免，不能解決，罪跟苦是可以解決的。久松確實對西方哲學有一定程度的了解，也反映了部分西方哲學的概念，這在第一代京都學派就有很明顯的例示。所謂宗教的時刻就是一種讓人進入宗教的殿堂的契機，在我看來，罪跟死都可以被歸類到苦裏面。理由是苦的外延較罪與死大得多。我們可以說罪與死都是苦，但不能說苦是罪與死。一個人天生便沒有雙腳，要以手代替腳來行走，這很辛苦，但不能說他有罪。他生出來便是這樣，有何罪可言？

第二章
久松眞一的絕對無的哲學意涵

吳汝鈞：中文學界對京都學派哲學，很少人注意，不甚了解，我覺得有點可惜。京都學派作為一種宗教哲學學派，有許多洞見，insight。往後，我們對「絕對無」展現的哲學性的意涵、形上學的意涵，還有實踐的工夫，都會加以探討。相關於這些意涵，京都學派有其複雜性。就「絕對無」的哲學背景來講，它是非實體主義裏面的一個關鍵性理念。

「實體主義」和「非實體主義」的立場，不管東方、西方哲學派別都有涉及到。若你的哲學體系不涉及於此，便難成為一種完整的哲學體系。「實體」是某種對象，它有一實在的體性：內容充實飽滿、非虛妄、非變換。我們一般生活上看到的所有東西：花草樹木山川水澤日月星辰，這些東西都會變的，都是實實在在存在的物體。如玫瑰和櫻花，今天它們漂亮，但一旦時間過去，它們便凋謝，變得不漂亮了。這些東西會變化，是無常，沒有常住的體性，這是物體。實體是真真實實的內涵、真實不虛的性格，它有絕對性、永恆性、超越性的性格。這實體有兩個狀態：一是有動感、流行的，它是不斷創造、發展的終極原理。二是這實體是一種靜態性

格,沒有動感,不能影響宇宙萬物的發展。因為它有絕對性、超越性、實在性、普遍性,所以它是完美的。像柏拉圖所說的「理型」(Idea)。宇宙萬物以它為目標、典範而產生出來,如所有蘋果都具有實在性的實體觀念,一切東西都有其實在形狀,且是完美的實在性,可作為一種目標,讓萬物把它當作型範發展下去。這兩種觀念,東西方哲學都有。在西方,「實體主義」最明顯的便是基督教。它設定的上帝、神是實體,而且是大實體,概括萬物的存在。「非實體主義」則如德國神祕主義,它以宇宙的本質為「無」,這無不是實體。

陳哲晉:《聖經・創世紀》:「起初,神創造天地。地是空虛混沌,淵面黑暗,神的靈運行在水面上。神說:『要有光。』就有了光。神看光是好的,就把光暗分開了。神稱光為晝,稱暗為夜。有晚上,有早晨,這是頭一日。」

吳汝鈞:根據《聖經》所講,萬物都是上帝所創造。從無開始而由上帝創造,上帝由一切虛空創造世界。這世界本來是黑暗的,上帝想先要讓它光明,光,這光明就來了。這光明不是太陽對地球的影響,最初是由上帝引發,這與科學有衝突。在科學上來講,地球的光明和黑暗是互相轉換的,現在是光亮的,到 20 點便成黑暗。那光明是從哪裏來呢?這光明來自太陽。向著太陽便是光明,背著太陽便成黑暗,以太陽作為一個光的發源體便是這樣,其它星球也是。但就基督教來講,光明非來自太陽,而是來自上帝。

然後,上帝拿地上一塊泥土依自己的形象,吹一口氣便成了人類,是男性,亞當。他在這世界是孤單的,所以上帝有祂的慈悲,就拿亞當的一根肋骨作成女人,當作亞當的伴侶,然後生育子子孫孫

孫。基督教、猶太教、伊斯蘭教都是如此。它們的最高實體都是人格神，有情感、有意志、有人的性格，所以上帝是個大實體。有沒有非實體的呢？有的，除了我們以人格神作為實體的這些宗教之外，還有一種哲學思想，它只講實體，不講人格，它是一種型範，一種形式、圖形，它是最完美的圖形，就是柏拉圖講的理型，這是實體，非人格神。它有無限種，每一種理型都有它在經驗世界、現象世界裏的一群東西，以理型的外貌去發展，盡量讓自己的外貌接近那種理型，但永遠達不到那種境界。因為萬物都要停留在這個世界，不能跳躍到這個理型的世界，萬物再怎麼完美都無法達到這理型的完美境界。其中的原因是萬物都有物質性，而物質性是不完美的；理型則是精神性的，是完美的。

另有一種非實體，它在西方文化系統裏起不了作用，不被接受，而像暗流一樣一直在發展著，它和東方宗教哲學有對話空間。

世界文化史上也有所謂「軸心時期」，就是幾個大文化、主義系統，宗教、哲學都在相同時期達到高潮，其中最明顯的是兩千多年前的希臘、印度和中國。

陳哲晉：「軸心時期」由德國哲學家卡爾・雅士培（K. Jaspers）的《歷史的起源與目標》（*The Origin and Goal of History*）提出的哲學理論。意指西元前八百年至西元前兩百年之間，在這段時期中，世上主要宗教背後的哲學都同時發展起來。一些人類學家相信，軸心時代由農業引發。

吳汝鈞：在西方是自希臘三哲人講起：蘇格拉底（Socrates）講「善」，柏拉圖（Plato）講「理型」，亞里斯多德（Aristotle）講「基底」（Substratum），講它是實體，這是主流。另外，在希臘

哲學裏有一些暗流，它非正面講實體，而從另一面講真理、講宇宙根源、根本，不把這講為善或像柏拉圖所說的理型。它是從自然世界的某種現象或某種東西，把它當作宇宙萬物的根源。最明顯的講法，就是那時對形上學的辯論，一種說法是萬物的本源是水。這是希臘哲學那年代，以實體、有為主，有其存在性。三哲人是講有的哲學。其他把「無」當作宇宙的根源的是「神祕主義」，特別是德國神祕主義主張如此。它是和正統教會不一樣。作為暗流的這些人說世界的根源不是有，而是無。但此無，非我們認識的 nothing。東西存在即說有，沒有東西就說無，如我們 8 人在此房間裏，就說有，我們下課離開此房間就說無。神祕主義講的「無」，非這種相對性的無，我們難以將它說清楚。此無是存在於我們的思想裏，不顯於我們的現實世界裏，這有點近於道家，以否定的方式講，而非以肯定的方式講。

我這樣講你們可能還不是很清楚，須要慢慢來。我們說這房間有蒼蠅飛來飛去，這是有。過了一會兒，蒼蠅飛走了，這房間就沒有蒼蠅，是無。這是相對性的有無。這種有無和形上學的有無不一樣。我們可以這麼說，對終極原理從兩個方向來講，從功用來講有、無，這較難講，通過消極的方式來講無這個終極原理，從負面展現出來的終極原理。這樣講還不是很清楚，但這觀念在東西方哲學來講很重要。

我們從美感來講，藝術哲學來講。經驗世界有二種美，一為陽剛之美，一為陰柔之美。陽剛之美具有光明面，影響力很強，它展現的是堅硬性的。如蘇東坡的詞：「大江東去浪淘盡」，這大江的波濤很具有雄壯正面的美，那些強勁的波浪激蕩岸邊的崖石，形成巨大的力量：「亂石崩雲，驚濤裂岸」的壯美。自然界有另一種美

感：小橋流水、花花草草，我們見了會感到舒服愉快。若以此來比附，陽剛壯美是有，陰柔之美是無。李小龍是哪一種美呢？他的肉體很有威力，功夫高深，當兩邊對峙進入決鬥的狀態，李小龍只須幾個回合便把敵人打死了，他的手勁很強。從美感看，李小龍的形象——截拳道——很強。截拳道的奧妙在雙手出擊，別人一出手，他一手隔開，另一手和一腳快速打出去，從虛裏出招，對方沒有防備，是一種攻守合一的武打方式。他厲害的地方在腳，所以有人稱他「李三腳」，出腳三下便把對方踢死。他的電影和一般武俠電影不同。武俠電影大戰三百回合才分勝負，可李小龍不一樣，幾秒鐘就把你打倒，這是陽剛的美感。另外柔美又是一種不同樣貌。如中國四大美人：西施、王昭君、貂蟬、楊貴妃。王昭君「獨留青塚向黃昏」，杜甫將其淒美孤獨講得很真切。她們的美是另一種美感——優美。李小龍的美感是有；四大美人的是無。

德國神祕主義說宇宙的終極真理不是有，是「無」，跟基督教講的剛好相反。基督教講的終極真理是上帝，是「有」，是實體性的。德國神祕主義說不是這樣，終極真理是無，而這無是每個人的本質，人人都具有的。它把這種無比配到覺悟的能力。每個人都有這種無的本質，然後以這種「無」的本質為基礎，可以開拓出一種智慧，這種智慧可把生命中種種的負面情緒、雜念，包括罪惡清洗掉。講到這樣，教會不能接受、容忍，認為若每個人都有無的本質，能洗去原罪、克服生命種種負面的東西，這樣，那人還須要耶穌嗎？它進一步的消息，還沒說出的是，每個人都可以是耶穌，那我們就不須耶穌被釘在十字架上，流出寶血來洗清世人的罪惡。這麼一講，整個西方的基督教，世界最有吸引力的宗教現象就變得可有可無，基督教世界會崩解。神祕主義的這種說法類似佛教「眾生

皆有佛性」的說法，可說是「一切眾生皆有無性」，那種無的智慧
能克服生命中的種種苦痛罪惡。無就是非實體主義。就西方來講，
實體主義是主流，非實體主義是暗流。這種情況在東方就不一樣
了。像婆羅門教的「梵」（Brahman），相當於西方的上帝，是實
體主義。儒家的天道、天命、天理、良知也是實體主義的思考，具
創生義。道家老子的「道」是實體性，能運行，有形上而學的體
性、創生義。一直不停運轉，所謂「周行而不殆」，它的力動不會
到極端，到某種程度便回來了。道的表現情況是這樣，「反者道之
道」。「物極必反」也是《老子》提出的。日本神道教也是實體主
義的講法，它的天照大御神便是一實體型態的東西。

　　另一方面是非實體主義，是東方的哲學和宗教的特色，不似西
方只能以暗流發展，在東方是主流。主要是佛學，尤其是大乘、禪
宗。它反對「有」那種常住不變的形態，「空」的種種狀態要在空
虛之下才能顯出種種作用。不是在充滿盈溢狀態顯出。比如，這手
把這瓶子拿起，又把鈔票握住，那這手便不能再拿別的東西了。
《莊子》不是講「無用之用謂之大用」嗎？那有名的故事不是講莊
子和一個徒弟經過某地，看到許多人正在圍著一棵大樹，人人讚嘆
其高大茂盛，要十幾個人手牽手才能把樹身圍起來麼？莊子沒怎麼
注意便走開了。徒弟問莊子，怎不去看大樹呢？莊子說，沒須要
看，那樹那麼大，其內質其實是很虛的，既不能作屋樑用，也做
不成家俱，做棺材沒幾天就爛掉。這就是因為它的內在空空的，沒人
要砍用它，它才能長得這麼高大，這是「無用之用」。「無用之
用」才能將生命維持下去。這樹如果有用，早被砍了。虛而能用，
非實體主義就是在這虛空中發揮它的作用。在東方宗教和哲學來
講，可說實體主義和非實體主義都能平均發展。但我以為非實體主

義發展得較好，它的「虛而能用」的辯證思考比較明顯，特別是佛學講的「空」和禪宗講的「無」，發展最好。京都學派就把這空和無作為它在哲學上的基礎，發展為絕對無的哲學體系，再接受西方那套重視觀念、理論、方法論的哲學訓練。我們可以說「絕對無」是東西方哲學一種巧妙的融合。它的底子是東方的，但它的架構、方法論是西方的，以此建構一套哲學理論。這些重視觀念、方法的作法是東方沒有的。英美的經驗主義和歐陸的理性主義，加上康德（I. Kant）的，成為龐大的體系，再加上黑格爾（G. W. F. Hegel），體系更龐大了。後又有柏格森（H. Bergson）的生命哲學講直覺，和萊布尼茲（G. W. Leibniz）講概念、理念方面，這人有很高天賦。威廉傑姆斯（W. James），比杜威先一點。他們是經驗主義和實用主義融在一起。懷德海（A. N. Whitehead）不講實體，講「機體」，整個宇宙是大機體，大機體裏所有小東西都是小機體。還有海德格（M. Heidegger）的「現象學」。京都學派都吸收進去。蓋房子要有很堅實的木質才能作棟樑，京都哲學吸收西方的觀念、方法作為架式，最後，「絕對無」的哲學體系就出來了，整個京都學派的大方向就出來了。

陳哲音：康德（1724-1804）有其自成一派的思想系統，並且有為數不少的著作，其中核心的三大著作被合稱為「三大批判」，即《純粹理性批判》、《實踐理性批判》和《判斷力批判》，這三部作品有系統地分別闡述他的知識學、倫理學和美學思想。黑格爾（1770-1830）是德國古典唯心主義的集大成者。在他的《歷史哲學》的前言中，黑格爾闡述：「哲學表明，意識是存在於它無限多個概念之上的，也就是說，意識是存在於自由的、無限多的形態之

中，而對立的抽象內省的形態只是它的一種反映。意識是自由的、獨立存在的、有個性的，僅僅屬於精神。」柏格森（1859-1941）生命哲學的基本洞見在於認識到宇宙的本質是一無限的創造的生命力，柏氏稱為「生命衝動」（élan vital），哲學或形上學的主要目標就是對這個真正的「實在」（即生命衝動）的認識。「生命衝動」是一種自由的創造活動，由於這種創造的活動，宇宙是一個不斷創新、不斷演化、生生不息的歷程，宇宙永遠在變動之中，宇宙中並沒有絕對靜止不動的東西，這亦是柏格森對達爾文演化論所賦予的哲學性解釋。萊布尼茲（1646-1716）的邏輯原理和他的整個哲學可被歸約為兩點：所有我們的「觀念」（概念）都是由非常小數目的簡單觀念複合而成，它們形成了人類思維的字母。複雜的觀念來自這些簡單的觀念，通過模擬算術運算的統一的和對稱的組合。美國的「實用主義」認為，當代哲學劃分為兩種主要分歧，一種是「理性主義」者，是唯心的、柔性重感情的、理智的、樂觀的、有宗教信仰和相信意志自由的；另一種是「經驗主義」者，是唯物的、剛性不動感情的、憑感覺的、悲觀的、無宗教信仰和相信因果關係的。實用主義（pragmatism）則是要在上述兩者之間找出一條中間道路來，是「經驗主義思想方法與人類的比較具有宗教性需要的適當的調和者。」杜威（1859-1952）與詹姆斯一起被認為是美國實用主義哲學的重要代表人物。

吳汝鈞：現象學中，特別是海德格（1889-1976）的現象學，它是有提到無的觀念，但其關鍵理念是當前的「存有」（Dasein）。他的哲學也蠻有啟發性的。從認識論來講，我們是以感官來認識東西，如這茶壺，一般以此認識再加上經驗主義的思考。我們對對象

的處理就是認識論和功用主義，雙軌進行。如這水壺沒用，我們便把它扔了，有用才珍惜它。這是一般的看法。海德格的現象學是轉一個方向，不是以我們的認知主體來認識對象，我們的認識觀點有一種主從關係：認知主體為主，認識對象是從。但現象學不是這樣講，它是從「存有」來講，面對「我」這個個體，它跟我們的關係如何？不是我們去認識它，它作為「存有」這物體，自己便有顯現的能力，讓我們注意到它的存在，看它有啥用處。以存有具有開顯能力為思想核心。（我們以海德格來講），事物是以通過一種「開顯」來完成它的本質。就是說事物的本質不是靜態不動、不顯現的狀態。事物透過自我顯現、彰顯活動來完成它的本質。如一個人的良知、善的意識，它的本質不是拿來講的，從早講到晚也不能講完，必須要有活動出來才行。在行動裏證成你的良知。一講「知」，就須和「實際行動」聯繫起來，你光是講沒用，要透過實證才行。「良知」是人的本質，必須在「行動」表現出來，就是良知這本質要在行動、在具體活動、行動中表現出來才算。

　　幾天前，有則新聞，一個外勞看到一個小孩掉進水溝裏，他便跳下去救人，但他救得了別人卻救不了自己，因為他不會游泳。他應該事先思考一下自己的能力才去救人，可他良知展現，想都沒想就去救人，這是他的良知。從這例子，你就瞭解良知是啥東西！就是良知要透過實際行為才能證實。良知，許多人講了許多，東講西講，是否就將它搞清楚呢？你可以寫一博士論文或一本書《良知本質之研究》，但這不是真實。

黃奕睿：「知行合一」必須靠行動來證成。那如果我不知這是良知，就有那種行為，這會不會有矛盾？

吳汝鈞：不是矛盾，梁漱溟寫了許多相關道理的文字，他說大家都說我是在講哲學，但他並不懂哲學，他只是將自己的想法講出來而已，但大家都說是哲學。有些人不自覺地做出有良知的行為，那也是良知，只是他沒有意識到而已。

陳哲音：現實社會有完全相反的例子，社會上有許多名人、公司、行號為了社會形象或減稅……等原因，捐了很多錢，做了很多善事，這能算他們有良知嗎？

吳汝鈞：香港的邵逸夫，蓋了養老中心大樓，以他的名字作為大樓名稱；李嘉誠捐了幾千萬港幣在汕頭大學蓋了一棟大樓，也以他的名字命名，我以為這都不能講他們有良知。要以無名氏、無目的的捐錢才算是真正的良知。以前老蔣時代，多少建築物、多少道路以他的名字命名：中正紀念堂、中正路、中正橋……人不能流芳百世；遺臭萬年也不介意。他們這些人對名的執著實在太大了。你到杭州岳鄂王廟前就有秦檜夫婦跪著的銅像讓小孩尿尿，真是遺臭萬年。

　　名真是那麼重要嗎？人對生死都看不開，總想死後要留下一些甚麼的。中文大學有間逸夫學院，因為他捐錢蓋的，便用他的名字來命名，許多大學生反對、抗議，抗議也沒有用！多一家學院對社會也有用，他也捐獎學金讓碩博生可專心讀書，也不錯。很多慈善機構、醫院……都是有錢人捐錢蓋的，用他們的名字。人的一生頂多一百年，你死後，名字變得和你無關。中文大學的逸夫書院，在他死後，更沒多少人知道這個人。這個人和這個名字已經無關了。

　　就像孔夫子，經過二千多年我們仍然尊敬他，但我們所尊敬的孔夫子並非當年真實的孔夫子，那個在魯國出生或受教育、最後周

遊列國、刪詩書、定禮樂的孔夫子，根本沒有人真正認識過他。我們所認識的孔夫子已經與此脫離關係。我們心目中的孔夫子就是個教育家、道德家，提倡克己復禮，在魯國當官，做司寇，有點政績的好官。提到他的樣貌，就是額頭有點突出，唐代吳道子不是一個畫孔夫子的名家嗎？他不會真正見到孔夫子，那幅畫也是吳道子自己想像出來的樣貌；我們這一代更不可能，我們根本不可能將這名字和他連在一起。這個孔夫子的畫像與我們對孔夫子的認識和當年的真正的他沒關連。似乎他存在的目的就是讓他的名字永存後世。孔夫子是由許多概念包藏在一起而成的；他是「三十而立；四十而不惑；五十而知天命；六十而耳順；七十而從心所欲不踰矩」的印象，是一般的概念，和當年的他連不起來，和當年的他也沒有交集。克己復禮的他和當年的他有差異，前者是普遍的道德行為，後者是歷史人物。若用我的純粹力動現象學來看，這很簡單：人的一生不會超過一百年，每個人的一生都是作為終極真理的純粹力動的呈現。比如我 1946 年出生，今年 68 歲，我能活到八十歲的話，那自 1946 年到 2026 年，數十年光陰裏，純粹力動在我身上示現，是純粹力動的真理在我身上展現，一種詐現。每個人身上都有不同的力動現象，力動在我的身體上詐現完了，我這一生便解決了。趙子龍一身是膽，我老吳一身是病，因此我並不怕死，我死了，這些病痛也會隨風而逝去，不必受病痛折磨了，這不是很好嗎？

許多有錢人追求長生不老，有錢的想更有錢、長壽的想更長壽，這些人，貪、嗔、癡太強。楊貴妃死了，唐明皇還想見她，請道士作法，製造一種氣氛：「忽聞海上有仙山，山在虛無縹緲間，樓閣玲瓏五雲起，其中綽約多仙子。中有一人字太真……。」真是癡情，癡得沒道理，他相信這些。漢武帝也是一樣，夢會李夫人、

追求長生不死。對了，這史實是「李夫人」還是「衛夫人」？

瞿慎思：李夫人是最美的，臨死前講「愛衰色遲」的那位。他哥哥李延年的那首詩就是在描述她：「北方有佳人，絕世而獨立。一顧傾人城，再顧傾人國。寧不知傾城與傾國？佳人難再得！」

陳哲音：經察考，史傳中無「衛夫人」的稱呼，她是「衛皇后」，衛青之姐。漢武帝召少翁以方蓋夜致及寵鬼之貌夢會的事，據《史記・武帝紀》及《史記・封禪書》所記是王夫人；《漢書・郊祀志》則寫為李夫人；後人說是衛夫人，應是戲劇作品的誤置。

吳汝鈞：京都學派以「絕對無」作為終極真理，如果你真的體證絕對無，便沒有生死、善惡、有無、存在非存在等種種相對性的問題。你既然有生，你必然要去迎接死亡，生死是同一事體的不同面向。「生」作為一種存在的狀態，它的內容便有「死亡」這一部分。你享受了生，就有義務面對死亡、接受死亡。我們不能把生死看作一條線的兩端，然後保住生這一端而要把死那端剪掉。你要真了解生命就是「生死合一」，生是開端，死是這歷程中的終點。從存有論上看，生死地位是對等的，不能以生克服死，要生不要死，若以生能克服死，那表示二者不對等，那也表示生比死更有基源性。我們這一生，生和死是對等的，我們不能以生來克服死，不能！若能悟到此理，若能將生死的相對性克服、超越，那在精神上便能超越生死，就能超越二者的相對性。那在你心中，就沒有兩者的差別，就知道二者是相同的東西，是一個東西不同的面相。若能做到這一點，就不會害怕死。這不是頓悟，是漸悟，要慢慢來。「絕對無」就是這樣看待生死。莊子妻死，他沒有悲傷，反而鼓盆

而歌，他是慶死不慶生。因為他通達這道理。他在為他老婆能把背負著的生的負擔解除而感到隨喜、快樂。不要視莊子為沒人情味的凡夫。他是見大識大，他是對老婆的死而高興，這事情不是一般人認為的貪生惡死的，也不是貪死惡生，而是以生死為一條。

陳哲音：「絕對無」是京都學派的核心觀念，每個哲學家都對這個觀念作詮釋，但大同小異，都是在講它是「一超越的、絕對的主體性或理境，是終極的層次」。久松的「絕對無」有幾個性質：

（一）無一物性：「一物」，自然是來自慧能那首有名的偈頌：「菩提本無樹，明鏡亦非台，本來無一物，何處惹塵埃？」自我的心境、我正是無，在我方面是一無所有。它超越內在外在，從它的妙用來看，也可說無所不有。

（二）無障礙：絕對無是虛空的，所以無障礙，久松引永明延壽《宗鏡錄》卷六所陳「虛空十義」。延壽（904-975），俗姓王，名延壽，字沖元，號抱一子，錢塘人，唐末五代時禪宗高僧，為法眼宗三祖。又被淨土宗推崇為淨土宗六祖。該書凡一百卷，八十餘萬字，詳述禪宗祖師的言論和重要經論的宗旨，並刪去繁雜的文字，呈現全部佛法的精要。目標是「舉一心為宗，照萬法如鏡」。《宗鏡錄》的書名即由此而來。久松引之並一一關聯到「東洋的無」之闡說：

一、無障礙：它不會被任何東西障礙。能如此，因它是無實體。事物本身是空的、無自性的、處於空虛狀態，事物與事物之間就不會產生障礙。

二、周遍：它能滲透到物質性與精神性的東西之中，無所不在，故稱周遍。

三、平等：對一切事物都採取平等的態度，無所謂淨染、貴賤、善惡等分別。

四、廣大：它超越時空限制，是一個廣大無際的境界。

五、無相：相，從空間講，指物相；從時間講，指心相。無相表示它沒有任何對象性。

六、清淨：超越染淨的格局而達於絕對清淨的境界。

七、不動：是虛空，是不生不滅，無所謂成壞，所以它不會變化，不動如如。

八、有空：有是指可量性、存在性。有空表空卻一切有性的東西，無所謂大小、輕重。

九、空空：與前者相對比。空空，前一個空是指有無對比的無，空空就是空卻有無對比中的無。超越有無的相對格局，超越相對無的狀態，而唯是一種絕對無的狀態。

十、無得：無所得。不擁有任何事物，不以任何事物作為其處理的對象。

這十項特性是精神性格。它沒有任何對象、萬法的相，不染不淨，超越染淨的格局，到達絕對的清淨的境界。虛空，它沒有成住壞空，所以它不動。它不動，故具永恆性。

吳汝鈞：有關第七點，「不動性」，我們可補充一些意見。這個不動，你提它不動是不會變化，以此詮釋不動不太夠。變化就是動，不變化就表示它不會運行，這裏講不動是保持一動感狀態。運行表示變化，表示它在運行，表示它恆常在一種運行之中，保持一種「動感性」。如果說絕對真理是不動，沒有動感，說它沒有變化，把它說成一種凝定狀態、不生起種種狀態，那就有問題，說它無成

住壞空，不動，是對的，但如果說它恆常不變，則有問題。

陳哲音：如果我們以萬法在輪迴狀態那種永恆的動來看，它反而是不動的，這樣的理解對嗎？

吳汝鈞：這裏以輪迴解，會有問題。講輪迴，我們是設定它有一個輪迴的主體，它附著在一個肉身上，這肉身有成、住、壞、空的過程。如這肉身敗壞了，這靈魂的主體還在，它不會隨著肉身死亡而死亡。它會再尋找一個新的生命個體，繼續它的種種活動，這種活動在這肉身中活動，它還是不能避免苦痛煩惱的。這個靈魂在這苦痛煩惱的肉身裏也會分領到這苦痛煩惱。這輪迴主體還是有生命的，是充滿苦痛煩惱的，從負面看它，這輪迴讓人在這世界受到種種限制，不能自由自在地生活。在層次上，它是沒有主體性的自由性格。「主體性自由」是指精神性的主體性，它超越時空的現實性、經驗性、現象性，它是有動感的。輪迴的主體不是這樣的主體自由，它有它的對象，有相對性，有苦痛煩惱種種感受。我們可作以下區分：輪迴的主體是生滅法、有限的、相對的、不是絕對、不是永恆的。主體自由則不是生滅法，它不受限於時間空間，有無限的性格，是絕對的、超越的、無限的。如果我們要從輪迴解脫出來，而證成那種主體自由，或是自由的主體，那可以西方哲學來解說：以康德的形而上學的三個設準來講，一為上帝存在；二是不滅的靈魂；三是自由意志。它們都是超越輪迴的。相對於佛教來講，這是達至佛境界、展現般若智慧的境界。「絕對無的境界」的不動性，不能放在輪迴主體中來講，而是拿自由主體來說明的。

　　一個人到達佛、菩薩的境界，自然會有各種法門來普渡眾生，不管它是以何種形式何種方便法門或活動，都與輪迴無關。覺悟了

的佛、菩薩不忍心看到眾生受苦受難，祂一定會普渡眾生，而那些眾生，不管是什麼人，這些佛、菩薩一定會來解救眾生，祂是以一種能力在從事救苦救難的渡化活動。祂會以各種方便法門來進行，如果眾生以畜牲形象在這個現象世界中活動，祂會以畜牲的身形帶引牠們到達一個清淨無染的環境裏。祂以親切的態度接近要渡化的對象。當祂以一隻狗的形象完成任務，祂有主動性、有能力再返回莊嚴法相、本來的佛、菩薩的形象。當祂化成惡鬼渡化惡鬼成佛、菩薩後，祂自然會返回本相。祂有天眼通、他心通……等等神通的能力，這種能力是自然形成，不是你想修道要得到這種能力，這種能力便會出現。神通不能當為一種對象、一種目的看待。不是去尋求的。它不是你生活上要得到的。當你一心向佛、菩薩修道，你自然有此能力，超自然的能力。我們眾生不可能有，佛、菩薩才有。成菩薩有十個階段：餓鬼、畜牲……佛十界中的菩薩界有十個階位，最初是歡喜地，最上是法雲地。這要經過漫長的追求，今生不成，來生再求，在努力修行的過程中，智慧在不斷進步的過程中呈現，這種神通力量和你的修行息息相關。

陳哲晉：如果不肯定靈魂的主體存在，那佛、菩薩如何渡化？個人如何修道？

吳汝鈞：佛、菩薩自然有這種能力，肉眼、天眼、慧眼、法眼、佛眼，有這幾層眼力。佛、菩薩有法眼自然知道哪個眾生最需要發慈悲心去救他，不須有人告訴祂。你的想法是一般人的想法。各種不同的佛典文獻義理，大抵一樣，有它固定的說法。那些神通力，佛、菩薩能自由自在展現來作為普渡眾生的條件。最明顯一點是，你要了解，這些超自然能力不是你最初要追求的對象。就在你修行

的過程中自然展現。一到佛這階段，你就能自由自在展現這些力量，運用那五種眼力。

陳哲晉：那些能力，佛、菩薩本身也難以言說的嗎？久松說的「虛空性」與此有無關聯？

吳汝鈞：久松講到這點，未必與此有關。他在講這些性質時也未必想到我剛剛講的這些神通力。這些力量是修來的，走那條解脫之路自然得到，這裏有神祕之處。怎麼培養，沒明說。只說自然而有。

陳哲晉：人的靈魂經無數階段的修道而成佛、菩薩，這屬於氣的靈體會產生變化嗎？

吳汝鈞：會質變，成為一跳脫輪迴與證成涅槃同體、無上自在自得的非實體存在。

陳哲晉：阿修羅是怎樣一種生存狀態呢？

吳汝鈞：是介於人和畜牲間的情況，較為粗魯愛鬥的型態，佛經這麼講。

陳哲晉：像《西遊記》的牛魔王、妖怪……等？

吳汝鈞：牛魔王是畜牲；畜牲的最頂端。

陳哲晉：六道裏有無像「妖精」這一類的存在？

吳汝鈞：有。這應該屬於畜牲或阿修羅。

陳哲晉：連著下面第八項「有空」。空掉，就沒有大小輕重的分

別。把「有」空掉，既然空掉，我們怎麼去修道、去跳脫六道輪迴呢？

吳汝鈞：「有空」，就是現象性，或現象的有限性、有礙性，經過你不斷修養，瞭解諸法皆空，除掉對自我的執著：我慢、我愛、我見、我癡……這些執著除掉，你的智慧慢慢提升，你就能了解，有空是空掉那些執著。空掉後就沒有一切煩惱，有空是把那些執著空掉，空就是解構。

至於第九項：「空空」，對於要去解脫要去證空的道理，過於執著，反而不能去空。當你依著規矩修行悟到空的真理後，知道萬法皆空後，當你空到最後，會碰到最大的執著，即「對空的執著」。把對它的執著當作對象的這種空，便成為比一般事物更執著的最嚴重的空。所以這二個空意思不同，前一個空是名詞，後一個是動詞。就是對於空法的執著空掉。那麼，你會問，當到了這境界，還有沒有執著呢？有的，可以有的，就要空空空，一直空下去。如此，是無了期的修行，所以慧能提出：「無住」，就是我們不要對一般事物、真理的有任何執著。

陳哲晉：尼采是否是對空空不了解，才會有那種悲劇結果？

吳汝鈞：不是，他是太了解空空，走火入魔，把自我一切、客觀世界都空掉了，把一切都解構了，變成虛無主義了。「無住」、「空空」不是虛無主義。

陳哲晉：他這樣，要怎麼把他拉回來？

吳汝鈞：他太聰明了，他創造「超人」那個理念。結果當不成超

人，卻成了瘋子，五十幾歲就死掉。愚蠢和聰明一線之間，如果他
理智他就不會這樣。不相信別人可以救自己，對自我執著太深，太
重，重到無可救藥。他應該讀讀佛學正教的教義，不要去走超人的
道路。他的超人也非孔夫子的聖人，也不是道家的至人、真人、神
人。聖人基礎是道德；神人基礎是智慧，超人則是權力。所以他自
己追求權力意志。這種東西根本是虛幻的，他是以虛為實，以權力
為基礎的超人反而害了他。聖人、賢人、至人、神人，他根本不放
在眼裏，他要做超人。

　　有關神通的力量，不能當作一種求得的對象，而是修行過程自
然得到。三十多年前，我去加拿大，在溫哥華見一個朋友。他叫馮
馮。他很怪，本是佛教徒，寫了一些佛教小說。他有神通，可以看
到人們體內的病症。他有個和尚朋友，洗塵法師。有一次，這個大
和尚和徒弟要去紐約弘法。到了紐約，要走一段路才到海關。徒弟
走在前面，他走後面。當徒弟把護照交給海關蓋章後，回頭看師
父，師父不見了。這師父一直在他身邊的，忽然不見了，徒弟馬上
請保全找遍飛機場，找不到，只好報警，紐約的警方立即發動大批
警力找人，還是找不到。這時，有人建議，請馮馮以天眼找尋。馮
馮和這個大和尚見過幾次面，是知道他的樣子的。於是，警方真的
打電話到溫哥華找馮馮，馮馮答應了。這神通的展現需要一段時
間，他閉起雙眼作內觀。最後說這大和尚就在紐約郊外十多公里的
一間破屋前，結果警察真的去找，找到了。和尚疲憊的坐在破屋前
打瞌睡。但問題沒解決，大和尚怎麼到這紐約郊外十多公里的破屋
前的呢？他有啥法力不經海關就到這破屋前的呢？我去溫哥華就是
要問馮馮，他不回答。我再去第二次問他，他還是不回答。

瞿慎思：老師，你為何不去問大和尚？

吳汝鈞：有人問，這大和尚自己也不知道。當時是處在失智的狀態。這大和尚已經過世，所以這事只有馮馮知道。但我問、別人問，他都不回答。大概是怕洩漏天機。現在馮馮也過世了。可以解釋的是馮馮是佛教徒，吃素的，有修行，有這種能力。他也很謙虛，說這也沒什麼大不了的，大家都可以擁有，只要發心修行便行。

陳哲晉：釋洗塵，遼寧省復縣人，祖籍山東黃縣。1950 年在香港樓梯台創辦妙法精舍，弘揚天台教法。1960 年購下新界藍地張苑，開闢十方四眾道場，命名「妙法寺」。1993 年往生。

吳汝鈞：還有一次，馮馮為了證明自己有神通，就做了一個表演。在這大和尚所在的香港妙法寺，有一間這大和尚的臥房。馮馮就在溫哥華透過天眼，越過太平洋，看見這間臥房的一切物品的位置，講出來，毫無差錯。這也不算怪，因為在佛經裏，也有記載。神通力可透過修行得到，這位朋友是佛教徒，有修養，於是能演神通。佛陀並未鼓勵對神通的追求和展現。因為馮馮有個能力，能看到人的身體內部器官，如果當事人有疾病的話，也可以看到，這導致溫哥華的唐人街許多人都去找他。有一次，一位婦人，總覺得肚子痛，看中西醫都沒用。只好找馮馮看，馮馮一看，跟她講，她的胃部有腫瘤。叫她到大醫院檢查，果然查出，割了腫瘤，救了一命。於是，大家都去找他看病，他覺得很厭煩，便在家裏擺了一個牌子：要看病，請付八十塊加幣（當時是很昂貴的）。我去看他，真的有這個牌子。

陳哲晉：有這種能力的人，他們在運用這些能力時，是否會有天譴？就像過去，那些擅長算命的人，常是盲者或殘障者。

吳汝鈞：是否會有損傷，我不清楚。神通有幾種，如宿命通、他心通、天眼通、天耳通……等等。馮馮的真名是馮培德，筆名馮馮。後來，他到墨西哥，不再寫小說，專事作曲，他的曲子，北京交響樂團也都演奏哩。

　　他有些小器。有一次他寫了篇文章：〈釋空〉。「空不異色、色不異空」，將「色空相即」的關係，拿愛因斯坦的相對論的「質能互換」理論來講。他把質能互換等同於色空相即。他寫封信給我，說許多人對他有誤會，許多人對他有偏見，因為他講神通，只有我，老吳，對他還比較客觀。我就回信給他，說質和能都是生滅法，色是生滅法，但空不是生滅法，空是終極真理，兩者不能互換。他對自己很有信心，認為那是大發現，但他的關鍵點被我說破了，從此不和我往來。我再跟一位熟讀佛典的長者討論，他也認為我的看法正確。根據經典來看，他的類比是錯了。我那時不該回信批評他，讓他不高興，結果就少了一個朋友。

陳明彥：這個「絕對無」跟道家講大自然生成的「無」一樣嗎？

吳汝鈞：很不一樣，道家的無能生成萬物：「道生一、一生二、二生三、三生萬物。」絕對無不能生萬物。它是可以通過絕對矛盾的自我同一或絕對無的自我限定，展現種種現象，但這不是生。這和一般人認為的生意思不一樣。上帝生萬物，生了出來，上帝還是上帝。一般的生，如母雞生小雞，生了之後，母雞還是母雞。父母生小孩，生了後，父母還是父母，小孩又是另一個生命個體。「絕對

無」有生的作用，但和一般的生不一樣。

陳哲晉：京都學派的絕對無第三個特色是「即心性」，這不是道德心、認知心，而是最高主體。久松的表達方式是用「遮撥式」的，這種的表達方式道家有，佛教更多，那在原來的梵文佛經便有嗎？

吳汝鈞：梵文就有「apoha」這字。它是透過否定來表達意念，透過否定來展示某種義理。先通過否定的反面來講，再否定這個反面。一個 A 這個命題，用非 A 來講，再說非 A 是錯的，然後負負得正，而得出 A 是正確的。如人都有死，西方和儒家，都從正面來論證人是會死的。佛教、印度教則說人不會死，再說人不會死是錯的，來論證人都會死。

陳哲晉：即心性。這「即」是何意？

吳汝鈞：即，是「不離」之義。熊十力講「體用不二」，不二就是不離，不是等同之義。

陳哲晉：「絕對無」第四個特性是「自己性」。自己圓滿，便不必依賴他人。這部分有受尼采的影響嗎？

吳汝鈞：沒有，久松著作很少提及尼采。尼采的虛無主義和空不一樣。萬物沒有自性，是空，這不是虛無，因為萬物還在那裏。尼采是完全虛無。一無所有。不過虛無主義有個好處，能否定對一切事物的執著。你執著才會說萬物實有，虛無主義能掃掉、摧破這種執著。但虛無主義不是最後的。我們不能以虛無主義對我們的生命存在作一種看法。萬物是空的，但還是有它的樣貌、作用，這些都不是虛無的。尼采的那一套不是健康的，是不正確的主義，但它的用

處是教我們對任何事物不起執著。新儒家是很反對這些的。佛教介於兩者之間，採取中間立場。對事物加以掃掉，但不是以此建立生命觀。牟宗三他們便徹底反對虛無主義，認為虛無主義一無價值。但京都學派不一樣，看法不一樣，對虛無主義，認為它還有一種作用，讓我們超越和克服對一切的執著。

陳哲晉：京都學派這「自己性」有無受到日本本身文化背景的影響呢？

吳汝鈞：沒有，日本神道教理論不成熟，日本文化受儒家、佛教影響較大。在神道教，教義幾乎等於零，沒有一套解釋生命、生活的教義。它以政治為中心，與神道教聯合。日本人的天皇是太陽的種子，神道教的教主、天照大御神是他們的祖先，後來就發展成政教合一，以宗教加強政治的力量。他們的天皇是男性，萬一太子妃生不出兒子就頭大了。雅子妃生了女兒，壓力很大，得了憂鬱症。跟英國不一樣，英國人看得較輕。現在英國女王，八十幾歲還未退位，作為英國的象徵。日本人一直都是男子當天皇，女性不符合宗教的要求：政教合一、神皇同體的概念。不過這幾年有不一樣的情況，有生出男孩，弟弟生的也可以。

陳哲晉：淨土宗講究他力，那和自力有無好壞、快慢的差別呢？

吳汝鈞：二者很不一樣。自力較難，求解脫靠自己，靠各人自身的力量去求得解脫，只有聰明睿智的少數者才做得到，才辦得到。講覺悟解脫，一般凡夫俗子自己做不來，須有他力大能，如阿彌陀佛等佛、菩薩引導你到西方極樂世界。一切殊勝的事事物物，皆可在那裏找到。

陳哲音：哪一種較危險？有人自己靜坐就走火入魔；有人依賴教主被騙財騙色。

吳汝鈞：沒有危險。有智慧者就講自力；一般人就須他力，採取他力信仰，讓他力大能來幫助你。

陳哲音：問個幼稚的問題。為何是「西」方極樂世界？

吳汝鈞：因為印度在中國西方。那時，中國還沒有歐洲觀念。《西遊記》玄奘和孫悟空他們要到印度，就說是西遊。那時，中國人要到印度須往西絲綢之路走。所以西方極樂世界是中國人講的。

陳哲音：「絕對無」第三個特性是「即心性」：此無不是認識心，不是道德心，更不是經驗的情識，而是上求救贖的解脫心，是宗教意義的最高主體，是無執的主體性，通過遮詮方式而顯。是使身心脫落的心，一種宗教心靈。照佛教講，身與心都是虛妄，沒有實在性。如果我們能去除對這種身心的執著，達到一種無執的狀態，就是身心脫落。所謂「脫落」是指從束縛中解放開來。第四是「自己性」：具足內在性。內在於我們的生命中的，是佛的性格。它自身便是佛存在的基礎；佛即是自己，其「無」是作為自己的佛，包含著一切潛能，無須依賴他力。佛是絕對的主體。《壇經》說：「自佛是真佛，自若無佛心，何處求佛心？汝等自心是佛。」真佛便是「東洋的無」。第五是「自在性」：這是東洋的無對於一切相對的兩端、種種分別的二元性對立的超越。禪的境界是任運自在，不把佛放在超越的、客觀的、外在的位置。《碧巖錄》所謂：「有佛處不得住，住著頭角生。無佛處急走過。不走過，草深一丈。」便是真正的自由自在的境地。

吳汝鈞：《碧巖錄》所謂：「有佛處不得住,住著頭角生。無佛處急走過,不走過,草深一丈。」意為,不以有無眼光來看佛,有佛就是有;無佛就是無。有佛也好、無佛也好,都要把它克服,超越有無相對關係,就能自我上提到「絕對無」的境界。這是雙邊否定:否定佛的有也否定佛的無。發展到後來,有人提出「殺佛殺祖」的觀念。佛就是佛陀;祖就是祖師,如慧能、達摩。你要殺佛殺祖,他不是要你用西瓜刀去砍佛殺佛陀、慧能。這裏非真的殺佛;是否定佛的對象性、權威性。這裏有佛處、無佛處是把有、無的相對性給否定掉。

陳哲音：「絕對無」的第六個特質是「能造性」。「東洋的無」對於現象界來說,具有能造性,是創生宇宙萬象的本源,但它自身卻能保持不變,所謂不動性。一切萬法不離自性,以無為心,心自然是能活動的主宰,故無也應有能動性。這能造性並不是宇宙論的創生意味,而是作為一切存在東西的依據或基礎。如海水和波浪,波浪只是海水的反映,它的本質是海水,海水不能和波浪分開。

吳汝鈞：「絕對無」的創造性,這和我的那本《純粹力動現象學》有點相像,我的書提及純粹力動展現、詐現萬物,它的存在性就貫串到萬物裏面去,這和上帝創造萬物,雞、牛、羊……後,上帝還是上帝,兩者不同。它的能造性是宇宙論地創生萬物。但在禪來說,禪的目標,如達摩禪的旨趣「直指本心,見性成佛」,完全是救贖、救渡的意義,不是宇宙論的創生。我們可確定說,禪是沒有宇宙論的。《壇經》的「自性……能生萬法」,並不是宇宙論意義,此「生」也不是宇宙論的概念,而與依據義有直接關聯。作為佛性的自性,是緣起性格的萬法的依據;佛性不是實體,更不是創

造主,不能宇宙論地生起萬法。

　　「絕對無」,本來動感就比較弱,所以我後來就放棄了京都學派的「絕對無」這個觀念,提出純粹力動來代替。主要是「絕對無」作為萬物存在的基礎的終極真理,它的力動較弱,不足以成就一種對萬物對世界的存在的基礎。我寫了一篇文章講純粹力動與絕對無,其中有〈我與京都學派的分途〉一節。我是很喜歡京都學派這哲學義理,但它有這個大缺點,就是「絕對無」不具有足夠的力動,所以我就不再去鑽研「絕對無」這觀念,因為它的動感不夠強,不能生化萬物。所以劉述先講儒家的生,同意我對京都學派的批評。他說我研究京都學派三十多年,結果還是認為它有問題,因為絕對無對「生」這問題還是不能解決。「絕對無」的力動太弱,不是純粹力動,也不是實體,它是一種狀態,接近佛教的空的狀態,京都學派畢竟還不能超越佛教的空這觀念。所以就有朋友不明白為甚麼佛教或京都學派都不能解決生的問題。

陳哲晉:雖說久松的「絕對無」缺乏動力,但它創立的 F‧A‧S,頗有氣魄,他不僅要自救還要救人,而且他還要超越歷史地創造歷史,跟日本的帝國主義很不相同。

吳汝鈞:有一點你沒注意到,久松用「無相的自我」來講絕對無,沒有執著,是一種超越的自我,是無相的,是不執著任何形相的自我。京都學派的自我是超越的自我。對事物的種種執著加以克服,這本來不錯,自我沒有問題,問題在「無相」。「絕對無」的主體性是無相的,沒有實體性。無執著的自我,具有超越性、無限性,這沒問題。無相超越了一切現象、對象性,這從佛教而來,克服相對性,顯出絕對的、超越的、永恆的終極真理的境界。但無相有引

領人進入虛寂的世界的傾向，離開作為「相」的現象世界，而轉為捨離，這是不好的。

陳明彥：「無相自我」是形象還是義理呢？這主體性是無相的，所以沒有實體性的。如果是普遍的，又不是義理的，就很難不是實體。

吳汝鈞：不要把宇宙萬物看作對象，去執著它，是「無相」的意思。是一種自由自在的絕對無的狀態，這個自我是絕對自由、遠離所有執著的主體性，這個相是一種現象義的體性。這在哲學上講得通，問題是「無相」是一種表達方式，它有一個弱點：一般人認為它是遠離對象性、執著的狀態。問題不是這麼簡單。對這對象性的相，有二種態度，一種是否定它，另一種是超越它，不讓它成為我們的束縛，保留這種相。舉例說淨土宗，它有二個導向：一個是「往相」，一個是「還相」。所謂往相，就是脫離這個相的對象，離開這經驗世界，到一個超越的地方修行，體證佛教的真理，讓自己可以自由自在地活動。往相就是遠離對象世界，到那清淨地方，就算成功了，可是高處不勝寒，這是藝術的境界。從宗教的境界來看，你還要回來普渡眾生。久松的無相，在字眼上沒有這個意思。你不能掉頭不顧，不能待在那裏，那裏是崇高的藝術美學的境界。美學可以不講普渡眾生，享受那種輕悠舒適的滋味。但淨土宗還講還相，獨樂樂不如與眾樂樂。回到這變化無常、煩惱痛苦的世間普渡眾生，與眾生共苦難。看著眾生受苦，你情何以堪呢？高雅的藝術品是自己去欣賞，因為一般人沒有這種審美的眼光，你就是一個人在那裏孤獨地享受，這可以啊。但宗教不是這樣。基督教也講道成肉身，上帝化成基督，拯救世人，扮演救世主彌賽亞（Messiah），

受盡各種痛苦，用自己的寶血洗淨世人的原罪。他本來可以好好的在上帝身旁，為何要來人間受苦、為世人贖罪呢？這很有還相意義。久松的無相，沒有這種還相。

陳哲晉：久松成就自己的藝術人生，但 F‧A‧S 也是他用來普渡眾生的力量，他也有還相。像莊子雖是追求藝術境界，但他有弟子傳授它的學說。以楊朱來說，我們可以說，只要我們自己把自己都修行好了，成就藝術境界，人人這樣，世界不就大同了？

吳汝鈞：一般人，吃喝拉撒睡，沒有能力達到藝術或宗教的境界，須要他力拯救。《莊子》學說追求的是藝術境界，包括魏晉玄學家，都是往相。莊子對中國文化來講，最大的貢獻在藝術，不在道德、政治、宗教。徐復觀那本《中國藝術精神》寫得很好，那一篇〈中國藝術精神主體的呈現〉就是講這個。他也說莊子的至人、真人、神人，都是處在高處不勝寒的藝術之處：「邈姑射之山，有神人居焉，肌膚若冰雪、綽約若處子……」他們不是待在車水馬龍、人往人來的處所，而是遠離塵囂之處。莊子是可以與天地精神相往來啦，但久松講宗教就不可以這樣。若說他搭配 F‧A‧S 的宗教實踐力量，也是可以啦。F‧A‧S 就是往相與還相的綜合。所以講久松，就要講 F‧A‧S，這是可以啦，但這力量很微小，初期二三百人，後來越來越少，等久松一死，樹倒猢猻散，後繼無人，現在也沒有活力了。所以講久松的「無相」是行不通的。

陳哲晉：久松創立 F‧A‧S 禪學院以進行宗教實踐：

一、F 是 Formless self 的代號，意為「無相的自我」。

二、A 是 All mankind，意為全人類。站在全人類的立場來建

構世界。

三、S 是 Superhistorical history，超越歷史地創造歷史。其理想是覺醒到自家的「無相的自我」，站在全人類的立場，構成世界，創造一個超越歷史的歷史。無相的自我就是禪一直說的本來面目，或說：「自心是佛」中的自心。F 是體，AS 是其用。久松重視 F 這一最高主體性，後二者是妙用。此體非形而上的實體，而是一切妙用的根源。

綜上所述，久松的「絕對無」諸概念，大抵散見在諸佛學經論裏，只是久松能以精準的現代哲學語言統合地詮釋其思想內容；且大氣魄地展現其宗教實踐的力度和深度（雖說大乘佛教教旨本就是在自渡渡人）。「東洋的無」的主體能動性顯示東洋的無能在世間上引發出種種妙用。前者偏屬靜態，後者偏重動態，二者合一，靜中有動、動中有靜，「動靜一如」。但，久松的「絕對無」沒有創生性，這不能涵蓋道家的「無」思想，《老子》的無具創生義，如：「天下萬物生於有，有生於無。」（《老子‧40 章》）「道生一，一生二，二生三，三生萬物。」（《老子‧42 章》）

另外，「絕對無」的重點在往相，卻沒有重視還相，呈現的是藝術境界而非宗教境界，這是他哲學體系的缺失。

總之，作為一現代的宗教思想家，久松言行並重，重現佛學光采於世人面前，功勞委實不小，但若說其為嚴格的思想家，有深遠的哲學體系，恐怕言過其實。

第三章
久松眞一論茶道與禪之美

一、關於茶道

黃奕睿：久松眞一是在禪修中一個全面的人物，特別是在茶道方面。首先涉及的是茶室。茶室在茶道裏面是一個很重要的場所，它是一個特殊的場所。下面會講到久松對於茶室的安排要符合禪意，可是這是不是意味著他也承認禪的生活並不是一種一般的生活，而是一種特殊的生活呢？

吳汝鈞：你在進行那種茶道的活動裏面，要保持一種很平靜，peaceful 的心態，就是很均衡的狀態，要心平氣和，以這種心情來進行這種活動，然後還有一種所謂茶藝，有一個歷程，不是隨便像我們平常飲茶一樣。在茶道裏面也有這種冥想的活動在其中。所謂冥想就是讓你的心變得專一起來，不要胡思亂想，不要隨便生起一些妄念，要保持一種無心無念的心，所以不是一般人參加看一看，感受一下那種氣氛，不行。你要對禪的背景，尤其是美的那種性格有瞭解，才能參加。學到某一個程度，可能有一點名氣，人家就邀

你去表演茶道，久松就是在茶道表演這方面的高手。

黃奕睿：所以很有趣的是，茶道這種美學活動對久松來說，並不是一種天生的普遍的美，而是需要經過訓練才能去體會的美。這其實是一種蠻特別的美學觀。

吳汝鈞：對，美是要培養的。

黃奕睿：嗯，它不是普遍的。

吳汝鈞：像林志玲，她生出來已很漂亮了，她不用學，很自然的表現，人家就覺得她有一種美的風采，可是我想他的深度還不夠。林志玲是在外表上能夠吸引人，吸引一些觀眾，但她沒有涵養。

黃奕睿：如果不講林志玲，比如說范寬的谿山行旅圖，或莫內的拾穗那種名畫，可能一般民眾去看也會覺得心曠神怡，覺得有一種美感，他們不需要經過訓練。所以久松的美感很顯然跟我們一般藝術傳統的美感是不一樣的，對不對？

吳汝鈞：你剛才講那個谿山行旅圖，像黃公望的富春山居圖那些，就是比較有這種美學深度的作品，還是要有點涵養才能去欣賞，一般人進不去。

黃奕睿：當然程度會有差別。

吳汝鈞：對。

黃奕睿：好，那我們現在就來講這篇文章，還是要等其他同學呢？

吳汝鈞：不等了。

黃奕睿：那我先講一下。上禮拜我在其他課都有報告，所以在時間上是蠻趕的，我這邊蒐集了一些資料，借了一些書，看了一些網路，寫出一篇論文，做一些大概的敘述，如果有機會我會再把這個東西，可能期末交報告的時候把它更完整的整理出來。

吳汝鈞：那就是你做逐字稿的時候。

黃奕睿：再加入一些內容。

吳汝鈞：對，把它整理的比較完整一點。

黃奕睿：好。

吳汝鈞：現在有錄音是吧？

黃奕睿：對，在錄音。第一個部分我先講久松真一的茶跟禪的關係。我們先說茶跟禪在歷史上面的關係是可以考察的。就像回教徒飲用咖啡跟茶一般，他們最初還是從實用性來看待飲料的作用，回教徒不能喝酒，所以他們那種宴會有刺激什麼的，就用咖啡或是茶來代替。在原始佛教好像就有一些文獻資料，說他們有使用茶葉，可是他們不是用泡，他們是用咀嚼來提神。因為他們要修苦行，苦行就是在山裏面只帶一個蚊帳，把自己包起來，坐在那裏，不能睡覺，在那裏修苦行，然後……

吳汝鈞：你說那種苦行在佛教裏面有一個比較特別的名相來講，就是「頭陀行」。

黃奕睿：對。

吳汝鈞：頭是我們的頭的頭，陀是阿彌陀佛的陀，頭陀行是指生活的一種狀況，在這種生活狀況裏面，當事人要盡量讓自己的肉體受到折磨，不在家裏睡覺，跑到野外在樹下睡覺，有飯不吃，有衣服不穿，好衣服把它剪得破破爛爛的，有豐富的食物也不吃，只是喝開水。它就是這麼一種苦行，盡量在身體方面自我折磨，他們相信這種生活，就是頭陀行，讓自己的身體受種種的折磨，可以消除過去所種下的惡業。他們覺得這樣有效，這就是苦行。你先要有這麼一種信仰，這種苦行實質上可以抵消以往所做的壞事，或者講過的一些不好聽的話，要有這麼一種作用，才去進行。不是一般人街頭……臺北好像比較少一點，香港就很多，睡在大街小巷裏面，那些人來來往往他都不理，也不洗澡，就整天待在那個地方，旁邊放一個缽，如果同情他你就放錢，你放不放他也不在意，他根本好像也沒有感覺，這種情況。這些人大概不是真的進行那種頭陀行的活動，神智都已經迷迷糊糊的樣子。最後有什麼狀況出現，警察就把他架走，把他送到醫院去處理，通常是生命快要完了這種狀態，這也是警察工作的一部分，維持街上的治安平靜。你一個人光天化日在大街大巷裏面睡個沒完沒了，這對行人和整個環境都有不好的影響，所以就是這樣做，這跟頭陀行一點關係都沒有。

同學 1：吳汝鈞老師，頭陀行沒有顧及人們最基本的需求嗎？就是他的生理可能需要休息和進食，他這個也不管麼？

吳汝鈞：他是把這個減到最低的限度，釋迦牟尼（Śākyamuni）出家以後，最初跟六個修婆羅門教的苦行的人在一起，他以為苦行可以讓他接近真理，最後讓他能夠覺悟，從種種的煩惱解放出來。結果他修了不知六年還是五年都沒有結果，反而弄的身體好像皮包

骨，沒有肉的，一身都是髒的，一點神采也沒有，人不像人鬼不像鬼的樣子。結果他覺得頭陀行苦行沒有效，因為它是一種極端處理身體的方式，就是苦行也不可以，淫樂也不可以，因為他們都是偏於異端，不是中道（madhyamā pratipad）。所以他最後放棄這種苦行的生活，退出五六人的組合。這些人看他這樣，認為他熬不下去，不夠堅強，也沒有勇氣，把他看成為一個失敗者。他們說你這樣做就前功盡棄，釋迦牟尼說如果這不是正道，那前功盡棄也無所謂。他的目的是讓自己體證終極的真理，能夠覺悟，從種種苦痛煩惱解放出來。這種頭陀行不能讓他做到這點，太極端了。極端的淫樂和苦行都不行，要行於中道。

黃奕睿：好那我繼續講。在中國已經找到直接證據說禪或佛教跟茶有關係，在壁畫上面找得到，找到一個備經圖與備茶圖，備經圖就是準備要讀經書的那些僧人的圖，旁邊總是有一個準備要泡茶的僧人的圖一起出現。

吳汝鈞：這些資料從哪裏找到的？

黃奕睿：藝術史的期刊，如果老師有興趣的話我可以轉寄給你。當他們找到資料便進一步解釋說，因為讀經是要花腦力的，然後以茶來提振精神；在功能性上奏效，藝術史是這樣講的。若從整個中國歷史茶的發展來說，唐代、宋代、清代在泡茶上是全然不一樣的。唐代的泡茶很原始，很像在做一個料理、一種食物，把茶、鹽跟一些吃的東西一起泡，鹹鹹的，喝起來像粥一樣。到了宋代就不一樣，他們叫點茶法，以前唐代叫煎茶法。點茶法的情況不是那麼複雜，加那麼多配料進去，他們有茶磚，像我們今天喝普洱什麼的，

其實是從那個時代流傳過來的。但是這方法到清朝時喪失掉了，變成我們今天把茶葉跟熱水弄一弄這種淹茶法。有一個日本的學者叫做岡倉天心。

吳汝鈞：岡倉天心，他是一個茶道的專家，藝術的涵養也很高，臺灣不是有一個叫蔣勳是吧？他主要就是講藝術，他好像在這方面也有一定的涵養，所以他講的內容比較深奧和正宗。好像也寫了不少書是吧？

黃奕睿：嗯。

吳汝鈞：我在報紙上常常看到他發表的一些文章，就是蔣勳，還有沒有？好像以他最著名。

黃奕睿：當代的，應該以他最進入一般的市場，我覺得是這樣。他也很知道怎麼讓大眾去接受，有些做研究的不見得願意去報紙上投稿。

吳汝鈞：對，有些人就是隱居起來，自修這種茶道，不跟一般世俗的一些活動連起來。不一樣，就是每個人有他自己的那種選擇，不過我說蔣勳在文化界、藝術界相當活躍。

黃奕睿：岡倉有一個很有趣的說法，他說唐代的煎茶是浪漫主義的表現，宋代的點茶是古典主義，清代以後是自然主義的表現，這個說法我們可以去思考一下，岡倉為什麼這麼說呢？

吳汝鈞：這幾種風格大概怎麼衡量呢？什麼是浪漫主義？什麼是古典主義？然後什麼是自然主義？在音樂上講起西方音樂也有很多種，

在不同的階段有不同的音樂的風格，像古代在巴洛克（Baroque）以前受宗教影響比較濃，所以他們演奏的樂器跟唱的歌都跟宗教有密切的關係，像一些所謂 motet，就是經文歌，幾個人在唱的，唱的很好聽，因為他們很注重和音，比一個人唱還好聽，然後還有很多比如說聖母頌（Magnificat）、受難曲（Passion），還有安魂曲（Requiem），這些都是跟宗教拉上關係的。再下來就是巴洛克時代，Bach、Händel、Corelli、Scarlatti、Vivaldi 這些人，有相當的文化修養的音樂。下來就是古典主義，主要是海頓（J. Haydn）、莫札特（W. A. Mozart）跟貝多芬（L. V. Beethoven）。再下來就是浪漫主義，蕭邦（F. F. Chopin）啦很多很多。然後再下來就比較強調那種力動的，像柴可夫斯基（P. Tchaikovsky）、華格納（R. Wagner）、布魯克納（A. Bruckner）、李查史特勞斯（R. Strauss）、西貝流士（J. Sibelius）、馬勒（G. Mahler）等等。他們的交響樂都很有氣勢而且很長。一般的交響樂團有很多人，都超過一百多人，很多奇奇怪怪的樂器都用上了；再下來就現代音樂，我就聽不懂了，我不知道有甚麼好。

黃奕睿：其實從音樂史來說的話有一段時間是印象派音樂。

吳汝鈞：德布西（C. Debussy），應該是浪漫派後一點。

黃奕睿：後一點。

吳汝鈞：對。

黃奕睿：剛好是那個時期。

吳汝鈞：在不同階段有不同風格。這茶道是不是也是這樣呢？

黃奕睿：因為書裏面沒有很仔細去解釋這浪漫主義的意思，如果使用的詞在一般藝術史表現的浪漫主義來說的話，大概是可以理解，配合上唐代本身藝術的一些證據，大概可以理解他講浪漫主義的意思，或是他在講宋代的古典主義是什麼意思。我們現在要解釋這個嗎？

吳汝鈞：不過你這裏有這淹茶，自然主義，你是不是可以解釋一下什麼叫「淹茶」呢？

黃奕睿：淹茶就像我們今天在泡茶，我們把茶葉採收下來之後去揉荏，然後烘乾，然後就製成茶葉，茶葉的形象可能是捲的，但一旦我們把它泡進茶裏面，跟熱水泡，它就展開來，回復原來茶葉外表的形狀。用這種方法，淹就是把茶葉淹到水面以下的作法。

吳汝鈞：有一種泡茶的方式就是很快就直接把茶葉放在茶杯上面，然後放一些熱的開水，這樣不行，你要先在茶杯放一些熱開水進去。

黃奕睿：溫壺。

吳汝鈞：讓它熱一段時間它就溫暖，開始熱起來，然後你再放茶葉，這也是茶葉放進去那個空杯裏的空間，它是先有一種溫氣熱氣，你再放茶葉這樣。

黃奕睿：中國宋代以前泡茶方法基本上是失傳的，在中國或在華人區不會有人這樣泡茶，還是用清代淹茶的方法去泡。可是我們看日本茶道有抹茶這些器具和技巧，反而是從唐朝直接傳承到日本，並且保留到今天的。

吳汝鈞：嗯。

黃奕睿：那我在這邊就講岡倉書裏的說法，很有趣的是他認為宋代的鬥茶儀式到我們今天茶道的儀式，是這樣演變過來的，可是鬥茶指的就是一種品茶種好不好，或泡茶人技術的一種競技的遊戲，到最後這種儀式演變成今天的茶道。

吳汝鈞：鬥茶，就是……第幾行？

黃奕睿：這邊有一段引言，第一頁引言的上一行，第二段一二三四五六七……第七行。

吳汝鈞：一二三四五六七，鬥茶。

黃奕睿：嗯。

吳汝鈞：這字眼比較少看到。

黃奕睿：鬥茶這種活動到今天一直都還流行，只是形式不太一樣。我們今天把茶區分一品兩品那種，就是從一種儀式變成一種給予每一期茶葉品定的一個項目，這個項目過去有官方辦的，也有有錢的人自己在家裏面辦的，到今天變成商業的性質，我這邊引言就說，從唐代到宋代，不僅就何謂好茶的看法出現轉變，甚至在如何理解生命上面也大不相同。王禹讚頌茶是：「沃心同直諫，苦口類嘉言」。蘇東坡也曾提到茶的力量有如君子。在佛教徒中，禪宗的南禪甚至受到道教信仰的影響，建立了一套精緻複雜的茶會儀式，僧侶們舉行茶會時集結於達摩祖師的畫像前，循著正式的禮節用一碗茶輪流飲茶，這就是那時候禪宗的儀式。在 15 世紀的時候傳到日

本，最後發展出日本的茶會。這段話引言有三件重要的事情，第一件事就是岡倉認為這是受到道教的影響。

吳汝鈞：你這裏是道家，你是說道教是吧？道家還是道教？

黃奕睿：岡倉在書裏面把這兩件事情搞混，他對中國文化其實沒有那麼瞭解和熟悉，所以他在講道教道家的時候……

吳汝鈞：他以為都是一樣的。

黃奕睿：他沒有去區分得很明確，因為我用了中文本，中文本的註腳有特別提到這一點。

吳汝鈞：嗯。

黃奕睿：不管如何，岡倉天心認為這受到道家或道教的影響，反正他不是認為這個儀式本身是從禪學裏面出現的。然後第二個部分是他將這個儀式稍微的描述出來了，我們可以看到久松的茶會的儀式跟這個很相似，可以作一個對比。在時間上也提出來了，他說這些禮儀是在 15 世紀的時候傳到日本，然後發展出日本的茶會。

吳汝鈞：這段引言第三行，提到剛正不阿的德性意旨，我想這有點意思，就是在茶道裏面，或在飲茶的活動裏面，有一種德性的培養的意味，在道德上你可以這樣講，在宗教方面你也可以說是一種讓心靈安靜下來，去除種種雜念的活動。他們就是把這種道德跟宗教的體現都跟茶道拉上關係，就是說一個茶道的高手的個人學養修養跟一般人應該不一樣，應該有這種文人的一種……是吧？就是對有文化水平、有道德或宗教涵養的人來說，這茶道是一種生活的方

式，可以培養這些人，這種人是我們所瞭解的君子。君子很早就已經講了，在《論語》裏面，不是常常提到君子嗎？如果道德修行在這方面講的話，君子就是僅僅比聖賢差一個等級，所以你能成為一個君子也很難得，當然最好能成為聖賢，是吧？所以君子這個字眼是有一種修養，品德的修養這種意味。這個茶道，可以讓當事人提高在這方面的修養。

黃奕睿：老師我這邊有個小小的疑問可能跟禪沒關係，在儒家裏面茶有什麼被提出來有關係的內容？

吳汝鈞：好像沒有。

黃奕睿：好像沒有，對。嗯……

吳汝鈞：儒家裏面沒有茶道這個概念，茶就是我們一般生活裏面比較普遍的一種飲品，它沒有演變成為一種有藝術意味的生活的方式。好像找不出一些文獻是專門講茶道的。

黃奕睿：嗯，我印象中也是。

吳汝鈞：這大概是在日本流行，在中國好像無所謂。我小的時候去飲茶，他就是給你大大的一個碗，茶葉放在上面，然後茶伙計拿著很大很大的一個金屬做的裝滾水的……

同學 1：茶壺？

吳汝鈞：不是茶壺，它有一個柄，他把滾的開水倒進碗裏面，它有一個蓋，你把蓋放在上面，這樣過了一陣，你就把有茶葉的碗拿起來，留下一些空隙讓茶可以倒進小杯內裏。這也不是什麼一種……

一般來講飲茶就是這樣，現在已經不流行了。

黃奕睿：其實那樣也是以前中國南方，清朝可能就這樣喝了，在中國南方。

吳汝鈞：民間是這樣，不講什麼修養的那種。然後他們算那個最後你吃完剩下的碗具，伙計就給你算，他是看你點心的價錢多少，他是用一些碗具來把點心放進去，像那些專門賣日本的那些……

黃奕睿：迴轉壽司。

吳汝鈞：壽司，是吧。不同價錢的壽司就放在不同顏色的碟，一看就認出來了。你要走的時候，那個伙計就看你吃了多少東西，他自己可以統計出來，然後再加上茶費用，他也沒有寫一張字條說多少錢，他就老遠的在叫，那個收錢的人就聽到，就這麼非常簡單原始的一種報價的方式，而且他們講得那套，你一般人如果不常常去飲茶，不會曉得，比如說，他說抓住元，就是多少元呢？五元，抓住啊，你是用五根手指來抓的，所以這五根手指就表示五這個號碼，就是五元，就是這樣子。我小的時候常常搞不清楚他這樣講為什麼就表示五元，後來想到他說抓住，那你就用五根手指來抓住，就是五元。然後另外他這樣把手指舉起來做這個狀況，表示九。

同學 1：這是上海的。

吳汝鈞：我也不知道這手勢從哪裏來，但是在香港這就是代表九，如果他把手指這樣舉起來，那就表示你應該交九塊錢，然後十就是這樣。他們就是不講那個數字，他不是講給客人聽而是講給收錢的人聽。他就是用這些手勢來傳達，這樣有趣啊。

黃奕睿：那我繼續講，在岡倉的書裏面最後一段我也覺得還蠻有趣的，他認為茶道思想就是道家思想，而禪宗就是道家的正統後繼者，而且是作為代表中國南方個人主義思潮的正統後繼者。

吳汝鈞：他怎麼會這樣瞭解呀？

黃奕睿：我也不明白。

吳汝鈞：禪宗的來源是道家，他這樣說麼？

黃奕睿：他沒有，他說禪宗是道家思想的正統後繼者。

吳汝鈞：沒有根據，沒有文獻的根據。

黃奕睿：所以這個岡倉可能對中國文化沒有那麼瞭解，畢竟他也是一百多年前的人物。

吳汝鈞：可是這種瞭解是非常離譜，差的太遠了，因為禪宗的根源根本不是什麼道家，而是印度那種，佛教也好，婆羅門教也好，都有那種想法，那種觀點，就是跟自然界維持一種諧和的關係。當然你說這種關係想法在道家裏面也有，這沒有錯啦。如果我們從歷史方面來追溯來源，不應該向道家那邊靠攏，應該追溯到婆羅門教，特別是原始佛教，這才是它的根源。

黃奕睿：對啊。

吳汝鈞：所以這裏犯的錯誤很嚴重。

二、東洋的無與茶道

黃奕睿：對啊，好，接下來我們就進入久松的論述了，他主要的論述是有一本書叫做《茶道の哲學》。

吳汝鈞：嗯。

黃奕睿：有關茶道教育的儀式，我們可以從這本書看到。

吳汝鈞：這本書我有在上面。

黃奕睿：哦哦。

吳汝鈞：這有個の，茶道の哲學，你這裏漏掉了，茶道の哲學，這無所謂。

黃奕睿：因為我找不到原本這本書，所以我就從另一篇文章講茶道箴的思想裏面引述，藤吉慈海在解說裏面講到久松是怎麼樣去進行茶道的儀式。

吳汝鈞：藤吉慈海是久松的徒弟，是關係非常密切的徒弟。

黃奕睿：那這部分我大致上就不唸了，就是大家看一下。對，主要可以看到他們圍繞的一個像，一個一起從事儀式的部分。其實我們可以從剛剛看到上面那個鬥茶，或早期禪宗的儀式，有一些相近的地方。

吳汝鈞：嗯，這裏有一個陳述，你把這個陳述講一下。

黃奕睿：好。

吳汝鈞：第二頁最上面。

黃奕睿：好，「首先會員聚集在傳人前，接著移到準備室，久松真一已經身穿和服坐在那裏，學員向前行禮。久松引罄為號，全員起立，行禮後移到蹲踞前。」這裏面有一些名詞我不大清楚確切指的是什麼，因為像蹲踞這種地方應該是特別的一個……

吳汝鈞：因為日本人通常是坐在榻榻米上面，就是你蹲下來才坐上去這樣。它不是我們通常坐的這些椅子。

黃奕睿：所以他這個蹲踞指的是一個墊子嗎？

吳汝鈞：對，就是你坐在上面，日本人通常吃飯、寫東西、談話、聊天都不是像我們這樣坐，就是坐在榻榻米上面，前面是一個四方形或長方形的一個，怎麼講呢就是……

黃奕睿：矮几嗎？

吳汝鈞：一個几是嗎？

黃奕睿：茶几的几。

吳汝鈞：茶几，對，我在日本也是這樣坐的。他們主要就是坐在几前面吃飯、寫東西、讀書，都是這樣坐，很少這種椅子，可是他們是習慣這樣子，常常都是坐下來，所以有人說日本的女生腳比較粗，就是因為常常要用腳的力氣起來坐下。所以她的小腿就越來越粗，好像舉重的那些人，身體是橫向發展，而且比較矮，因為你舉

那個幾百公斤的重量，壓下來讓你那些骨頭都收縮起來，這可能也有一些科學的根據。舉重的大力士通常身體肌肉都是橫向的，就是比較矮。

黃奕睿：然後「每人依次恭謹漱口、洗手。接著進入供奉利休居士的利休堂，端座於木像前。久松真一引磬一打，插上線香一炷，站起來向著利休像合掌一拜。會員一起正坐著合掌一拜。接著久松又以引磬為號，與學員一起朗誦〈茶道箴〉。朗誦完了，久松引磬三次，全體會員端坐。線香燃燒完了前的四十五分鐘，全員不動，持續保持正坐。有時候，久松會對特定學員進行禪門公案的問答。端坐終了，全員出了利休堂，坐在咄咄齋前廊下，由秘書將學員分成三組，進入咄咄齋、拋荃齋、槍之廳練習茶道儀軌。淡淡齋主在咄咄齋主持，久松則坐在千宗室傳人旁的主客位置。各房間的訓練結束後，大家聚集到拋荃齋廊下，短暫正坐之後，久松真一敲下引磬，齊唱〈茶道小箴〉，連打數聲引磬，全員深深作禮，接心終了。」

吳汝鈞：嗯，這個在《茶道の哲學》這本書裏面有記載，我有那本書在上面，等一會兒上去拿來看一下。

黃奕睿：好。

吳汝鈞：如果是這樣飲茶的話，太浪費時間了。你一頓茶可能要消磨半天，這什麼四十五分鐘，什麼線香燃燒完了，線香燃燒完了要一段時間，一個鐘頭或半個鐘頭，那炷香才燒完，然後就有很多程序。所以這種茶道的活動就是讓那些四體不勤五穀不分的人活動，一般上班的人哪有這種時間跟心情去參加這種活動呢？

黃奕睿：它還把這種活動演變成一種有規則，就是「清規」的活動，這是出自於《百丈清規》的專有名詞。它本來就有禪宗的意味在。對久松來說，茶道進入生活的時候，他會演練禪的工夫，因為儀式跟禪有連結。構成儀式的生活就是一種生活的工夫。僧人會在達摩像前喝茶，久松則是在利休像前喝茶。我們可以看到禪和茶在儀式上的連結。

吳汝鈞：這裏有兩個名稱，一個是「京大心茶會清規」，然後是「利休」，利休就是那個千利休，你這裏也有提到。利休與達摩一般成為茶與禪在儀式中形象的連結。京大就是京都大學，因為久松當年是京大的教授，所以他有時候在京都大學裏面舉行茶道這種活動。現在這種京大心茶會可能都已經不見了，我在日本那幾年沒有聽他們提過。

黃奕睿：從儀式上面我們可以找到久松的茶跟禪的關係，至少它們在形象上、工夫的呈現上是有連結的。在我們能看到的一些論文之中，就這樣說，久松所說的茶道應該是他心目中理想的心茶道。這個心茶道，不只是藝術的鑑賞或是日常生活的一種行為，更是作為人的生活全體看。誠如禪宗中的威儀即佛法，作法即宗旨的意思。在行住坐臥四威儀中進行佛法所重視的行持。在沏茶吃飯的作法中，那甚深微妙的全體作用，展示出久松真一特別強調的茶道生活的全體的整體意味，進而以世界文化為己任的積極意味。所以久松是希望把這個儀式推到世界文化方面去。

吳汝鈞：對，把它推上文化的平台上。

黃奕睿：嗯，所以他在實際的作為也很明確，他的茶會也是一個對

大眾的公開活動，就是歡迎你來，並不是說我們是一個怎麼樣子的秘密聚會、私人俱樂部那樣，他是有一個推廣這東西的作法。

吳汝鈞：你在茶道裏面講到行住坐臥是吧，四威儀，這行住坐臥就是我們修行不一定要進行那種禪坐，而是可以透過其他的活動，行住坐臥，都可以。都是修行的，你都可以進行那種修行。然後這個威儀，威就是一種神威，你們有沒有看那些包公包青天的片子，包青天手下常常念出那個威武，一起念。這個威儀跟包青天審案那個威武不一樣，威儀在這裏是一種儀式，比較正宗的儀式，不是外表上的神威，好像是關雲長、張翼德五虎將，他們有那種神威，但這威儀不是神威的意味。

黃奕睿：這個地方我有一些問題，如果《壇經》裏面說，行住坐臥這四個威儀是在生活、儀表及佛教上的做法及宗旨，那吃飯喝茶這種做法點點滴滴就可以體會到威儀宗旨上面的那些，如果是這樣子的話，久松會不會於儀式上面太造作呢？這是第一個問題。第二個問題就是這種進入世界的禪或將之引申到文化意義上的思維，跟過去的禪的思想是有差異的。我的理解是，它並不是要成為一種文化，成為一種文化就沒有所謂修行了，所以我覺得久松在這地方的想法會不會跟一般講禪的意味不同呢？

吳汝鈞：你說有太注重形式的趨向，我想，這要看你所展示的儀式是怎麼樣的一種儀式，總該有些規定項目要做啊。例如一個人死掉了，在殯儀館裏舉行追思會，有賓客進來就有一個司儀，就是宣佈秩序的，叫出一鞠躬，二鞠躬，三鞠躬，家屬回禮，他不是這樣叫嗎？這就是儀式，那如果像這種，我剛才講的那種情況也合理啊。

因為你追思一個人，如果沒有一定的規矩，每個人所做的都不一樣，這樣會使殯儀館裏面亂起來。如果有太多人來參加這個追思會的話，它是要有一些儀式。你講茶道，這個道本身就是一種規矩。

黃奕睿：有某種方法。

吳汝鈞：有規定的一些項目要做，例如說，前一陣我看報紙說有一個軍人在軍機演習裏面出了意外，結果喪生了，最後他們決定把他供奉於忠烈祠。在忠烈祠裏面守候的人，每天都有換班的時候，那些表演的人都是軍人，拿著來福槍的，是吧，他們有一種類似換班的儀式，做的非常整齊。看起來他們是受過相當嚴格的訓練，連怎麼拿那枝槍，把它轉動一下，也是要學的。所以我想就是這種儀式，如果是這些動作，我想還是不算是太注重形式。

黃奕睿：像後來禪宗連達摩也不拜了，不擺放達摩像了，可是久松依然把利休這個像放在茶會之中，所以他還是跟純粹的禪有些落差。我提出這個問題主要是想找出茶跟禪還是有些落差的，它們並不是全然一致的。如果茶跟禪完全一致，那他就拜達摩好了，擺放達摩好了，可是他去擺放的是利休的像。甚至後來禪宗也不擺達摩像出來了，但是他還是維持擺放利休這個傳統。因為我們不能說茶道全然等同於禪道。

吳汝鈞：因為達摩是禪的祖師。

黃奕睿：對對對。

吳汝鈞：所以你在這個茶道上不一定要把達摩也寫進去。

黃奕睿：當然當然。

吳汝鈞：不一樣，千利休跟茶道有很密切的關聯。

黃奕睿：後來達摩像也不再被禪宗特別拿起來擺在那裏。

吳汝鈞：其實達摩這個人一直都有一種神秘性，有沒有這個人，有人也提出這個問題。像基督教也有人提出，有沒有耶穌這個人。我們中國歷史也有人提到到底有沒有屈原這個人，提出種種不同的問題。有些問題可能實質上不用提出，你問到底有沒有屈原這個人，《史記》裏面就有記載了。司馬遷怎麼寫《史記》呢，他是蒐集很多很多真實的證據資料才來寫的，所以在《史記》裏面有記載的應該沒有大問題。小問題小差異可能有，可是你懷疑有沒有屈原這個人，這個歷史人物，就有點過分，他不是有很多作品留下嗎？〈離騷〉啊，〈九歌〉很多很多啦，然後我們都尊敬他是一個偉大的文學家，是吧，所以這種疑問我想就有點過分。再往前推就是大禹，有沒有這個人，有些人說大禹本來是一條蟲，因為禹這個字眼在文字學上像一條虫的樣子。因為從那個年代到現在還沒有一些可靠的歷史資料，所以你懷疑有沒有大禹這個人。你這個本來就是一條虫，這個禹就是一條虫，從這個角度出發來懷疑，再加上沒有明證，就是歷史記載的明證，在裏面，你就可以提出這種懷疑的問題。我想還是有達摩這個人。

黃奕睿：我不是懷疑有沒有達摩這個人。

吳汝鈞：我是說有人，有人會提出這些古古怪怪的問題，達摩是西域人，我想也是正確的，可是他的活動跟詳情，他什麼時候來，從

哪一條路來，出生是哪一年，逝世是那一年，這一些比較具體的數據可能就不清楚，因為達摩是禪的祖師，每一個修禪的人都是這麼瞭解。如果真的沒有達摩這個人，那後來跟禪宗裏面的事件，跟達摩有關的事件就是虛構的，應該不至於到這個程度吧。

黃奕睿：對，好，那接下來我講在〈茶道箴〉裏面有幾個部分有細節的描述，像是那個，我這邊念一下：「露地草庵，茶道玄旨，和敬清寂，芳躅，式，流儀喜好，前期心悟，一期一會，事理道，打擲，白露地，茶之十德，喫茶去，等等。」因為我底下就是引用〈京都學派久松真一〈茶道箴〉〉文中的整理，大概把它的內容濃縮了一下，重點提出來。第一個露地草庵，就是茶的發生場域，久松認為露地的生活在茶道上完全是禪的，因此露地一語也就從原本露地上的特定地域解釋成人心本來的真實心地，進一步從露地的擺設，道路啊，你要怎麼進到茶室的道路，都變成心往常開的具象意涵，像是樹石的安排，庭園的造景，同樣的脈絡也展現在久松對繪畫跟藝術的態度上。這是第一個玄旨。露地就是泡茶的庭園，他們以前往往有一個對外開放的茶室在那裏泡茶。第二個玄旨，久松真一以所謂「理三昧」、「事三昧」來說明洞悉本源與喫茶行為兩方知行一體的茶湯舉措。而最重要的則在於所謂心悟，如此的茶湯是自然法爾的茶湯，亦即直心交往的茶湯的「閑寂茶」。而此心悟的本源正是久松真一所說的東洋的無，之前的課堂上就有講到這個。[1]

1　鈞案：這裏的〈茶道箴〉，再加上〈茶道小箴〉，是久松就茶道作哲學、宗教與生活而寫下來的綱領。〈茶道箴〉的內文如下：
　　　吾等今幸入露地草庵，得參茶道之玄旨，修和敬清寂之法。
　　　願攀前賢古聖之芳躅，苟且勿流遊戲逸樂，趨好事驕奢，偏

固流儀技藝，墮邪路。堅把住佗數奇真諦，專旨心悟，觀一
期一會，道業無倦，事理雙修，舉止寂靜，無生塵念。對事
物人境無念，身心自契道，山水草木草庵主客諸具法則規
矩，只一箇打擲去，皆俱現成無事安心一樣白露地，以茶十
德饒益世。

〈茶道小箴〉則錄如下：

和敬清寂今正修，喫茶去身心寥廓，
願要諦鎮日堅持，精進以事理圓成。

這〈茶道箴〉與〈茶道小箴〉載於《久松真一著作集》第 4 卷《茶
道の哲學》中。據久松的門人三村勉與倉澤行洋所述，這茶道的事
實其實是要照見我們的無相的自我。這第 4 卷中所收錄的諸篇文
字，在於展示自我的性格，最後歸於一個根本個性的整一體，而達
致一勝義的自覺的心靈上的開悟。三村勉與倉澤行洋又指出，久松
的茶道之哲學的基礎，在於宗教性格的所謂「覺之宗教」。這茶道
之哲學不外是以「覺之宗教」中的茶為引緣而展現哲學的機用，因
而便有「覺之哲學」。在系統性方面，在於以茶為引緣，讓明覺反
照自身，以成就一種向無基底方面發展的表現、呈顯的活動。在這
種情況，在一方面，覺之哲學成為覺之宗教的施設性格、方便性格
的傳達工具；在另方面，覺之宗教的無基底的自覺性便能展現出
來，而這展現也作為覺之宗教的歷史性的開拓的媒介而充分證成這
歷史性。這樣，即可藉茶作為引緣而使覺之宗教在「日本禪道即日
本茶道」之中現成，而覺之哲學即在茶道之哲學中具體展現出來。
在這裏，他們稱日本禪為「佗禪」，稱日本茶道為「佗茶」。所謂
佗（わび）即是茶道中所展示出來的閑寂、寂靜氣氛。

　　《茶道の哲學》一書共收入三十一篇文字。這三十一篇文字被
區分為五個主項：一、作為綜合的生活體系的茶道；二、茶的精
神；三、茶道箴；四、日本茶道之成立；五、餘論。作為綜合的生
活體系的茶道一項包含三篇文字：(1)日本文化的使命與茶道、(2)茶
道中的人間性的形成、(3)作為生活的根源的茶道。茶的精神一項包
含三篇文字：(4)茶道文化的性格、(5)閑寂的茶道、(6)茶事的和美。

吳汝鈞：這《東洋的無》，是久松著作集的第一本，裏面所說那些文字，基本上都是講這個觀念。西方人也有「無」這個觀念，不過西方人對於無好像取一種虛無主義的看法，所以發展到最後，到尼采（F. W. Nietzsche）就成為一種消極的哲學、虛無主義。可他這裏所提的無，是東洋的，不是西洋的，東洋的無就是禪宗裏面的無，那是跟尼采所講的虛無完全不一樣。這東洋的無可視為京都學派西田幾多郎提出的絕對無的文獻上的根據，就是《壇經》裏面講的無，就是無一物，本來無一物，何處惹塵埃，他也講無的那種思想，就是無相無往無念，就是無念為宗，無相為體，無住為本，三無的那種思想。

黃奕睿：讀到這裏我突然間有一種聯想，我想到四無說，王龍溪的四無說，他說無善無惡心之體。

吳汝鈞：有沒有？

黃奕睿：我有一個聯想，因為他那個心悟本源嘛，加上他後來說其

茶道箴則包含十五篇文字：(7)露地草庵、(8)茶道的玄旨、(9)和敬清寂、(10)芳躅、(11)流儀、(12)美好、(13)侘數奇、(14)心悟、(15)一期一會、(16)事理、(17)道、(18)打擲、(19)白露地、(20)茶之十德、(21)喫茶去。日本茶道的成立一項包含六篇文字：(22)茶道與佛教、(23)南方錄、(24)據南方錄而來的現代批判、(25)祖佛共殺、(26)立於興亡關頭上的少庵、(27)利休茶的成立的限度。最後的餘錄一項包含其餘的四篇文字：(28)京大心茶會的目的與綱領、(29)心之鏡、心之浴池、(30)生活與心茶、(31)茶道內裏的夢與笑。

（以上的敘述主要參考自久松真一著《茶道の哲學》，《久松真一著作集》4，東京：理想社，1973）

實在無字不是在眼中沒有任何東西，而是在主客之間這種關係上面。然後他又去講戒我執我慢，以心為私，不為心所居，然後回歸本心，這不很像陽明心學那一派麼？

吳汝鈞：對啊，你如果要體證無的終極真理，而且是絕對無的這種終極真理，你就要消除所有的主客對立的關係，或者這種意識，在無的狀態下，一切主客分別都給除掉。

黃奕睿：嗯。

吳汝鈞：那是關鍵的一點。

黃奕睿：然後他說這種境界可以說是閒寂的世界，因為我另外一堂課剛好……

吳汝鈞：什麼閒寂？

黃奕睿：閒，悠閒的閒，寂，寂寞的寂，寂無的寂。他這個境界，就是主客的消融，然後是物我兩忘，這種境界是閒寂。

吳汝鈞：對啊！這可以講啊，比如說京學派第三代的上田閑照，他怎麼講這個絕對無呢？他是參考宋代一個廓庵禪師，他寫了一個小冊子叫《十牛圖頌》。《十牛圖頌》到了第八圖，他標示出來的文字就是，人牛俱亡，沒有人也沒有牛。人是主體，牛是客體，到了這個階段，修行者的那種主客對比、主客分別的意識都沒有了，人也沒有，牛也沒有，就是心也沒有，物也沒有，主也沒有，客也沒有，這就是最高的、美學的境界，就是人牛俱亡。像文學詩詞，王國維不是寫了一本小小的書《人間詞話》嗎？講到最高的藝術境

界，他就用有我跟無我來區別。有我還是有分別性，還不是最高，就是對自我還有意識，有自我意識還是沒有到那個層次。有有我的意識當然也有有我的對象的那種意識，就是人我或者主客那種分別意識，這還不是最後最高的境界。最高境界是無我，這個我跟對象的分別意識都沒有了，是吧。這是《人間詞話》裏面所講的，有兩種境界，一種是有我，一種是無我，有我還不夠徹底，無我才是徹底的藝術的最高的境界。然後他有舉一些例子，舉陶淵明「採菊東籬下，悠然見南山」，他說悠然見南山就是無我的見，不是有我的見。這個也很難講，你說「採菊東籬下，悠然見南山」，怎麼能夠把他看成為一種無我之境，就覺得有點困難，對嗎？王國維有他美學的背景，可是，「悠然見南山」，怎麼可以歸到無我之境？這裏應該有一些道理可以說，《人間詞話》就沒有解釋。

黃奕睿：有兩個可能吧，照無我這種脈絡來講，我在想他「悠然見南山」並不是他刻意要去看南山，他是在採菊的時候，那個南山就在那裏了。

吳汝鈞：舉頭是吧？

黃奕睿：不不。

吳汝鈞：採菊是低頭採，然後一舉頭看到這個南山就很舒服。

黃奕睿：不不，事實上那個南山可能根本就不存在，不存在那個南山。

吳汝鈞：應該不會。見，應該真的有。

黃奕睿：這很難講。第二個角度是如果他是真的，那從第三人稱的從遠景去看這個布局，我們國畫裏面，中國國畫裏面的布局法，就可以感覺出來也許那個是第三人稱的描述方法。

吳汝鈞：我們從這個美學角度來講，美學裏面講到最高的境界，有個狀態叫移情（empathy），什麼叫移情呢？就是對象那種形象，那種美讓我可以感受到，就是對象的那種美的姿態，可以通到我的意識這方面，那種美的形態進入我的意識，我的感情也流到對象的方面去，所以就構成一種情意的交流，這就是移情作用。我們通常說人是有情的，事物是無情的，那在藝術上怎麼構成這個移情關係，就是我的主體那種情意注入到客體裏面去，讓客體也有那種情意。客體方面的美的狀態進入而且流到我的意識、我的心裏面，這就是移情。這種情況就是一種把外物看成一種有情感的對象，在文學上很多作品都有這種情況。

黃奕睿：那久松他……

吳汝鈞：好像這個辛棄疾，他是作詞的，他是將軍，打仗的，也是一個大詞人，跟蘇東坡齊名，屬於豪放派。在他的詞〈賀新郎〉裏面，他說，我見青山多嫵媚，料青山見我應如是。意思是說我看到青山百態非常溫柔，然後倒轉過來，青山見到我應該也是這樣。這就是你跟青山有一種在情意上的交流，所以這就是移情作用。我見青山多嫵媚，料青山見我應如是。這純粹是作者個人的一種想法，你如果不在他那種處境，就沒有這種想法，這裏面當然有主觀性在。

黃奕睿：那我們繼續回到久松真一的東洋的無，在茶道上面的表現

就是茶的玄旨的部分，就是茶的本身包涵了這樣的一個旨意，這樣的意義，它是禪的意義、境界，是玄的。第三點清寂，「和敬清寂」在過去被視為茶道的四諦，道之所以為四，曰和曰敬曰清曰寂，這是在過去的說法。久松對這四個字的解釋不大一樣，和是主客的和合，敬是彼此相敬之情，清是心境的清淨，寂是無喧囂的心情。他把這和敬清寂變成是一個像是畫面的描述，一個對於茶道進行中實際發生的現象或精神現象的展現。他用這四個字來做一個描述，不僅僅是對泡茶現象的一個描述。在進入泡茶茶室的生活的時候，你就不只是泡茶，你的走路穿衣都要符合這個境界，才是茶道的追求目標。

吳汝鈞：你這裏提那個後面的茶道四諦，茶道四諦是不是指和敬清寂呢？

黃奕睿：嗯。

吳汝鈞：那這四諦是跟這個名稱嗎？

黃奕睿：你說茶道四諦？

吳汝鈞：對啊。

黃奕睿：在那篇。

吳汝鈞：你這部分講法就是根據。

黃奕睿：根據那篇文章的。

吳汝鈞：哪個潘福？

黃奕睿：潘⋯⋯我也不知道怎麼念。潘播吧，潘凡吧，是不是？

吳汝鈞：潘什麼？

黃奕睿：凡。

吳汝鈞：潘凡啊？不是播？潘襎。這篇文章我沒看過。

黃奕睿：蠻新的文章，2007 年。

吳汝鈞：2007 年。下次你帶過來。

黃奕睿：好。

吳汝鈞：我是說他這裏提出這個四諦，這是茶道的四諦？

黃奕睿：的確是有這樣的一種說法，是在網路上查的。是有茶道四諦的說法。

吳汝鈞：我知道，可是這是誰提出的？

黃奕睿：誰提出的哦？

吳汝鈞：因為四諦在佛教裏面都這樣講啊，苦集滅道。

黃奕睿：苦集滅道。

吳汝鈞：那你現在把這四諦放在茶道上面來講⋯⋯

黃奕睿：應該變成，如果是四諦照苦集滅道，應該是四種境界或是四種⋯⋯

吳汝鈞：怎麼樣？

吳汝鈞：這個倒是要研究一下。

黃奕睿：好。

吳汝鈞：接下來是第四。

黃奕睿：芳躅，式，流儀，這三種都在講關於茶道的形式的反省。久松認為茶道的形式格局應該分到個人創造性的方向去，而不是拘謹或傾向權威或是過去的形式。所以我想它那個形式應該還是對於過去權威，或對於日本中的茶道的一些……

吳汝鈞：你這個芳躅怎麼瞭解啊？

黃奕睿：嘖，芳躅哦……

吳汝鈞：嗯。

黃奕睿：其實我也不……

吳汝鈞：是一種走路的動作是吧？

黃奕睿：可能是吧。

吳汝鈞：因為躅這個字也很少見。

黃奕睿：嗯。

吳汝鈞：那是足字旁。那應該是跟走路有關。

黃奕睿：姿態吧，或者是。

吳汝鈞：嗯。

黃奕睿：式可能就是儀式的過程吧，儀式本身吧，我在猜。

吳汝鈞：嗯。

黃奕睿：然後第五個就比較可以講了，比如一期一會就是懷抱著說我今天跟你喝茶，可能是我這輩子唯一的一次了。

　　這些東西就是在久松的前言心悟指出：「所謂開悟不為物、心，甚而不為佛所繫縛，完全無相而顯現一切相，顯現之同時，都不為所現之物、所現之事所繫縛，空靈地、無邊地形成世界，時間地、無限地創造歷史，知覺對主體的自覺。」他說獨坐的這些動作，都是在過去的茶道裏面有出現過的概念。那在久松自己一方面是回復到茶道裏面這個概念的一些精神，然後進一步去解釋他跟禪之間的關係。比如說一期一會儼然是時光對於主體做一個有限的範疇，它本身是無限的，那在一期一會中間有覺悟來對時光、對主體的克服，超克吧。超越與克服，那個覺悟就是今天與你喝茶，我的覺悟就是我這輩子可能唯一這麼的一次了。那他的說法是這樣的一種覺悟是對於時光的範疇，無限的範疇，對於人的主體意義的限制的克服。那事理雙修跟獨坐可能就是茶道方法中隱含的禪理跟哲學的表現。

吳汝鈞：時光匆匆，時光對於主體作為有限範疇，其本身是無限的，這個也不好瞭解。你這個茶道那種理解怎麼跟無限的終極真理牽連在一起呢？這倒是一個關鍵性的問題。

黃奕睿：對。

吳汝鈞：就是這個終極真理。我們體證這個終極真理，其中有一個途徑，就是在茶道的表演裏面體證。比如說佛教，他講到對終極真理的體證通常都是在禪坐這種方式裏面講，比如說釋迦牟尼三十五歲成道，二十九歲出家，最後三十五歲的時候就發了一個誓願，他坐在菩提樹下，發願說我如果不能覺悟終極真理，我就永遠不會離開所坐的地方，就是菩提樹下。然後他就這樣坐下去。很多外面的妖怪，男男女女、古古怪怪的，在他面前出現，誘惑他，讓他心動，他都沒有回應，他都抵得住誘惑，最後完成覺悟。他覺悟的時刻 moment，就是在菩提樹下禪坐。茶道是一種活動，不是坐禪，你怎麼在茶道的那種生活方式裏面講出終極真理，這是一個很重要、很關鍵性的問題。

黃奕睿：我後面會講。我覺得久松這樣的說法，茶道本身能表達美感。

吳汝鈞：茶道表現什麼美呀？

黃奕睿：後面會講，就是一種絕對無的美，他說這叫做「無相之美」。我認為茶道本身表現無相之美，是久松心目中達致終極的真理的一條道路，透過美這種性格。

吳汝鈞：不過你這裏第五項第三行就提到無相。

黃奕睿：對。

吳汝鈞：完全無相而顯現一切相，這是一種弔詭啊 paradox！就是無相而相，就是一切相狀都在無相這種心境、精神狀態裏面展示出來。所以這個無相也不是完全負面的，它是一種修行的人所達到的

境界，不執著任何相狀，不執著任何東西作為他所認知的對象。唯有達到無相的境界才能成就一切相，這裏面有一種很深的洞見，這跟久松提出的「無相」應該也有關連，可是在無相裏面怎麼又能包容有相，他的意思應該是在他的心裏面已經去除一切對相的執著，可是他也不會把相消滅，讓他在自己的眼前馬上消失。就是以無相、無執著的心態來包容一切相，這很難做到。比如說這張桌前突然有十萬美金，那你的反應怎麼樣？有十萬美金在上面，我們每個人都看到，你自己想會怎麼做？

同學 1：那是誰的？不要亂丟錢。

吳汝鈞：什麼？

同學 1：會問那個錢是誰的，趕快拿走。

吳汝鈞：錢是誰的，反正它擺在上面，管他是誰的，不用管。一般的心情就是馬上把他拿掉，第一個把他拿掉，不要讓其他人拿去。拿去以後怎樣用，是跟著的問題。

同學 1：這樣就不是君子了，我們要有修養。

吳汝鈞：有十萬美金在前面會有什麼修養呢？你會想到修養的問題嗎？你不拿去別人就拿了，拿去花天酒地。

同學 1：會啊。

吳汝鈞：那你的修養倒是很高。我想一般人的反應就是儘快拿走，在其他人得手以前你先拿走。這不是貪心，而是實用主義。

同學 1：這會犯法，會有侵占罪。

黃奕睿：這樣講就不是君子了。

同學 1：如果老師採取這種方式的話也會有刑責，法律上的責任。

吳汝鈞：我想也不能這樣說，你說把它偷走就有偷的罪惡，可是我們通常講偷好像不是這個意味。我們講偷就是有一些東西屬於某一個人的，那你趁那個人不在，沒有得到他的同意下，在他不在現場之下，你把他拿走這是偷，可是我剛舉的那個例子……

同學 1：是沒有歸屬任何人。

吳汝鈞：對啊！那十萬美金就是擺在前面，誰的美金？不知道啊，反正就是有這筆錢在這裏，你把它拿走算不算偷呢？不算。因為它不屬於任何人，你也不知道它的來源怎麼樣，起碼在你眼中你不知道這筆錢是誰的，反正這些錢就擺在這裏，不要管它怎麼會擺在這裏，這個問題你不要管，我是說一般人的作法應該就是儘快把它拿走。

同學 1：拿走之後呢？

吳汝鈞：做善事啊。不要讓他人拿去純是為己。

同學 1：這跟有相無相有什麼關係？

吳汝鈞：這些錢本來就是一種相，那如果你真的修到了無相的功夫，那這筆十萬美金放在前面，不會動心。

同學 1：就看不到嗎？

吳汝鈞：你不會執著，對它沒有貪念，讓它擺在那裏，そのままに，這是日文啊。そのままに就是就這樣，不把它當成為一種錢，也沒有想到拿這筆錢可以怎麼去享受。無相不是說完全沒有對象，而是不執著於對象，對於對象沒有執著的心，讓你的心保持一種穩定平常的狀態，平常心。不要讓它給外在的對象所干擾，不要讓你的平靜的狀態被擾動，心靈處於一種平常的狀態。不要讓它被有吸引力的東西、對象擾亂，這就是不動心，是吧，這是孟子講的。富貴不能淫，貧賤不能移，威武不能屈，就是大丈夫，如果你馬上搶走……

同學 1：就不是大丈夫。

吳汝鈞：你就做不到富貴不能淫，貧賤不能移這樣。你要拿這筆錢，因為你沒有錢，就是貧賤。孟子就認為你就是貧賤，見到那筆錢也不要心動，你就能保持貧賤不能移這種修養。但若你不拿走，別人便會拿走，倒是拿走自己享受。

同學 1：說到日文，我有一個問題，老師你在日本是如何讀日文的呢？每天都上課麼？

吳汝鈞：是啊，每天上得很累啊，它是密集的上課，六個月待在大阪學日文，主要是上午教文法，下午教會話，我當時二十七歲。頭兩個禮拜還可以熬下去，到第三個禮拜熬不下去，因為是一種新的語文，你一天上八個小時，就變得非常累，後來我就放棄下午的課，會話的課，到奈良的大草地去睡覺。

同學 1：好遠哦。大阪到奈良。

吳汝鈞：因為我主要是學文法，會話對我來講不是很重要，我當時

沒有以後要待在日本的想法。若要待在日本，要把會話學好，如果只是想看懂日文書，就無所謂。所以我只上上午那幾個鐘頭課，晚上就溫習，一直溫習到深夜，很晚才睡，所以第二天上完上午的課已經很累了。下午上課也沒什麼用，太累了嘛。所以我乾脆整個下午都不上了，跑去奈良，找一個清淨的地方睡覺。奈良跟一般城市不一樣，草地非常大，裏面有很多鹿，我就去找一個清淨沒有人到的地方，一睡就三個鐘頭。睡完以後精神就很好，回宿舍吃晚飯，吃晚飯以後就開工，溫習文法，這樣學文法學得很好，可以看日文書。可就是講方面講得不好，反正我也沒有以後待在日本的想法。一些外國人就跟我不一樣，他們的會話特別好，他們看不懂日文書，因為漢字太難。有些印度人很厲害，我也不曉得他們怎麼講日文講得這麼流暢，他們跟我一樣去上課，大家一起學習，可是他們講語文講得特別好。可能因為印度那個地方方言很多，所以他們就習慣講不同的方言，這就訓練到一種能力，在講這方面，學一種外語很快就上手。我們中國人在這方面比較差一點，我就更不行，學費很貴，不過我們也不用交學費，文部省教育部出錢的。如果你是自己付費用，貴的很，你不上下午那些課，就浪費很多錢。可是我就熬不住，熬不住就不上了，放棄算了。你們如果有機會學日文，學一下，它比德文、法文都容易。

同學 1：可是日文跟我們中文文法有什麼不一樣呢？

吳汝鈞：不一樣，我們不用學漢字，漢字在日本人跟外國人來說是最難的，你看這個「茶道」，久松真一的「茶道の哲學」，我們一看就知道是什麼意思，外國人就要拿字典翻來翻去，對他們來講看書最難。他們相對來講在講方面講得比較好，可是不能看書，我跟

他們相反。你們中央大學有沒有日文課呀？

同學 1：有。

吳汝鈞：有啊。

三、茶道與禪

黃奕睿：那我們進到第二個小節，就是茶如何表現為禪與無。一開始這段是久松的說法，他說：「禪進入茶道的世界，成為閒寂茶的主體，因此脫離禪僧、禪院這種傳統的制約，代替禪僧，作為僧俗、貴賤無差別的平等的心的人類理性形象。再者代替禪院，作為心靈的禪的人類理想形象的生活模式。創建露草庵，甚而代替禪院裏的生活。提倡閒寂生活、閒寂禮法、閒寂諸具，終於顯現出禪史上未曾有的機用。」這是久松的說法。

吳汝鈞：這裏有兩個名相我們要注意，一個是「閒寂」，一個是「機用」。閒寂這個名相大概是從佛教的空的觀念發展出來，佛教講空與有。表面看來空好像是事物的靜態的性格，就是沒有自性，都是緣起，所以是空。它有那種靜態的傾向，就是一切法都是緣起，都沒有自性，所以是空。如果這樣瞭解，那空就是一種真理的狀態，表示事物的根本的、本來的性格，就是空。久松把空這個觀念引到茶道裏面去，更進一步以空來講茶道。因為我們講這個空通常都是就事物的本性來講，它是牽涉到形而上學這方面，就是沒有形而上學的那種自性，就是空。所以一講空就會扯到形而上學那方面，可是茶道不是形而上學，它是一種生活方式，一種有文化修養

的生活方式。他把空稍微演繹，轉一下，用閒寂來講茶道，尤其是寂這個觀念，在佛教裏面來講，尤其是天台來講，是頗重要的一個觀念。你們可能聽過所謂「止觀」，有沒有聽過呢？天台常常講止跟觀，止是在一種寂靜的狀態，動感性不強的。另外一面是觀，觀照，contemplation。止是 meditation，觀是表現那種動感性。這個寂相應於止觀的止。觀，就是照。寂相應於止，觀相應於照。寂或者止，是靜態的，照或觀是動感性的。在久松眼中，茶道是培養一種作用，培養人那種寂的心靈狀態。這寂不是寂寞的寂，寂寞是一種感情，就是說我今天很寂寞，沒有朋友來陪我，今天是我的生日，就是我一個人，晚上對著月亮，跟我自己一個人，我的影子，只有三個人，李白不是寫了一首詩麼？就是我跟月亮然後影子成三個人，就是很寂寞。所以這樣瞭解寂是比較消極的，不是好的那種狀態，感到很寂寞。可是在這裏他用閒寂是好的字眼，你也可以說有那種價值意味的字眼，因為寂是照的基礎，你要先有寂才能發出照的作用，照就是照明、明覺。我們通常把照連著寂來講，你先要有寂作為一種基礎，才能發出明覺的作用，來觀照種種事物個別的狀態。所以他這裏用閒寂可以說是有正面意味。

　　然後就是機用，他裏面講「閒寂生活、閒寂禮法、閒寂諸具，終於顯現出禪史上未曾有的機用」。這裏提出機用，這機用本來在記載公案裏面常常出現的一種名相。所謂機用就是一種作用，可是這作用有一種對機的意味，教導僧徒怎麼去瞭解事物的真相，怎麼樣達致覺悟，展示心靈的明覺，這就是機用。禪師在一個很恰當的時機裏面所表現的那種動作。如果你能夠對機而顯這個作用，那就有效果，你的徒弟就會進步，在走向覺悟的道路上可以踏出一大步，所以這機用有一種動感的意味。可是久松這裏所講的機用，在

茶道裏面講機用，跟我們通常在公案方面所瞭解的機用不完全一樣。他講禪史上未曾有的機用。這需要注意。因為我們講的機用，通常牽涉到公案，公案就是一種祖師而且是導師怎麼去引導僧徒去覺悟，發展明覺的作用的事故，這是在禪史裏面那些公案所講的故事。可是他這裏所講的機用不是公案所講的機用，不是禪宗史裏面所出現的機用，而是在茶道上另外一種機用，這種機用的動感性不強，反而跟閒寂有比較密切的關聯。禪宗史在公案上講的機用是動感性很強的機用，在這裏的茶道展示的機用是靜態的，所以他這裏都是用閒寂來描述，來講機用。他這裏說閒寂生活、閒寂禮法、閒寂諸具，這些生活禮法我們都瞭解他的意思，可是這個諸具要怎麼瞭解，他這裏沒有解釋。

黃奕睿：如果從文脈看起來，他前面講露地草庵嘛，那後來講諸具，應該是禪的道具，就是指那些茶具或者是相關的東西。

吳汝鈞：可是什麼叫閒寂諸具，那些道具無所謂，閒也無所謂寂呀。這可能要翻原文來看。

黃奕睿：找得到因為他有給頁數。

吳汝鈞：頁數是一百二十頁。

黃奕睿：我來找好了。

吳汝鈞：不過他原文也不見得有提供解釋。

黃奕睿：拿錯本了。

吳汝鈞：這篇文章，就是從茶道的精神裏面引出來的生活禮法，我

想應該是指在進行茶道這種活動裏面有種種專門拿來應用的工具。然後他把這些工具都講成為一種閒寂，我想因為在茶道這種活動裏面，整個程序都是在一種平靜的，一種沒有大的動感性的情況下進行，你在這種活動中運用種種工具，就是舀水的那個，就像這個樣子，不過比較扁，它有一個柄，你拿著那個柄然後來舀水。

同學 1：杓子。

吳汝鈞：你們有沒有去過日本的寺院？

同學 1：就是洗手的那個。

吳汝鈞：洗手的對對對，有些人拿來喝水，因為那些水很乾淨，你如果到一些比較大、比較有名的寺院你就會發現寺院前面有一個，怎麼講呢？

同學 1：洗手台。

吳汝鈞：洗手台也可以，就是放了很多舀水的工具，你就要拿那工具來舀水清洗一下你的手，有些人還拿來漱口，所以這整個氣氛，活動的氣氛都是閒寂的，讓你培養一種平靜清閒的心情，不要有那種情感上的激盪，有一種氣。這種茶道活動可以說是一種修行裏面的一個項目，跟一般飲茶完全不一樣。比如說我以前在香港去茶樓飲茶，那個氣氛非常混雜。

同學 1：非常熱鬧。

吳汝鈞：對啊熱鬧，因為桌子跟桌子之間沒有很多空位，因為香港那些地方，店舖空間比較小，所以在這邊講話，那邊就聽到，所以

大家都講得聲音很大，這樣就變成一種很熱鬧的氣氛，我們中國人飲茶就是這樣，好像去聽唱戲一樣，人來人往，那些表演的人在戲台上表演，下面那些人有些不斷講話，有些吃零食，有些在現場賣花生賣那些……

同學 1：小點心？菸酒？涼茶？

吳汝鈞：不是涼茶，咬起來很有口感的那種。

同學 1：乾果之類的。

吳汝鈞：對對，什麼炒雞丁，跟雞塊混在一起的腰果那些東西，拿來消遣的，而且有香口膠那些，所以場面非常混亂複雜。可是那些看戲的人認為這樣才過癮，就是越熱鬧他們覺得越過癮，覺得應該就是這樣，不是所謂正襟危坐，完全不講話，咳嗽也盡量避免，很專心看上面的表演，不是這種。可是這裏講到的閒寂就是另外一種，氣氛是非常平和的，你要培養出這種平和的情調，你的整個修行品質就會提高，他這裏有提出美感，這種閒寂的狀態可以說是一種美感的表現。不過這種美感是靜態的美感。康德的《判斷力批判》不是講美學嗎，有兩種，一種是優美，就是動感不強，另外就是壯美，有動感性的。不過他這樣說我覺得還是不是很完整，這個美感不能以二分法來講，不是壯美就是優美，不是優美就是壯美。美感應有不同的程度，就是動感的表現是一步一步從優美到最上面就是壯美。所以這裏說閒寂很明顯就是，如果我們說它是一種美感的話，它的美感就是優美的。所以這裏這樣寫就是這種美感符合禪的內容，因為我們通常講禪都是有一種靜態的意味。本來禪就有兩種型態，一種是默照禪，一種是公案禪。公案禪是動感很強的，默

照禪主要就是打坐，那是靜態的禪法。這個閒寂如果要放在默照禪和公案禪裏面的話，它應該是默照禪。

黃奕睿：所以說，茶道比較接近默照禪。我在這裏作一個結論好了，從前面說的來看，基本上我們可以將久松的觀點視為以茶道作為禪之用，或修行或工夫，因而事理雙修，導向佛心之教。我認為久松傾向以茶道為一種美學價值的中介思想，引入生活，亦即是，茶道表現出美感（或某些價值），此美感符合禪的內容。下一節課我從他的藝術觀來描述，將會更清楚。

四、禪的美感

吳汝鈞：你上一次是講到？

黃奕睿：講到第一個部分茶的部分，講完了。

吳汝鈞：對。

黃奕睿：這次要講美學觀念的部分。跟大家說不好意思，因為感冒拉肚子，也不是流感，就是感冒，最近咽喉發炎吞個東西都很痛。

吳汝鈞：那你應該戴口罩啊。

黃奕睿：但是我去看醫生，醫生說那不是傳染性的，是季節變化引起，我一來就馬上衝去上廁所，因為拉肚子。對，今天大家都還有拿到那個嘛，就從第三節那部分久松真一的藝術觀開始。上次說茶道在久松那邊可能是一種作為美學價值的中介，可以引入生活，變

成禪的一種實際在生活中的經驗，或工夫的部分來做為生活的指導或方式，就是茶道表現出美感，然後這個美感表現出禪的內容。

吳汝鈞：你這裏提到岡倉天心。

黃奕睿：嗯。

吳汝鈞：好像就是一個比較重要的人物。

黃奕睿：對。

吳汝鈞：你最好查一下他的生平，他是什麼一個人。

黃奕睿：這個禮拜我有去問另一個老師，他說岡倉那個時代剛好是從幕府轉到明治的時代。

吳汝鈞：你說幕府轉到？

黃奕睿：維新的時代。

吳汝鈞：明治維新。

黃奕睿：對，維新的初期，那個時候有一個在思想上的迫切需求，就是他們要脫亞入歐。

吳汝鈞：你應該把這些都介紹一下，不然人家看到岡倉天心就會問這個人是什麼人，為什麼他提那麼多的意見？

黃奕睿：因為他是在當時日本學界很重要的一個人物。稍微先講一下這個背景，那時候脫亞入歐的心意導致日本思想的印度傾向，在強度與純度上真正地吸收禪思想，從儒家的形式主義中解放開來。

吳汝鈞：在哪裏？

黃奕睿：在引用這段倒數第三行，從儒家的形式主義中解放。這指涉岡倉那個時代，不想再受到中國思想上的影響，他們入歐了，認為清朝都被外國洋鬼打得抬不起頭。他們那時候的背景是這樣。所以跟久松的背景不一樣。岡倉這本書是英文書，他之前有關茶的書也是英文書，他受過西方教育。他寫這本書的目的，是對西方傳遞日本的文化的一些美好之處，所以我覺得他並不是真的不瞭解中國的思想文化，而是他要從他的角度重新給西洋人介紹中國的東西是怎麼樣的，但這是日本眼中的中國，或者岡倉眼中的中國，他想要傳遞出去的訊息在這裏。

吳汝鈞：你是說中國的情況，是一種客觀的事情，岡倉對它有他個人的瞭解，這種瞭解就形成他心目中的中國。這裏的兩個中國的情況不完全一樣，一個是客觀事實的，另外一個是在岡倉心裏面的，經過他自己的瞭解融化然後再現，把中國情況顯現出來。經過一種精神上的處理，特別是認知上的處理。岡倉個人的主觀因素也在裏面。

黃奕睿：對，這就是岡倉的背景，包括他寫茶的書，還有引用東洋的理想在這本書裏。他講繪畫的部分，大家看一下，其實他就有說，比較多說從儒家形式主義中解放這件事情。為了這件事情，我還特別回去查一下資料。我後來在文本裏面講到，足利時代跟室町時期的畫作還是有畫儒家中國角色的肖像畫，他們還是有畫孔子、蘇東坡這樣子，而且是在僧畫之中，那時候的畫家其實很多都是僧人。像畫聖雪舟，從他以後日本的繪畫到了一個新的境界，可是即

使是雪舟還是有到中國本土去學畫，學成後帶回日本，把這些東西流傳出去，那怎麼會說在這個時代以後是從儒家形式主義中解放，這是不大可能的說法。而且我們直接看他的畫，雪舟最有名的一組畫就是《秋冬山水圖》，現在在東京國立博物館也看得到。他的線條跟布局很像明代一種很流行的畫法，比如說周臣這幅圖畫都還看得到，在故宮就有，包括周臣和仇英，南方畫派的，最近剛好故宮有展出。

吳汝鈞：仇英比較喜歡那種工筆，而且他常常畫人物。

黃奕睿：仇英的老師就是周臣。大家有興趣，可以去找這些繪畫來看，就可以看到在日本當時的繪畫還是很明確受到中國的影響，一直到更晚期以後才會有我們今日所看到的什麼屏風畫，或是浮世繪那種強烈的風格。稍微在更晚期，室町時代在日本歷史上算蠻古代的，我們說桃太郎大概就在室町早期的時代，那時候還未有脫離儒家形式主義。再來就是禪畫，大家心中的禪畫到底是怎麼樣，我不大清楚，同學們有沒有什麼對禪畫的想像或是理解呢？在我們中國的禪畫或者我們現在認定它是禪畫的，往往是一些人物畫像，可能是某禪寺的達摩像。就是畫達摩這樣，它就是一幀禪畫，所以說岡倉在這邊說「一切皆從心靈中尋找，從任何知識形式的枷鎖解放思想。禪甚至破除偶像，受啟發的禪修者將佛的圖像丟入火中，排除形式與儀式。文字妨礙思想，禪宗的教誨甚至以破碎的句子和強烈的隱喻闡述，對於中國文人式的語言講究相當輕蔑」。這其實是，岡倉在這個地方講禪我覺得沒有問題的，只是我還是覺得以明代的情況來說，他跟當時的文人學界並沒有這麼大的衝突。

吳汝鈞：久松本人其實就是一個禪的畫家，他認為要成為一個佛教的畫家或者禪的畫家，有一個重要的條件，你要在你的作品裏面展示那種風格，或者展示美學的姿態，才可以說是一種禪的畫。這就關連到久松對禪的美感的講法，就是禪的藝術要包涵下面七種性格，不均齊、簡素、枯高、自然、幽玄、脫俗、寂靜。就是一幅禪畫，或是製作禪的藝術品，你要展示他列出這七種風格。你要讓人看這幀作品，讓人聯想到這幾方面的性格。我上面就有一本專門蒐集久松的作品的書，我上去拿來給你們看一下，就是所謂禪的書法、禪的畫，還有禪詩，還有日本的俳句。俳句就是日本人自己創作的詩詞，那種文學的形式，不過它比較短，三幾句就完了，久松在這方面也有學養，他會寫中國詩，也會寫俳句。然後他喜歡書法書道，功力很深，這是一般的評價，他也畫禪畫，你上去拿，這本書比較難找，現在可能在日本也很難找。

黃奕睿：提一下就是在之前久松寫茶的時候這七個性格也在那本書中出現，老師上次有拿下來。

吳汝鈞：不是不是，那兩本是文字的。

黃奕睿：對對。

吳汝鈞：就是《東洋的無》跟《絕對主體道》，那我現在上去拿那本是專門蒐錄久松的書法、畫、漢詩、日本的俳句這些，他好像也刻圖章，然後有茶道。這個人是一個非常全面的哲學家。

同學 2：老師你這本留著可能以後拍賣會變得很有價值。

吳汝鈞：我在憂慮一個問題就是我退休以後那些書怎麼處理，很多

都是日文書，而且已經絕版了。在東京有很多賣舊書的書店，有一個地方叫神田，有很多書店，很像以前臺北的重慶南路，可是那地方比重慶南路還要大，有超過兩百家書店，賣舊書的。絕版的書很多都可以在那邊找到，可是價錢高了，當古董來賣。一本書定價本來三千塊，有一次我到東洋堂，東京一家非常有名的賣舊書的書店，看到那本書，放在很高很高，我就叫他們替我拿下來，他們有個梯，要爬著梯上去才拿得到，我看一下它的定價是八萬，八萬跟三千塊多少倍啊，二十幾倍！

黃奕睿：我來找那個圖給大家看一下。

吳汝鈞：看有沒有。

黃奕睿：一定有，那是非常重要的作品。

吳汝鈞：這本就是久松第七卷的《著作集》，裏面有很多書法，很多畫，很多俳句。俳句是日本的比較簡潔的詞，詩詞歌賦，就是唐朝流行詩，宋朝流行詞，在日本就變成所謂俳句。然後有寫一個圓圈，所謂「一圓相」。從圓圈你可以看到他修行的功夫到什麼程度。這個我們不懂怎麼瞭解，可是有經驗的，在修禪學養很高的那些人，就會評估寫這個的人修禪的程度有多高。這是久松自己劃的。我曾跟一些書法家談他的書法，這是草書，那些書法家也說這書法展示出他心中的那種很強的主體性，可以用這兩個字來形容：遒勁。也有達摩打坐的畫，這個是無字，草書。這應該是達摩祖師，大概不用十分鐘應該可以寫完。

同學 2：跟久松好像有點像。

吳汝鈞：跟他自己有點像麼？這裏以書法較多，這個字是一圓相，因為他強調東洋的無，所以他常常寫「無」這個字，用草書來寫。這本書現在也找不到了，很多年都沒有出現。所以我的兒子提議我退休回香港租一個房子，專門收藏我的書，我說租金怎麼樣，他說一萬港幣，四萬臺幣，我說花四萬臺幣把這些書都放在裏面太貴了。

同學 2：不是，老師你可以開展覽館，租四萬每天收門票，讓大家進來看。

黃奕睿：看這邊雪舟也有畫三蘇圖，他畫蘇東坡他們一家人。

吳汝鈞：對。

黃奕睿：這就可以知道要說離中國儒家的傳統是不可能的，這是早期雪舟的畫。

吳汝鈞：這跟道家關係較密切，尤其是山水畫。人物畫也是這樣。在繪畫理論來講，有工筆、意筆兩種不同風格，通常那些禪畫全都是意筆，不是工筆，畫得粗粗的而且很快就畫完，整體看起來你的感受就是，可以從畫面看到畫這幅畫的人的心境和心態是怎麼樣的。

黃奕睿：好我繼續講。有關久松提出禪之美的七個性質，我覺得他提出七個性質的方法，比較像西方美學講範疇論的那種分析的方法。在中國的美學理論裏比較不會直接告訴說美的範疇和性質怎麼樣。以最早謝赫的六法來說，氣韻生動、骨法用筆、應物象形、隨類賦彩、經營位置、傳移模寫，這種對於畫的好壞的評斷是一個例子。

吳汝鈞：你剛才唸的幾句在哪裏？

黃奕睿：裏面沒有寫啦，因為這是我打算補充的一些個人的想法。對於那種中國繪畫，比如說氣韻生動，你要有氣在畫像之中，或象形，或有像那個形，看到就知道那個形。骨法用筆就是你在用筆的技術上怎麼樣，之類的一種說法，就是跟久松在講一幅畫是不是禪畫，那個性質的一種分析是不一樣的，我是比較傾向久松講七種性質這種說法，可能是受到西方美學或西方思想的影響，它的根源並不是東方的方法論。

吳汝鈞：你剛才說氣韻生動。

黃奕睿：嗯。

吳汝鈞：從傳統下來幾乎已經成為一種繪畫藝術裏面一個很高很高的準則，那我們怎麼樣去瞭解所謂氣韻生動，這也是一個比較麻煩的問題，就是謝赫提出來的，這是什麼年代，晉代是吧。

黃奕睿：唐代以前。

吳汝鈞：晉代下來就是南北朝，大概就是這時候他提氣韻生動這種風格，這種境界，就成為中國藝術，特別是繪畫這方面的一個評準。就是你的作品裏面有沒有表現氣韻生動這種性格，徐復觀在《中國藝術精神》裏面有好幾篇講到繪畫，其中有兩篇講得很好，一篇是講莊子的，就是中國藝術精神的主體的呈現，另外一篇是講氣韻生動，他的文章的名字就是氣韻生動，講這種風格講得非常好，這本書不難找，《中國藝術精神》。

黃奕睿：但是對徐復觀的《中國藝術精神》，我有問過一些和藝術史相關的人，他們不認同徐復觀的一些說法。他們認為，好比說氣韻生動來講好了，在唐代的時候氣韻生動的確會放到很前面，很重視這個東西，但到了明代，甚至宋代後期，後面的經營位置，被放在比較前面的位置，畫家或藝術家重視的不再只是氣韻生動，而是經營位置。

黃奕睿：構圖好像比較被重視。我講一個例子好了，拉斐爾畫聖母像的時候，後人找到他有很多不同版本的聖母像的草圖，每一個版本她不是抱一個耶穌嗎？她抱的位置和方法不一樣，聖母在圖中的位置也不是一樣的，在那個時代經營位置是說你要怎麼樣去把整個構圖構成具有靈性，具有拉斐爾心目中聖母能夠表現光輝的那個地方。在這種情況，比如說明朝好了，進入到明朝這個藝術史的階段。他們意識到氣韻生動這件事情，但畫家還不知道怎麼做到氣韻生動；但你講經營位置就很明確的知道到底該怎麼做。徐復觀在這個地方比如說講主體性的問題，可是在藝術學門的教授或專門做藝術史的專家們不會思考這個問題，他們思考的是這個畫家在歷史之中所受到的影響，帶來的影響，風格的流變。所以這裏蠻有趣是說哲學家做的美學發揮跟藝術家是不太一樣的。

吳汝鈞：那就要講在作品裏面能否展示出一種動感，氣韻生動主要就是講那種動感，就是動態的 dynamic，你說經營位置是靜態的，我看我們可以這樣瞭解，就是氣韻生動在唐朝以至五代那些畫家，比較能夠表現這種風格，那跟整個朝代、整個國家的國力、文化的澎拜，就是有一種文化力量呈現出來，唐朝是在這方面表現最好的，唐朝以後五代一直到宋元明清，這種動感就慢慢消失了。動感

不流行，就出現一種靜態的作風，我想這是從宋代開始是這樣。我舉兩個例子，例如馬遠，他的畫有一個特色，就是一幅畫有四個角，馬遠他們一幅畫四個角都有風景，有東西給畫出來，中間那部分是比較虛空的，所以有人就把經營位置的這種寫法，馬遠的這種寫法給一個名字：馬四角或者馬一角。不是馬英九，這是一種。

第二種是從位置方面著手的，到了元代的倪雲林，他的畫就是在位置經營比較容易看出來，他是分兩層，第一層是近景，就是畫近的樹。第二層是遠景，遠遠的一些山樹，中間就是空白的，那就是展示中間部分是雲跟水，所以一幅中國畫通常那些空位不是雲就是水，你不用畫什麼東西在裏面。還有一種就是留白，就是整幅畫裏面有一個好像是窗口一樣，不過這涉及一些比較複雜的問題。我想可以這樣瞭解，氣韻生動在唐朝，就是古代、早期比較流行，因為那個時代是中國文化發展最興旺的階段，往後宋、元、明、清不大行，每一個朝代都給外族不斷的侵略，國家的勢力變得衰弱，所以你也可以說一幀畫作可以反映一個朝代的風氣，就是唐代的畫比宋元明清這幾代，唐代強調動感，下面這幾代是靜態的。

如果把這繪畫跟禪連起來，所謂禪畫，禪裏面的畫，禪畫是怎麼樣子的，就是你要有一種禪之美，你要能夠展示禪之美，這種東西就是禪畫的條件。你在寫畫的時候把你的禪的精神在畫裏面展示出來，這是久松的講法。然後你在他寫的書畫裏面，很仔細的去體會，把他的一些作品跟他這裏所講的，禪的藝術那七種性格，你就會覺得他的那些作品起碼有一部分能夠表示這種風格。你看他提那七個風格，第一個就是：不均齊（asymmetry），我們通常以為均齊才是美感，但他是顛倒過來，你在畫面上把所有的東西都畫得非常整齊對稱，就很難說藝術美感。所以中國的畫有兩種，一種是工

筆，一種是意筆，意筆比較容易展示那種動態美感，工筆在這方面
就比較難，因為它一筆一筆都畫得非常清楚，意筆很快就大筆一
揮，把整個畫面展示出來。例如梁楷，梁楷是一個很有名的畫家，
他寫了一幅李白在走路在吟唱。你們如果看到這幅畫大概可以瞭
解、體會到這種風格，他這裏提這七種性格跟我們一般對美學，對
畫，對書法的要求好像相反。你看，不均齊才有美感，然後簡素，
你看在工筆畫裏面很難畫出簡素那種性格，因為在工筆畫裏面比如
說人物畫，那個衣服的肌理都要顯出來，你要花很多時間處理衣服
的肌理。又例如工筆山水畫，尤其是一些有亭台樓閣的那些畫，主
要都是靜態的，很難感覺到有什麼動感。然後枯高，就是乾枯、高
逸，這跟我們一般審美的觀點也不同。自然，所謂自然就是在繪畫
裏面，要一筆過，不能用重筆來寫，繪畫也好書法也好，甚至雕圖
章也好，就是一筆過。如果你雕圖章就是一刀過，不要再加工，一
筆就是一刀，不能兩刀不能三刀。書法也是，就這一筆一劃一寫就
是這樣，不能把這一筆弄的粗一點來加筆，這就不算一筆過。然後
幽玄、脫俗、寂靜，這跟我們一般評價書畫美感的標準不一樣。

黃奕睿：我後面有引用一段久松的原文的部分，看他的描述，我自
己的想法是這七種性質真的是禪畫的風格嗎？這是可以討論的，因
為他在裏面描述晚期的文人畫有相通處，文人畫的布局跟構圖好像
也是符合他所講得這七點，但那畢竟是文人畫，不是禪畫。所以我
覺得決定性的要素可能不在於他的風格是不是符合這七點，這是我
自己的想法。當然這七點的確可能是禪這樣的概念所要表達的美感
價值。

吳汝鈞：你說文人畫。

吳汝鈞：我倒覺得它跟禪畫……

黃奕睿：對，是不一樣的嘛。

吳汝鈞：不相配，風格完全不一樣。

黃奕睿：但回過頭來看文人畫，它所要表達出來的這種性靈……

吳汝鈞：你要畫一幅文人畫，裏面當然要有一個好的構圖，然後下筆也要很小心，要慢慢下筆，要正面反映客觀的圖像，不能把個人的想像、感受加在那幅畫裏面。

黃奕睿：老師我不這麼認為，因為中國畫一直以來，到後來越是著重寫意，往寫意這方面去發展。它一直以來都不是一種寫實主義或是很客觀寫生這樣的模式。

吳汝鈞：比如說你講元代明代一些畫家，一般來講就是被說為是文人畫，那裏面你會看到整個畫面構圖比較複雜，空間很少，用筆比較細緻。

黃奕睿：倒也……例如米芾這幅好了，老師可以看一下，他是最早代表文人畫的一種作品，其實並不是寫實的。

吳汝鈞：我說文人畫不是這種。

黃奕睿：我這裏指的文人畫當然就是在那個時代。

吳汝鈞：文人畫應該是指宋代以後，是元朝明朝，這種畫倒像米南宮那種畫法，尤其那個遠山。

黃奕睿：他是米芾的。

吳汝鈞：就是米南宮的那種筆法，米南宮不是那個時代，你要到黃公望，就是四王，王石谷他們那種畫就是文人畫，畫面的內容非常多元。

黃奕睿：好吧，至少在某種程度上，維基百科認為米芾是北宋的，他是北宋的畫家嘛。

吳汝鈞：不是說北宋。

黃奕睿：剛剛那是北宋。

吳汝鈞：郭熙、米芾、李唐、劉松年、馬遠他們應該不算，他們的作品不是文人畫，你要到元朝，文人畫才興盛起來。

黃奕睿：董其昌吧。

吳汝鈞：那時候就大盛。徐悲鴻便很不喜歡董其昌的風格。

黃奕睿：那再晚一點董其昌。

吳汝鈞：董其昌就喜歡這種畫法，但是徐悲鴻對他很不客氣，說董其昌所提的那些有關畫的觀點，沒有生命在裏面，沒有一種動感，都是死死寂寂的，所以他就是反對這種文人畫。這點對當時來講有一定的效應，因為徐悲鴻名氣很大，而且他留學西洋的法國，強調素描，不喜歡模仿，他要面對實物來描畫它的形態，不拿其他那些畫面來描寫。比如說馬遠，馬遠有一幀作品叫〈踏歌行〉，那幅畫就是很有名的，有人就把這〈踏歌行〉這幅畫來描繪。這徐悲鴻不贊

成，偶一為之可以，可是這不能當成你的創作藝術作品的一種要訣，你要面對大山大水，寫生寫實，這樣才有那種真實感，才有那種生命力。所以我最初看那些王蒙、王石谷他們寫的山水畫，很喜歡看，因為他構圖很清楚，每一筆每一劃都展示出來。後來就覺得太呆板，沒有一種生氣，而且他們那種畫山水畫的皴法都是有一種規則限定了。在山水畫裏面有一種皴法就是蟹爪皴，郭熙他們常常用這種筆法來畫，這種畫法我覺得比較有動感，有生命力。郭熙的〈早春圖〉便是明顯的例子。

黃奕睿：我覺得文人畫這個部分還是可以仔細想，因為蠻有趣的一個問題就是文人畫跟禪畫之間的關係，即使是同一個畫家，比如說仇英、唐伯虎啊，他們在畫的時候，想畫一些比較幽深高遠的景色，畫一些工筆的東西。其實在明代那個時候他們有一種強烈的藝術實驗的意願，他們一直想通過創新或者什麼，他們並不在意畫禪畫的一些性質進來。如果以時代來看的話，明代剛好也是雪舟的年代，雪舟還早一點點，時代感差不多，很難說禪畫跟文人畫是不是有那麼壁壘相對分明的程度，我覺得這點要研究一下。我個人的看法還是要回到久松這七個要點，我覺得他這七個要點的確可以描述出禪畫的一些內容，但是它們並不能決定禪畫就是要具有這七個要點。

吳汝鈞：這種畫發展到明代末期，一些畫家譬如說八大山人，他們的畫風跟文人畫完全不一樣。就是八大山人還有石濤，他們的一群喜歡用疏疏落落的筆法，起筆後很快就把整個畫面完成了。我家裏有很多八大山人的畫集，就是整個畫面常常都是空間很多的，只有很少地方畫有一些動物植物，而且是遠山的那些。有些大陸的學者

甚至講到八大山人，叫朱什麼的署名，寫成哭之或笑之「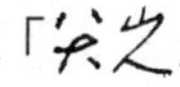」，表示對時代的抗議的心聲。

黃奕睿：朱耷。

吳汝鈞：他通常不會在他的畫作裏面寫朱耷這個名字，就寫八大山人。有些人很敏感，見他把這個八大山人寫成這樣子，認為他以一個明朝的遺民的心態，不是哭就是笑，這都是不正常的表態。到底是不是真的有這個意思，就很難講，可能他真有這種荒誕的聯繫，把這個八大山人，寫得很快，寫出來，然後你一看，好像笑之或者哭之，這是他對時代的一種，對現實社會的一種，不是哭就是笑，哭不是正常的狀態，笑也不是正常的狀態。那種失落感很明顯，因為他姓朱，是皇族，是朱元璋那個血脈。朱耷，明朝的皇帝都姓朱啊，他是明代的遺民，皇族的後代，當時明朝已經沒有了，被滿洲人打敗了，改朝換代了，從明朝改為清朝，然後八大山人的活動的階段就是明末清初的時代，所以他就以遺民的心態來看現實世界。當時就以他代表那些喜歡寫意筆的山水畫的人，就是對文人畫的反彈，一種抗議，能不能這樣講呢？例如石濤，雖然很多大陸畫家都很崇拜這個石濤，甚至傅抱石，裏面就有石那個字眼，抱，因為他是石濤的粉絲，要把他擁抱，他最崇拜就是石濤，其他不少現代的畫家都走這條路。石濤那種畫風跟文人畫完全不一樣，你看過他的山水畫嗎？齊白石就走這條路，那時候已經是民國啦，吳昌碩、齊白石那些人沉浸在石濤的藝術的風格裏。寫這種畫我覺得有點冒險，萬一寫不好就糟了。如果你寫工筆山水畫，你這筆寫得不好，不要緊，還有整幅畫面都有東西在裏面，一兩個東西寫得不好沒關係，如果你整個畫面都是只有一兩種物件、物體或者是樹木或者是

石頭,如果你寫不好,你就完了。這些文人畫,他們喜歡模仿,不是面對那個大山大水來寫,常常都是自己想出來的,想出山水的情況,因為他臨摹,模仿做得多,就會在自己的想像中,構造一個圖景,把它畫出來,徐悲鴻最反對這種畫風。

黃奕睿:好,那我繼續講下去哦。好像雪舟的那種畫,他在筆法上顯得很粗獷,畫得不是那種刻意的、設計過的畫面,就是構圖上顯得是自然的,或者什麼的。但是仔細想想看,這絕對不是自然的啊,自然中不會有石頭不會有樹木長得那樣,所以自然跟我們外物的那個自然不是同一個意思的,這是一種無目的感的目的,世俗的考量無法投入。

吳汝鈞:你說這種自然不是客觀的、自然界的那些花草樹木,而是心裏面所感受到的那種,就是那些意念都是出於自然,從心裏面發出來。對啊,這裏自然很明顯就是有分別。

同學3:但是他不是透過寫自然的景物來表達他的自然的意念。

吳汝鈞:自然本來就有兩種意思,有兩個層次,一個層次就是科學的自然世界,natural world。另外一種自然是跟心靈的修養有關係,面對某一些景物就會從這個景物展示他心目中的感受。如果你拿道家的講法來說,你參考他們的講法就很清楚。他們所說的自然不是科學裏面所說的世界,而是道,道就是自然,自然就是道。譬如說與天地精神相往來,這個天地精神就是道,就是自然,這跟我們瞭解的自然不一樣。如果你心目中沒有這種涵養,沒有這種修養,你去面對一些自然的景物把它畫出來,就很難講是一種有形而上學真理意味的境界。

黃奕睿：正因為那個自然是自我的自然，在久松的我是無相的我，無相的自我，前幾個禮拜有講到無的意涵在這自然裏面展現出來，所以我們考慮到自然的時候，是我的自然，無目的感的目的。它不是世俗考量，不是一個獨立的表現。如果我們這樣講，就是說繪畫這種活動，跟我們上個禮拜講茶道那樣，透過一個實質的物件來表達出一種美感的價值，這種美感的價值就是符合禪的東西，所以繪畫更能表現出為什麼它跟真實的自然不一樣呢。第一個真實的自然是有相的，禪畫是脫俗的境界，從這個有相性跟我的關係得到一種無相的美感。無相的美的部分，老師那本《京都學派哲學：久松真一》裏面，有個段落說到禪在現代文化文明中的意義，在譯文裏面講美的部分不談畫，直接講至高無上的終極的美，並非是一種在狹義上屬於藝術領域的一種特殊的美，而是覺悟的動感的人自身的美。如果照久松這樣講，禪畫的美並不是他畫的石頭和山本身很美，而是那個人自身透過這個外物的描寫，反映出自身身上的覺悟、自身的美。接下來就是說，它是一種永遠不會成為一個對象的無相的美，無論這對象是視覺的或屬於其他任何感官的，或任何一種意識的運作，它是一種能動的主體的美。它是一種從所有形式解放開來的自由的運作。為什麼他能夠把有形的自然畫成那個境界，因為他是自由的，不受自然天生的形狀的影響，而是透過自己的動感表現出來。所以久松的禪畫概念不限制在任何藝術的種類中，也不限制在任何生活表現的形式，只要他能體現出這種自然的、個人的自我的自然、自由的運作便行。自由這概念很有意思，它讓我聯想到沙特（J. P. Sartre）存在主義的 一些說法，那種能動性。只是沙特是用道德形象去講，久松是從美的形象去講。這種價值性的自由的運作，你是怎麼掌握這種價值把它發揮出來，當它關連到一種

覺悟的自我才意識到的美，換句話來說就是無相的自我的美，那那個覺悟……

吳汝鈞：所以在這裏就顯出一個人，畫畫的那個人在禪方面的修養。這裏說自由的運作，應該指那些作品超越了人與自然界的相對關係，而且是主客對立的關係。你畫出來的那些東西跟實物到底是不是真的是事物的狀態，已經不是那麼重要了。重要的是能否把自己心裏面的一些理念、境界都在畫作裏面展示出來。要留意進一步把禪的風格，就是上面所講得七種性格，都展示出來，那你就可以說這畫作有禪之美，就能夠展示禪之美。

黃奕睿：這裏有一個問題。

吳汝鈞：這點也是很難講清楚，因為不是每個人都對禪有修養，只有很少一部分人有這方面的修養，他畫出來的禪的美感，只有少數人可以認同。我們一般用經驗的眼光去看，就會覺得跟實物不相應，比如說齊白石，他寫的，幾乎都是意筆的，不是工筆的，你也可以說齊白石個人的個性都反映在他的畫作裏面，當然他有技巧在裏面，以一種自由無礙的心態來展示生活裏面常常看到的那些東西，那些物體。如果齊白石有修禪，他有禪這方面的工夫，他應該可以把禪的美感展示出來。可他實際上跟禪沒有什麼關係，在他作品中我們看不到他畫那些東西跟禪有什麼關係，可是他寥寥數筆就把那些景物很快就寫出來。這裏我們可以從禪之美通到知覺這方面，就是你看那個景物，讓它成為什麼樣子，通過你的知覺把它看成什麼樣子，就把它畫出來，不要經過很細緻的思考，這樣寫出來。對這種畫我們怎麼去評價，也是一個問題。

黃奕睿：像是後印象派，像莫內那樣的作品。

吳汝鈞：誰啊？

黃奕睿：莫內，後印象派的。他到後期的視力也不好了，他還是繼續在畫那個荷花。戰爭爆發他也不走，在繼續畫荷花，他畫出來的，我們能說它不是一種自我覺悟的能動性自由的體現嗎？他畫的荷花跟現實生活脫離了，他眼睛已經不行了，他還是在畫。如果我們承認這是一種自我覺悟的美，那麼他畫出來的畫作顯然跟久松在形容禪畫的七個特徵是不一樣的。久松自己在另外一篇文字也有說，西方不會有禪畫的。我覺得這種說法太過分了。如果他心中的美學世界是普遍的、共通的，他就不能說西方沒有禪畫的嘛。而且他又在前面描述原則性的問題，比如說特殊的美是覺悟的能動的自身的美，那麼說西方的畫作，或者莫內那樣的荷花，不是覺悟的，也很難成立。

吳汝鈞：如果他真的眼睛到了後期看東西看不清楚，如果他畫一些日常生活裏面碰到的東西，他是把他心裏面的那種景物的印象展示出來，這種畫就跟客觀的景物肯定有一段距離。在這些作品裏面，我們反而可以看到他內心的想法和意念，因為他對實物看不清楚，可是還是畫那個題材的畫，他對實物的印象就不是當前的印象，因為他眼睛已經看不清楚，可他還是要畫，那肯定就有其他的因素，包括他的回憶，他從前看到的那些景物的狀態，另外也有他個人的想法在。

同學 3：老師我可以提一兩個問題麼？今天這樣聽下來感覺奕睿跟老師講的好像沒有交集，奕睿的意思是說久松的七個美學禪畫的特

質似乎可以運用在古今中外很多個很好畫家的畫裏面，不一定只有在禪畫裏面才出現，那我的問題就是，久松的定義或者說我們對美的看法，是否可以說美是一種慾望，禪是超出慾望的，所以這禪畫到底是怎麼樣的情況，可不可以秀一張久松認為最具有禪畫意象的畫給我們看一下呢？

吳汝鈞：你就看久松在這本書裏面所寫出來的便行。

同學3：有一點我覺得不足夠，有關久松的禪畫這部分，我的想法是，可能他認為西方沒有經過這種沒有慾望的禪的哲學背景或者宗教背景，所以他說，西洋沒有禪畫。但是他所設定的幾個美學要點裏面，古今中外很多好的畫家都可以呈現出來，這裏就出現我一直以來要問的問題，美是一種慾望，禪又是超脫慾望，沒有慾望的學問，這中間雙方怎麼吻合呢？

黃奕睿：第一點我覺得要討論的是美是一種慾望的說法，這可能是柏拉圖裏面的一種說法，我猜啦。說美是一種慾望顯然是有問題的吧，因為如果我們看到一個東西覺得它是美的，可是那個東西是輸入的，input，可是慾望是輸出的，output 的東西啊。

同學3：因為你看到它感受到美，你的情緒心思就會有一種感動，你的心思有一種感受。

吳汝鈞：你可以說你看到那個東西產生一種心態，要擁有這個東西，這是一種慾望啊。你看到一個東西很美，除了那種感受以外，你還想佔有它，比如說很多女生去 shopping，看到有一件衣服她覺得很美，她就想佔有它，買下來，很貴都買下來。所以，我想這裏

的慾望反而跟沒有目的性這種意念相提並論。就是你覺得那個對象很美，可是你對它沒有特別的目的，也沒有要佔有它的那種心情心念，你只是在美感的層次上欣賞這個東西，覺得它很美，我覺得這樣就夠了。如果你再有一些慾望，要佔有它，據為己有，這個慾望的意思就很容易理解。如果你只是把它當成一種有美感的藝術品來欣賞，欣賞就夠了，沒有其他慾望，你就是欣賞，這裏可以跟慾望分開。慾望這個問題很麻煩，你怎麼看，比如說你到花店看到很多花，其中有一簇玫瑰花你覺得非常美，其他那些花從美感上來講都不及這束玫瑰花美，你會怎麼做呢？

同學3：會把它買下來啊。

吳汝鈞：那你就有這種慾望了啊，佔有它的慾望，你這種美感就有一種實用的意味在裏面。

黃奕睿：那反過來說呢，我去旅遊看到遠方的大山的美，怎麼去佔有它呢？

同學3：拍照拍下來。

黃奕睿：拍照拍下來是拍下來，但是我當時覺得它很美是因為我身在此山中或者那個環境整體所構成的美，不可能拍下來把這美帶回家，沒有這回事啊。

同學3：對美的感受情緒的波動是修道、修證的人所應該有的，或者是超脫之後，展現無相的自我之後可以擁有的嘛？

吳汝鈞：久松所關心的那種美，是禪之美，跟禪的那種修養有關

係。久松講的這種美不是我們一般說的那種美，你要有修禪的經驗，才能感到畫作的那種美感，所以他這裏提出七種性質，裏面都可以說美感。你在這裏就定出禪的藝術是包含那七種性質的作品。藝術除了禪的藝術以外還有很多，那些不包括在裏面，應該也沒有要佔有它的那種慾望。

黃奕睿：久松後來脫離藝術品這個東西，他要講的是美，而不是那個藝術品本身。最重要的還是美感價值，因為作品是體現那個價值的媒體或承載物，這個價值透過藝術品的表現才進入禪。

吳汝鈞：不能有這種要佔有它的慾望。可以再舉一個例子，可能以前也提過，我認識一個神父，他在大學裏面教書，看到一個女生非常美，那個女生對他也有好感，結果他就不做神父，不幹了，也離開那家大學，跟她結婚。所以他看到那個女子很美，結果就引申出種種行為，包括放棄神父這個身份，也放棄在大學教課的身份，進一步跟她結婚。如果這樣，那個佔有的慾望就很明顯，因為神父這個身份跟大學教師都是很重要的，為了要得到這個女子，跟她結婚，而放棄剛才講的寶貴的東西，這裏面佔有的意味就很明顯。為了要佔有這個女子，便不惜犧牲一些非常重要的事物，所以我就說這個人沒出息，就是對他很難有什麼期待，居然連神父的身份也可以為一個女子放棄啊，就是他對那種宗教沒有忠誠，完全沒有尊敬、忠誠。那你講到還有一小段。

黃奕睿：差不多，再講一下。久松認為真正的表現應該是這樣子：繪畫者應該成為被繪畫的，真正繪畫者在繪畫的是他自己那個無相的自我。如果繪畫者與被繪畫的有任何的鴻溝，那從禪看來不能稱

為表現主義的例子，正如禪是無相自我的表現。因此禪藝術就是藝術家的無相的自我的表現，這樣就講得很清楚了，這是他的性格。藝術家表現他自己，表現無相的自我，所以說在久松的藝術觀裏面很特別的是，禪藝術是自我的，回過頭來看那七點性格，他是不是對於人性，對於禪在人性、自我方面有一種普遍性的看法呢？如果我的自我跟你的自我不一樣，我們表現出來的無相的自我應該是不一樣的，不見得限於那七點的藝術性質啊。所以它會不會是一種假設，一種人的共同的普遍性呢？不見得一定要用人性這個字眼來形容，因為他講的是禪，所以說這是一種禪性，就如同佛教說一切眾生皆有佛性。如果這個佛性替換成禪性這個性質，這個無相的自我，這是普遍性的自我，每個人所共有的普遍性的無相的自我，那麼表現出來的就是那七種的藝術性質的美感的風格，這樣說通不通呢？在禪這個部分久松假設一種普遍性，這會有一個問題，他說無相的自我是一種從所有形相解放開來自由的運作，如果有普遍性作為背景的話，那怎麼會有自由的運作呢？這一點是我覺得可能會出現的問題。再來就是禪的美學欣賞的標的在於形相中看取無相的東西，也就是說，在有形相的東西中看取沒形相的性格，這樣是很難理解的。所以我們在看雪舟的作品的時候，他縱然畫的是山水，畫的是人物，但在久松來說，他看到的並不是山水，並不是人物，而是讓我們中國人說的氣韻吧，或者是一些東西，其他東西。

吳汝鈞：禪性。

黃奕睿：對，禪性。這樣講便可以完全地把久松的系統統合起來了。藝術或者是茶道都在於表現那個禪性，那個禪性透過一個媒介被理解，我們知道自我的禪性到底是怎麼樣的性質，怎麼樣的狀

態，它是透過一個有相的東西被展示出來，對於久松的藝術觀我大概就講到這裏。

吳汝鈞：這是個非常值得探討的問題，我想主要是你講的普遍性。普遍性應該有一種嚴格性在裏面，可是嚴格到什麼程度，那就很難講。我舉一些例子，我們說 2＋5＝7，這種計算有普遍性，而且這種普遍性不受時間和空間的限制，就是說你拿這個 2＋5＝7 給古人看，拿給孔夫子看，問他對不對，他說對，2＋5 的確等於 7。然後假設在月球上面有一些動物有某種思考，有機會到了月球，看到這種動物，你就問他 2＋5＝7 是不是正確，他也說是正確。如果是這樣的話，這種普遍性可以說是超越時間、空間，是一種恆常的真理。2＋5＝7 作為一種真理，算術數學的真理，有它的普遍性，而且它的普遍性是非常固定的，沒有懷疑的餘地。這普遍性如果從這個角度來講，它的意味就非常嚴格，是就是是，非就是非，沒有爭論的餘地。我再舉一個例子，我們碰到林志玲，那是名模，臺灣第一名模，我們都見到她，有人說林志玲很美，非常美，另外一個人說美是美，可是不能算非常美。那就是她的美感對於每一個個人不一樣。所以在這裏，什麼是美，就很難說出一個道理來，所以這種普遍性很難確立，因為這涉及每個人的視覺。在視覺以外，又有一種感覺就是有關氣質的感覺，如果大家對氣質的感覺不一樣，那我們就不能說有一種固定的美感。所以就久松的情況來講，因為他是修禪的，所以他的美感背景就跟禪修行有關聯。我們再講另外一種，就是你從事不同的活動，可能有不同的美感，譬如說，一個猛男，是不是可以講美感呢？這裏就牽涉很多問題。我們要先研究一下猛男到底是什麼意思，因為在很多演唱會裏面，歌手如果是女

生，演唱會也不完全是音樂性的，也有娛樂性在裏面，所以一個女歌手在唱歌，一邊唱一邊跳，然後後面有好幾個男人也跟著她的腳跟起舞。我們說這些就是猛男，如果這樣講的話，有人請你上台跟女歌手跳舞，那主辦的人不會隨便讓一個男生去做她的舞伴，要挑選，挑選有沒有一些標準，有沒有一些要求，那肯定有。在這裏每一個人的看法就不一樣，因為這是一種演唱會，一種普及的活動。一般人花那麼多錢去買一張入場票，他當然有他的期待，那他的期待除了唱歌本身以外還包括其他的一些效應，一些男生做她的舞伴，那這些男生我們通常都叫猛男，起碼我們說猛男的時候包括那種人。在這種情況裏面，我們談這個猛男，談到這種美感，就是猛男的美感，是不是很難下一個定義呢？這種的美感，完全不是久松講的無相的美，猛男一定有猛男的相，這裏不能講無相，非要有相不可。如果在這種情況裏講美感，便跟我們主觀的很多因素包括對這個對象有什麼期待都有關係，如果他跟不上我的期待，那你對他就不會有高的評價，從美感來講你就不覺得他有很高的美感，所以在這種情況，所謂普遍性就很難講。

然後我們看禪的相關問題，一般的講法就是，譬如說菩薩，他有十地，十個階段，一地二地三地，一直到第十地，最高啦，再上就是成佛。所以菩薩有十地表示有十個階段，我們是不是也可以把這個禪的修行講成有很多階段呢？每一個階段都代表某一種心靈的狀態，而且是在學養這方面的成就。久松作為一個禪的修行的人，他在不同的修行階段，所體會的美感也不一樣。如果還有其他人一起修行，在不同的修行的階段，他們的表現都不一樣，他們對禪的美的感受也應該不一樣，所以在這裏很難講普遍性。可也不是完全沒有普遍性可以講，因為我們的感官，我們的價值意識，我們對美

的瞭解，不能說完全一樣，但是在某一種程度裏面，大家有一種共
識：這個東西是美的，這裏所謂美是一種理解好了，就是我們用廣
義來講，廣義的美。我想在這方面可以建立一種共識，可是再進一
步嚴格講下去，就很難定出一種美的共識了。禪的修行也是一樣，
它裏面有階段的分別，不同的階段表示不同的心靈狀態。這裏面我
們可以說普遍性，但這個普遍性變得比較鬆散，跟那個2＋5＝7完
全不一樣，可也不是完全沒有交集。就是你的美感、我的美感、他
們的美感，我們都面對一朵玫瑰花，大家都覺得這是很美的一朵
花，那就表示我們有共同的美感。可是再進一步看，每一個人對玫
瑰花所具有的美感還是有分別的。我想就是對於美這種東西我們可
以在有限的程度說這種美感有它的普遍性，可這是有條件的，不是
絕對的。2＋5＝7 是絕對的，美感方面，過了某個程度就很難講美
感有那個嚴格的普遍性。

黃奕睿：這裏問的是禪是普遍的嘛？反過來講，如果美感沒有很嚴
格的普遍性，那禪性是普遍的嘛？很嚴格的普遍性嘛？還是它不是
一個有很嚴格普遍性的東西？

吳汝鈞：我想還是有層次的分別。禪性的表現是在禪修裏面表現，
你一定要進行那種禪修活動才能講禪性。佛性也是一樣，你要體證
這個佛性，如果你只是把佛性看成一個概念，那就什麼都不能講。
有關禪性的普遍性這個問題，我想比我剛才講的玫瑰花的美感還要
複雜，因為玫瑰花就是那個獨立的玫瑰花，大家不同的人所面對的
對象都是同一的東西，可是你剛才講的禪修在這方面已經很難講統
一性、一致性了，是不是啊？一朵玫瑰花你說它美，我們大概都能
瞭解，可是一個修禪的人，他有他自己的美感，那在這種情況之

下，我們對這個美感要怎麼瞭解就很麻煩。

黃奕睿：那我來做個總結好了，關於久松的藝術觀和他的茶觀都是走向體現美的一種價值的道路，這種價值是符合禪的內容的，涉及藝術的創作問題。藝術創作比茶道有更多的內容在裏面。透過藝術創作的美展現一種無相的自我的美，符合他整個理論體系的架構。這個理論體系的架構用中國式的思考去想的話，比較接近工夫的問題，禪宗說禪修本身是工夫，久松進一步想推廣禪的入世性，就不能只談禪修，這可能讓一般大眾難以接受，但是你講茶道，講藝術，跟一般生活貼近，便有較強的說服力。久松有很特別的說法，他說西方的藝術是不可能有禪的藝術的，禪的藝術講的美跟一般美學上的美是不同的，它不是我們覺得看得心情很好的那種，而是更深沉的，更具直覺性或更超越的東西。他說在形象中看無相的東西，這點倒是久松藝術觀非常重要的一點，他說的並不是一般的藝術美，而是禪的美。大概就是這樣子，謝謝大家。

吳汝鈞：你說久松說到西方人比較不可能有禪的美感，他是這樣說是吧？

黃奕睿：嗯。

吳汝鈞：我想這樣講也不是沒道理，他可能是就整個文化系統、東西方不同的文化系統，就它們的那種思考基本上不一樣來看。西方人的思考是把自己看成為一個主體，把被思考被處理的東西作為一種對象，這裏就一種主客的關係。東方文化思考的形式，是要把主客這種對立關係打破，超越這種主客的對立關係。他們所認為有價值、值得我們去追求的，是一些有絕對性的東西，精神性比較濃的

東西。這種東西如果要體現出來，得先打破那種主客對立所展示出來的相對性，先把這種相對性超越了，克服了，overcome 相對性，絕對的境界才能展現出來。我想這可以是一種合理的解釋，久松為什麼這樣講，他的想法可能就跟我剛才講的有交集，有關聯，而且也符合禪修的思考。禪修理面有一點是挺重要的，就是要超越事物的二元性的主客關係，亦是對立的型態。你先要把這種對立的型態超越，才能講比這個更高的境界，這點我想應該可以肯定。在這程度下我們可以提出這種說法，來理解久松為何這樣講。就是他講這些話的心態是怎麼樣，他是在想什麼問題，他怎麼想，涉及什麼一些思考的型態、思路，這都有關係。有關久松這部分我們就討論到這裏。

第四章　宗教的終極可能
——談阿部正雄的宗教理解

一、阿部正雄（*1915-2006*）及其生平

阿部正雄（あべ　まさお）相對於其他京都學派的學者來說，資料較少，身為京都學派第三代成員（雖然對於是否為京都學派成員仍有爭議，這個問題將會在後文論述），出生在 1915 年，家裏共有六個小孩，排行第三，父親為醫生（medical doctor），母親為虔誠的淨土派的信徒，本來在大阪的市立大學就讀，主修經濟、法律，也符合其父母的期許。曾在外面從業一段時間，後到京都大學修習哲學，並對哲學產生興趣，主要鑽研西洋哲學。他修習期間主要有兩位老師，一位是久松真一，另一位則是西谷啟治。他的思想受到這二人的影響。在提到阿部正雄的書中也常會引用這句話：「在思想上，久松是他的父親，西谷則是母親。」（作者也常將父親、母親的說法引用至他的宗教理解上。）

吳汝鈞：他有三位老師，久松是其一、西谷是其二，另外還有一位是鈴木大拙（*The Eastern Buddhist* 創辦人）。有時他也提到京都大

學的希臘哲學教授山內得立。

曾在大谷大學擔任教授，戰後在奈良教育大學執教，一直到
1980 年退休。個人主要研究禪與西方哲學，這一點是他與其他京
都學派學者不同之處。他在推廣禪以及比較宗教上花了很大的工
夫。對於禪學，除了早期父母影響的淨土信仰，到了後來反而較常
提及華嚴宗以及禪宗中「無」的概念。他對這些思維不僅瞭解，並
在生活上身體力行，進行「禪」的實踐。在久松 1980 年逝世後接
掌 F．A．S 事務，並在京都妙心寺打坐、論禪。因筆者曾前往京
都遊賞，若真實體會京都之風土民情，對於這樣的地方會發展出這
樣的思想溫和的學風，那是再自然不過的了。

吳汝鈞：西方的旅遊機構，曾做過最適合居住的城市調查，心裏感
覺舒適自在者，京都為第一名。

許家瑞：確實，城市面容非常乾淨，不似大阪髒亂。

瞿慎思：大阪的夜生活，人們在下班後會去酒屋，常鬧到凌晨三、
四點。大阪較多，京都則較少。

許家瑞：我曾去三十三間堂，感受莊嚴的氣氛，對於這樣的環境能
產生這些思維是可理解的。

阿部對於西方的哲學側重在海德格（M. Heidegger）、尼采
（F. W. Nietzsche）、懷德海（A. N. Whitehead）的哲學，常透過
這些學者的比較去論述「禪」的概念。晚年則在「宗教對話」及
「比較宗教」上下了極大的工夫。大部分時間在奈良教育大學教
書，甚至是在退休後奈良教育大學更給予名譽教授的銜頭。但有件

事情非常特殊，筆者注意到京都學派學者多曾在京都大學教書，阿部則是例外。

吳汝鈞：這對阿部來說，是個遺憾。他的前輩從第一代的西田幾多郎、田邊元、第二代的久松真一、西谷啟治，他們都曾於京都大學進行宗教講座。更有第三代的武內義範、上田閑照都曾在京都大學擔任講座教授直到退休。而阿部則沒有這個機會。

許家瑞：是他不想去嗎？還是他喜歡在奈良？

吳汝鈞：應該不是，奈良教育大學距離京都是蠻遠的。阿部的住所是在京都市的北區（上京區），他必須先搭車至京都，那時還沒有地鐵（subway），他必須搭乘公車或計程車到京都站，再轉車到奈良，從家裏到京都站大概需 30 至 40 分鐘，從京都站到奈良站，除非是搭特急，不然搭快速急行，起碼要大半個鐘頭。往返之間，我想超過三個鐘頭，必須花費大量時間在交通上。

許家瑞：那他為何不乾脆搬至奈良定居？

吳汝鈞：因為在京都有較多的文化活動、研討會。西方的學者來日本研究、客座、度假多在京都，很少到奈良，因為奈良非首都。奈良多為高級官員度假之地，人口不多，交通亦較不便。若以旅遊的心情前往非常好，有大片的草地、鹿群。很多遊客會購買鹿糧餵食。當時我發現，若你拿給其中一隻鹿吃，其他鹿群便會跟隨你。後來我多是去奈良睡覺，我多在奈良較偏僻、遊客罕至之地睡覺。因遊客活動之地多於奈良火車站至東大寺一帶，而我在較東面的草地，較少人至。那個地方非常舒服，綠油油的草地，空氣新鮮，又

有長座椅，非常適合睡覺。而阿部為何要在奈良教書，直到退休，是因為京都大學的講座已有京都學派的其他成員擔任，所以遲遲沒有機會。

許家瑞：阿部也是在京都大學畢業。

吳汝鈞：是吶，他的幾個老師：久松真一、西谷啟治，還有一位山內得立（為希臘哲學研究者、形而上學的專家，能看希臘文）都在京都大學擔任講座，而阿部則沒有機會。

許家瑞：1980 年退休之後，他曾有一段長時間移居美國。

吳汝鈞：超過十年的時間。他在 1915 年出生，1980 年退休後，常到美國，在一些比較重視宗教學的大學擔任客座教授，主要講授禪、日本佛學。他寫了一本書，寫道元所論的佛性。從 1992 年開始，我每年都去京都。1983 年，我去過兩次，我在火車站撥電話到阿部家中，他的女兒告知他的父親在美國，尚未返日。他從 1980 年到 1992 年間都在美國的一些大學講學。基本上，進行宗教對話。

　　所以京都學派中在宗教對話上表現最活躍、頻繁，貢獻最多的，應是阿部正雄。

許家瑞：我注意到，很重要的原因，是他有不錯的語言能力。

吳汝鈞：阿部正雄常用英語發表論文。京都學派除了阿部以外的六人，他們以德文為主要語言。因京都學派在哲學方面的根源在德國的觀念論，也包括尼采、海德格，叔本華等人。這些都是德國哲學家。因日本人很重視原典，所以就盡量學習德文。故京都學派多看

德文的原著,阿部正雄大概德文沒那麼好(笑),他的英文較好,所以西方人與京都學派的往來不是透過西谷就是阿部,久松不大講英文,大概德文也不好。

許家瑞:我查到的資料顯示他的論文大部分以日文寫成,必須靠翻譯成英文給外國人看。

吳汝鈞:久松亦曾在歐洲待過一段時間,與歐洲的哲學家、宗教家、心理學家進行對話,因為那些哲學家大部分為德國人,因此他必須要一個學生擔任翻譯,其中有一位較重要的是辻村公一,他也是京都大學的教授。只有一位是例外,法國的哲學家:加布里埃爾‧馬塞爾(Gabriel Marcel),其他像卡爾‧榮格(Carl Gustav Jung)、馬丁‧海德格(Martin Heidegger)或是艾米爾‧布魯內爾(Emil Brunner)、魯道夫‧布爾特曼(Rudolf Bultmann)全是德國人。名氣最大的應是寫《教會教義學》(*Kirchliche Dogmatik*)的卡爾‧巴特(Karl Barth),有非常多的著作,聲望也很高,卻未曾聽聞他與久松有過對話。可能卡爾‧巴特已經去世,如果還在的話,久松一定不會錯過。如果大家對現代神學有些認識,你會曉得卡爾‧巴特與艾米爾‧布魯內爾在宗教學上有很大的衝突。艾米爾‧布魯內爾曾與久松有過對話。後來久松前往美國,主要針對藝術在東西方不同的看法進行對話。久松主要談禪的藝術,即禪之美。他提出禪之美主要來自七方面:(1)不均齊(asymmetry),(2)簡素(simplicity),(3)枯高(austere sublimity or lofty dryness),(4)自然(naturalness),(5)幽玄(profound subtlety),(6)脫俗(nonvulgar freedom from attachment),以及(7)寂靜(tranquillity)。而其中一項與我們所認知的美感不同,即「不均

齊」，越不均齊，越有美感。

許家瑞：阿部主要在國外講學，而他早在 1955 年至 1957 年就曾在哥倫比亞大學留學，退休後至美國暫居，講學，遍佈各地，如芝加哥大學、普林斯頓大學、普度大學、哈佛福大學甚至夏威夷大學、克拉蒙神學院等，主要進行宗教對話，這段期間的活動讓他在京都學派在宗教問題上有很大的影響力，源於他廣泛的介紹日本的哲學以及禪學的系統，與基督教對話。除了美國之外，他也曾在歐洲萊頓大學、奧斯陸大學、波昂大學、海德堡大學、維也納大學等等活動。所以他在美洲及歐洲的知名度極高，擔任客座教授，進行宗教對話。然而很神奇的是，他在國外有這麼高的知名度，然而日本本土學界對他的評價卻不大一致。花岡永子等京都學派學者並不認為他是京都學派的一份子。其中一個原因是另一學派成員大橋良介認為其思想偏重於宗教方面，較少論述哲學之故。其實筆者以為阿部正雄著作多半以單篇論文呈現他的思想，最著名的為《道元論佛性》，反而缺少有系統之全集，雖然六十歲時完成《禪與西方思想》一書，獲得美國宗教學會優秀著作獎，然畢竟是美國的獎項，最後好不容易整理出來的作品，卻未能獲得日本學界普遍重視。

吳汝鈞：1992 年我與大橋良介在京都曾有過談話，我提及阿部正雄可作為京都學派的成員，大橋強調：所謂京都學派，在歷史學方面有京都學派，在哲學與宗教上也有京都學派。而後者分二堆：在日本流行的京都學派與在國際上流行的京都學派，二者成員並不完全相同。在國際上的京都學派即是之前所提過的七人：西田幾多郎、田邊元、久松真一、西谷啟治、武內義範、阿部正雄、上田閑照。他們在國際上有相當高的地位；而在日本流行的京都學派成員

較多，流派也多、較多元。包括國際上大部分的成員，而阿部卻不在其中。另外還有像和辻哲郎（倫理學家，著重討論日本風土），他的思想與國際派不大相同，他的重點在倫理學，而國際派所關注的焦點則在宗教與哲學上。再來西田幾多郎所創的絕對無源自禪與德國觀念論，綜合了東方的無（Nichts）與西方的自由（Freiheit）終極真理，經過轉化與詮釋，產生了「絕對無」這樣的觀念。

絕對無可以說是京都學派最重要的觀念。在國際上的七個人在絕對無這個概念上均有個人的詮釋。西田以「場所」解釋絕對無，這裏的場所並非指涉物理性的場所，而是意識上的場域、空間。西田將此場所哲學化、形而上學化，成為精神、意識的空間。其他的成員亦有自己對絕對無的詮釋的名相，如田邊元將絕對無關連至「他力大能」即阿彌陀佛；久松真一則以無相的自我講述絕對無；西谷啟治則以般若思想與中觀學的空來詮釋絕對無。不大相同。大橋編了一本書，收錄國際認可的京都學派重要的文獻，以德文在德國出版，其中並無收錄阿部正雄的文章。我與他談論，大橋表示：「阿部的重點在宗教學，不在哲學；而京都學派是一個哲學的學派，故未收錄阿部的文章。」我則回應：「阿部的哲學基礎還算不錯，他說懷德海、海德格、尼采和德國觀念論也都論述的很充分，不該說他基礎不夠。」於是我和他在意見上便產生了分歧，我認為阿部理應為京都學派，而大橋則強調阿部的貢獻在於宗教學。過了好幾年，我的學生研究京都學派，曾拜訪大橋，當時的大橋卻表示：如果他的書再版，會考慮收錄阿部正雄的論述資料。可是目前尚未看見再版，大概是那本書銷路有限，並非歐美人士均有能力閱讀。2002 年時，我與大橋又進行了一次談話，距離 1992 年剛好十年。這十年內基本上他的態度仍維持原本的想法，2002 年到現在

2014 年仍未見此書再版。大橋為德國留學背景,而阿部則與英美
(北美)宗教學界關係較密切。因此雙方交往的朋友亦不同。他的
想法轉變大概是真的,不然他也不會告訴我的學生。

許家瑞:大橋良介算是阿部正雄的晚輩?

吳汝鈞:是的,如果京都學派有第四代的話,那大橋算是其中很熱
門的人物,花岡永子也是。花岡受業於西谷,故特別推崇他。大橋
則以西田幾多郎為宗。花岡在大阪大學擔任宗教學的講座,直至退
休。而大橋的運氣不是很好,不能在京都大學和大阪大學授課,只
能在京都纖維大學任教,擔任通識課程的教授,教授如生死學、倫
理學、哲學概論等,而纖維大學本行為工業。但也沒有辦法,直到
花岡退休後才轉至大阪大學。五年後亦退休,轉至私立龍谷大學任
教。近幾年我看他書中的履歷表,才得知他到了德國的科隆大學
(Universität Köln)當客座教授,大概是大橋在龍谷大學教得不過
癮,所以才去德國吧。(笑)

　　所以,阿部正雄的思維在日本較少人重視,而他的書聚焦於宗
教是事實,但我以為大橋的說法未能周全、完整。京都學派與禪的
關聯非常密切,禪本身即為宗教的一環,又京都學派中心的觀念為
「絕對無」,阿部正雄透過宗教去論述絕對無,這是論點一。再
者,阿部正雄受業於久松真一,也認他為自己思想的父親,而阿部
所提及的另一概念「動感的空」,與久松「能動的無」頗為接近。
這是師承的關係,此為論點二。故沒有道理一個繼承京都學派思想
的阿部正雄不能被歸類於此。更特別的是他繼承了久松 F・A・S
的事務。基於以上理由,他可以說對京都學派有特別的代表性。

他在西方則無是否京都學派的問題，因長期於西方擔任客座教授，西方學者普遍認知阿部正雄是繼鈴木大拙後與西方對話的京都學派最具代表性的人物，這是沒有問題的。

二、以淘空的神（*Emptying God*）重現西方神學

　　阿部正雄對宗教的體認在於：人的生命必然會面對負面種種，而耶穌、穆罕默德、釋迦牟尼等先知便設立宗教以支持人們面對這些問題。但宗教仍有不足之處，所以宗教信仰中的神也必須瓦解，才能通達於神背後的終極實在的真理，亦即是「絕對無」。阿部關注的重點在於對「禪」的深刻認知，以及擔任講座教授時所接觸多為基督教派的學者。一方面承認基督教的神具超越性，但同時亦批評它不如絕對無般，可以完全克服二元論。所以向基督教提出「淘空的神」，試圖衝破基督教對神的侷限，並以般若思想的「空」來重新詮釋基督教的神學。

吳汝鈞：他有這個意思，想將佛教的思想與西方宗教的神（上帝）做聯結，所以便提出了自我淘空的神（Emptying God）這樣的名相。這是他所提出的概念。而「自我淘空」這個詞根源於希臘文kenosis，表示空的狀態，相當於英文 emptiness。1995 年夏天我到名古屋南山大學的宗教文化研究所，此研究所具有美國的宗教背景，專注於研究東西方宗教的問題，財力來源主要為美國。當時我正從事訪問研究，住在研究所的宿舍，與成員之一的海式格（J. Heisig）談天，他是一名有拉丁族血統的神父，母語是西班牙文，

懂英文、德文、日文、希臘文。他說 kenotic 是形容詞，指淘空、
否定。所以阿部將空的觀念灌注至上帝的觀念中，而成空的狀態的
上帝、淘空的上帝，所以才產生了（kenotic God）這個名相。海式
格寫了一本書：*Philosophers of Nothingness*，其中參考書目提及有
關京都學派的哲學，曾寄了一封信向我詢問我的書要到何處去購
買，我想他的意思是希望我送他，所以我就將我的作品寄了過去。
所以他的參考書目中便有了我的書。我也詢問海式格關於阿部是否
屬於京都學派，他的看法則較接近大橋，認為他的哲學較淺薄，不
能與久松、西谷相比。南山大學本身也有出版社，出版了許多關於
宗教與京都學派的書，卻未曾出版阿部正雄的書。他們認為阿部的
分量仍不足，假若阿部願意提升自己的作品質素，他們也願意出
版。另一位京都學派的學者武內義範則與此研究所較有密切的關
聯。此研究所也常舉辦國際宗教的研討會，出版許多日文、英文書
籍。亦有出版田邊元的日文著作的英文翻譯。他們寧願接受武內義
範，也不願接受阿部正雄，所以我與海式格談至此便意見分歧了。

　　故他提出「淘空的神」試圖衝破基督教對神的侷限，因基督教
中的神是實體，也是至高無上的象徵。宗教與宗教間的對話必須站
在比較平等的階段，甚至必須互通透明度，才有對話的意義。所以
他以般若思想的「空」來重新詮釋基督教的神學，以達到絕對無的
境界。阿部要把東方佛教的空（śūnyatā、Emptiness）的義理直接
注入基督教的神（God）的思想中，把非實體主義（Non-
substantialism）的空融貫、注入到實體主義（Substantialism）的神
中去，而成淘空的、否定的神，以達成佛教與基督教的對話。而這
當中指涉的淘空可分為兩個層次：一為耶穌的的自我淘空；二為神

的自我淘空。

首先，我們必須了解淘空一詞並非阿部所獨創，而是散見於《聖經》各章節中，包含〈腓立比書〉、〈歌林多後書〉、〈約翰福音〉、〈羅馬書〉等。阿部引〈腓立比書〉第二章五至八節：

> 你們當以耶穌基督的心為心：祂本有神的形像，不以自己與神同等為強奪的；反倒虛己，取了奴僕的形像（But made himself of no reputation, and took upon him the form of a servant. 欽定版《聖經》原文，又有 made himself nothing 的版本），成為人的樣式；既有人的樣子，以自己為卑微，存心順服，以至於死，且死在十字架上。

所以他認為這樣的神是在命令他的獨生子耶穌以道成肉身（所謂的道即是聖父、聖子、聖靈三位一體）的方式，試圖拯救世界，而為救世主的彌賽亞（Messiah）。承受各種苦難，最後被釘在十字架上，以祂的寶血來洗脫世人的罪惡（原罪 original sin）。神有靈性與至高無上的榮耀，耶穌卻拒絕留於神的光榮之中，放棄神的地位一切，而甘願成僕人，否定其神性，從而彰顯神那分無私及犧牲的愛。所以耶穌的自我淘空即是虛空化了的上帝（kenotic God）。

吳汝鈞：kenotic 原來的文字是 kenosis，我曾問過海式格這個詞的用法，他說是否定、淘空之義。那為什麼在西方宗教界會有上帝的淘空呢？最主要是「神愛世人」，神必須與人溝通才能證成愛，神是神，人是人，是不同的存在，所以神與人無法溝通、對話。必須有媒介，即是溝通神與人之間的媒介。這個人一方面有神性，另一

方面有人性，而耶穌即在這個意義上出現，即道成肉身。上帝的真理在肉身上顯現，所以上帝便派遣祂的獨生子耶穌以人的身份來到凡世來進行救贖。耶穌本源是上帝，有神性；而以人的形象呈現，有人性，便滿足了人神溝通的意味。祂的任務便是將上帝對人的愛展示出來。而這樣的展示體現在尊貴的身份中，可是在羅馬帝國的年代，卻被視為叛徒，祂想在地上建立天國，以共產黨的語詞來說，耶穌是反動派，試圖推翻羅馬帝國。耶穌來到這個世界上，他所說的王並非羅馬帝國的王，而是耶和華。這便是反動的言論，想讓基督教取代羅馬帝國。在其中便有了政治的目的，耶穌便是反動派的領袖，便有罪，所以後來判處死刑，而且是極刑。他們將耶穌活生生釘在十字架上，任由風吹雨淋，受自然災害之苦。釘上去並非馬上死去，須等到手腳血液流乾，耗費許多時間，這是最痛苦的死刑。所以有人曾問耶穌：你所說的神耶和華到底如何說話呢？怎麼樣才能認識上帝的本質呢？耶穌則說：你不該提出這樣的問題，你想知道神是如何說話、如何思考、如何行動，你看我即是。因為我是神的道成肉身。所以，耶穌扮演溝通神與人的角色，是極具說服力的。

許家瑞：所以他的本質是神？

吳汝鈞：他的本質是愛！對人的愛。非男女之愛，而是在救贖中所顯現的愛。西方一些偉大的音樂家，往往會在音樂中出現宗教的元素，具備了宗教意義。例如：經文歌（motet）、聖母頌（magnificat）、早禱曲（te deum）、安魂曲（requiem）、榮耀頌（gloria）等，這些全是宗教音樂，且極富感染力。有人曾問巴哈（Johann Sebastian Bach）：你的音樂怎麼這麼好聽呢？他回答：

只因我們的音樂傳達了上帝的愛，所以好聽。因為愛對世人來說是無上的財富，特別是上帝對人的愛。所以你會感到基督教在音樂中占重要的地位。還有一種受難曲（passion），描述耶穌受難的過程，感染力極強。

瞿慎思：我有一個問題，耶穌道成肉身後，淘空了神性，反而是擴充了神性，變成一種對世人的愛，並沒有淘空啊？

吳汝鈞：不是，他這裏所說的淘空是他把神的神性視為神溝通的障礙，因為神是大實體，是超越人格的神。必須將他的實體性、超越性淘空、否定，才能與經驗世界有密切的溝通。因為基督教並不說超越、內在，與儒家傳統不同。儒家的超越可以是內在的，即是一個凡夫可以透過道德實踐達到超越的境界。這是儒家所說。牟宗三講無限心，無限是超越的性格，可是這種性格可以在經驗的生命中展示出來，這是超越的內在，是東方的思想模式。西方則是超越非內在，內在非超越，兩者是對反的概念。只有耶穌是例外，一方面有超越性，另一方面有人性。

許家瑞：我的理解不知道是否正確，耶穌比較像是與我們相同存在下的型態，卻無法橫跨到我們的經驗世界？

吳汝鈞：祂的身體有時空性，但祂的精神卻是超越時空的。耶穌被釘死，三天後復活，離開地面，回到天國，坐在上帝的旁邊，《聖經》不是這樣說麼？祂同時有超越性與內在性，超越是指上帝，內在是指我們的生命存在，所以才有復活。而復活也是西方的傳統節日，耶穌的出生是聖誕節，耶穌的復活則是復活節。這在香港較普遍流行，臺灣則無這樣的情況。因為香港受西方宗教影響較深。同

時香港也是假日最多的地方，以前在香港打工時，最大的好處便是假期特別多。農曆年是假期、新曆年也是假期、聖誕節、復活節、清明節、佛誕也放假了。那是香港的佛教徒的反映：基督徒有聖誕節，怎麼佛教徒無佛誕節呢？是否宗教歧視呢？討論了很多年，政府讓步了，便有了佛誕節日，這才能談宗教的平等。而佛教是東方性格，而聖誕是西方的，那為什麼東方人要放西方的節日呢？就連孔夫子的節日——九月二十八日，也成了假日。

許家瑞：教師節似乎沒有放假。

瞿慎思：似乎被周休二日併掉了。

吳汝鈞：假期似乎不能放太多，孔夫子有教師節，那孟夫子呢？

許家瑞：沒完沒了。

吳汝鈞：其他宗教的人都要出來說話了，所以必須要有限制。

　　我的理解是：阿部所提的「淘空的神」是在當下的動作，是在神虛己後，讓自己成為奴僕的那一個當下的淘空、自我的否定。祂否定了自己的神性，才有辦法與人溝通，才能彰顯祂的無私的愛。接著他提及傳統的基督教教義，耶穌的存在是一個完全的神，也是一個完全的人，具備了雙重的性格。他更緊扣此論點，反推聖父與聖子的本質相同，因聖父便是聖子的根源，所以他認為聖子的耶穌如果有了虛己的情況，那麼聖父也就有了淘空的本質；身為聖子的耶穌若已虛空自己，聖父也應作如是觀。針對基督教的教義——贖罪信仰而言，淘空的神無疑是非常重要的。沒有道成肉身，不單救贖無法完成，罪人與神的關係亦無法修復。

　　然而在探討「淘空的神」時，一定會遇到幾個問題：首先，就是關於宗教本體論上的分歧，實體性的絕對有的基督教面對的是非實體性的絕對無，二者立場相反，不可會通。第二，若神淘空自我而成絕對無，勢必扭曲基督教的教義，道成肉身也必定無法成立。所以我很好奇當阿部正雄提出這樣的看法時，西方的宗教學者看法是怎樣？第三，這樣的淘空並不具有普遍性，僅能展現在耶穌基督的身上。這應當也不是絕對無的精神。透過倒空的神或絕對無，以自我否定或絕對無而意圖改造基督教的實體神觀，不單在《聖經》根據方面有所不足，其詮釋亦存在不融貫的偏差。對於倒空的神作為一個「觀念」，我們總不能離開詮釋的問題，即宗教對話的方法論。明顯地，阿部對於詮釋問題並沒有足夠的注意。

吳汝鈞：阿部提出這樣的觀念，是一種「一廂情願」。上帝是一個大實體，卻要淘空，你便是將實體主義轉化成非實體主義，如果是這樣的話，神還會存在嗎？還有神的位置嗎？就不再是上帝了。上帝是全善全知全能，這是實體的表現，將之淘空，便不是實體，是無法灌注至實體主義的基督教的上帝。弱化了上帝，也沒有了全知全善全能的特性，在理論上是無法成立的。因基督教將實體當成真理，這是基督教的立場。而佛教則強調空才是真理，沒有實體才是真理，恰恰相反。所以這是辦不到的，他的本心很好，他想為西方宗教開出一條通道，然而實際上是不可能的。所以西方的神學界、宗教學界、哲學界，尤其是宗教學界，很多人不同意阿部的說法，但卻很佩服、欣賞阿部試圖將兩個宗教結合在一起，非常佩服阿部對宗教的勇氣。他們不接受，卻非常欣賞。他們理解阿部的論點是出於他的善心，他是希望能夠聯合東西方的宗教，在救贖、救渡的

問題能統一起來。再來，便是彌賽亞的觀念，如果淘空的神是成立的，那麼彌賽亞便喪失了祂的意義。因為彌賽亞身為一個救世主，是從上帝說下來的，做為一個實體的上帝才能成為彌賽亞，如果自我淘空能夠成立，那救世主便可有可無，因基督教畢竟是他力宗教，而非自力。他力才能說彌賽亞，自力則是自己就是自己的彌賽亞。所以基本上，東西方在宗教上有根本的差異。若要強行使宗教對話有結果，是很難的。要不以上帝取代空，不然即是空取代上帝，這在義理上是矛盾的，因實體與非實體放在一起，很難有合作的效果，在邏輯上亦不可能。所以，他花了那麼多精神、時間提出淘空的神，你也不能說沒有價值，大家都希望人類、文化得以溝通，和平共處。《中庸》說：「萬物並育而不相害，道並行而不相悖。」阿部便有這個意味。但從理性的角度看來是做不到的。

對這些問題，阿部在對禪與基督教的論述中也提及：「說禪宗建立在無的基礎上，而基督教則以上帝的存在（與無相反）為基礎，那就未免失之過簡。果真如此，那麼禪與基督教就毫無共同之處了。」這點他已考慮過，他的理解是，當基督教強調唯一的上帝是宇宙和歷史的主宰，能克服死亡和邪惡等時，這就不再只是本體論，而是價值論的問題。最重要不是有和無的問題，而是「我應該做什麼樣的人的問題」。我認為他是站在人的角度去思考宗教，而一般的人看宗教是以哲學的角度，所以他的看法體現出了人文的價值與精神。

再者，他更提出了獨特的意見：「兩宗教本身必須有基本的改變。兩者所持的基本前提必須同樣徹底地轉變，從而展開一個新的典範或模式的理解。這可能牽涉到基督教的神和佛教的空的一種革

命性的再詮釋。」所以他的論點主要建構在宗教願意去改變的立場上。只要宗教願意去改變，這樣的理論並不是不可能的。當然，這也牽涉到基督教教義的問題，在實踐上有一定的難度。

吳汝鈞：他的想法就像我提的「純粹力動」，如果這麼說的話，所謂的終極真理是不能有體性。另一方面，要在宗教進行救贖，普渡眾生，必須要有動力，必須要有足夠的力動才能達到。如果不論體性，那麼力量從何而來？這是最根本的問題。必須有發力的根源。如果從經驗層次來說，就像是光、熱、電等能量，要有電發出，必須要有發電的機器，那便是發電機，甚至可推至核子反應爐。這是從經驗的層次來說。那如果從超越的層次、形而上學來說，是精神的力量、心靈的力量，不是一種能量。這種力量源於精神實體。所以如果不說精神實體，那力量從何而來呢？這是一個大問題。比如說儒家講：「天行健，君子以自強不息。」先提「天」，以天為實體，行即是運行。君子必須學習天行健，故必須有「力」的存在，方可「自強不息」。

許家瑞：所以不息的力來自於天？

吳汝鈞：天行健所說的天，指形而上的天，而自強不息則是指經驗世界。所以不管是「行健」或「自強不息」都要有力量的根源，才能實行。這在儒家是非常自然的。「終極真理」可有非常多的詮釋，一方面可從非實體——「空」來解釋，我們毋須執著於「實體」，必須要「明覺」，照見沒有實體的方向。另一方面可從實體來解釋，大實體即是真理，如果沒有實體，力量從何而來？這另一方面是強調大實體，強調一切存在均是由大實體創化而來，這其中

的問題在於力量始於實體，那與電流從發電機發出是無分別的。但大實體發力是從形而上學來解釋，而電從發電機發出則是經驗世界的情況。如果是實體與力用的關係，那絕對的境界、終極的真理就與一般的道理相同，均是建立在體用論的關係上。經驗界的體用論是發電機與電的關係，而超越的體用論就是天命、天道、上帝等發出的力量，都是「體」與「用」的關係。這些都在我提出的「純粹力動」的說明之中。我的純粹力動既非實體，亦非經驗性的機器，就只是力動，自己即是活動。活動之中自然有力量，不需要再在力動以外尋求發出力動的實體或根源。這與精神力量要由精神實體發出的思考不同。

許家瑞：所以老師是從「存而不論」的現象學觀點去看的？

吳汝鈞：「存而不論」？所謂的存而不論通常指涉的是語言的問題，無法用語言表達，除非是一面倒的唯物論，才可說沒有不能用語言來表達的事物。我為何要提「純粹力動」作為終極真理呢？只因這樣免去了體用論不能避開的情況。

　　以上是我看到關於阿部正雄所嘗試的會通兩種宗教，然而卻存在著一定的難度。實際上，我更認為阿部所主張的倒空的神是旨於重申宗教的必要性。著重在宗教對話，包括佛教與基督教之間，皆透視出如何詮釋宗教對於社會、文化、歷史等是必要的。而透過這樣的改變，他的見解才有實現的可能。

三、宗教的終極存在與意涵

前文所提及的是阿部的宗教思想，然而讀完他的《禪與西方思想》後，書後末幾章節討論的確是「人」與「宗教」之間的問題，所以本章節主要探討的是阿部正雄所認為的宗教的終極存在與宗教的意涵，並針對宗教的存在作進一步論述。於我而言，阿部如同先知般，已能預測今之宗教的狀況，即是人與人之間的情感較空虛，也欠缺表達情感的能力。阿部正雄將之歸因於近代人自己的心靈日益麻木不仁，進而精神空虛，喪失了表達情感的能力。對比於原始人、古人的知識雖有限，無法擺脫與生俱來的焦慮，但卻有著真誠和敏銳的感受。由於以往科學是附屬於神學之下的產物，科學當時最主要的目的即是了解、解釋人與宇宙的問題。因科學的崛起，導致人以不同方式去否定宗教，而這是阿部正雄非常關注的地方。他也同意朋霍費爾（D. Bonhoeffer）從神學角度提出的「非宗教的基督教」，（我以為這個詞與前文所提及的「淘空的神」有互相牽動的關係）認為這或許是一種新的探索宗教的形式。只因科學主義、精神分析學、馬克思主義和虛無主義分別以不同形式否定宗教，這成為對宗教的極大挑戰。但他也認為只要近代人能從自我的生命深處與反宗教抗爭，從理論和實踐上展現真正的精神性，宗教將可無限開展。他更正面積極的看待反宗教對宗教發展的助益。舉例來說：我這一輩的人，除了家中原有的特定宗教信仰外，幾乎是沒有固定的信仰模式。近代的人對宗教的需求並沒有以前的人來得多，這可能是當時阿部正雄考慮到的問題。

吳汝鈞：你提到朋霍費爾，頗有研究價值。他是反納粹主義、希特

勒者，要行弒希特勒，失敗被捕，打入監牢，最後死在獄中。他所提出的「非宗教的基督教」，我們試看西方的神學家，那些義理已經超出了當時的概念，只因當時基督教所產生的年代、社會環境是非常單純的。而發展至今，由於科學主義、唯物論、虛無主義等機械性極端的思想，不斷湧現；另外現代社會所面對的問題也遠比當時更為複雜、多元，所以，作為不受時代限制的宗教，會自我轉化，不能再故步自封。若看現代的科學發展的人生存的環境，素質越來越下滑，這些都會是問題。在儒家裏談三年之喪，孔夫子認為是對死者的尊重、懷念。三年之喪在現代來說，是不可行的。

許家瑞：這部分《論語》中不是也提到一則林放問禮麼：禮，與其奢也，寧儉；喪，與其易也，寧戚。與其大張旗鼓，不如表示哀戚之情，是不是可能守喪不用到三年，只需表達內心的哀戚便可以？

吳汝鈞：墨子不是談節葬、節用麼？生活必須簡樸。那如果這麼做，不就成了墨子信徒麼？孔子的弟子宰我也曾表示三年太長，孔子在宰我離去後大罵一頓：我之不仁也！子生三年，然後免於父母之懷。宰我之不肖可知。另漢斯昆（Hans Küng）提倡世界宗教倫理的對話，就是希望將宗教集合在一起，共同商討多元化的機制（mechanism），去商討如何面對人類因科學高度發展所造成的傷害。他在宗教運動上，提出許多新的想法，這些都是面對世界的環境發展而來。所以寫《聖經》者到了現代，亦須面對、思考現今的許多問題。毋須死守《聖經》，不需什麼都要符合經文。

　　再來談及的應是科學與宗教的關係。阿部認為科學與宗教之間仍有對話與抗衡的空間。只因科學聚焦於為什麼（Why）的問答，

科學可以導出原因，卻無法解釋事實所代表的意義或根據。而能回答這些的，卻是宗教。而宗教若要保有與科學對話的活力，考察或改變宗教內部的世界觀是必要的。「沒有宗教的科學是危險的，沒有科學的宗教是缺乏動力的。」這樣的體認，不得不說阿部正雄對此事是極有遠見的，科學與宗教的合作的確勢在必行。

　　最後一章針對世界宗教的終極性去探究。阿部所關注的終極意涵有二：一為宗教的極限、邊界與終止。二為宗教存在的目的、目標、理由，和實踐的終極道理。

　　對宗教的極限來說，阿部先是否定了宗教的本質，他認為無論佛教與基督教均不存在本質問題，只能是非歷史主義的抽象問題。而發展至今，宗教本身必須先有一體認，即如今所開展出的宗教並非它們最後的發展階段，只因世界變化莫測，唯有動，才能步上動的潮流。再者，倘若當今佛教、基督教要成為「世界宗教」的普遍型態，則必須突破各自東西方特徵的侷限，對其深刻意義再認識，才有辦法真正立足而不受束縛。這樣的「動態結構」才是宗教的最終限界或終結。

　　關於宗教存在的最終目的，阿部表示無論佛教、基督教都可衝破各自的種族群體的藩籬，使人類與終極存在直接接觸，實現心靈上的自由。然而當代社會中人與自我的疏離，離開了可以安身立命的場域。所以尋找、期待新興的、外來的宗教成為現今人們重要的課題。故佛教和基督教必須衝破各自東方－母性和西方－父性的框架，以達到普遍性的世界宗教。更進一步成為人、自然與神判然分明又渾成一體的概念。這是目前宗教所需達到的目標。最後他論述宗教的終極點不是一個客觀歷史學上的問題，而是個人與存在的命題。

四、對於阿部宗教思想的反思

阿部長期從事宗教對話。對話理論有幾個主要方面：首先是他對當代宗教的多元化處境的分析。除了大多數神學家和宗教學者都十分關注的宗教多元化的現實外，阿部還特別強調當代反宗教意識心態對宗教的挑戰。為了應付這一挑戰，他強調在宗教對話中相互轉化的必要性。

所以《禪與西方思想》後幾章大部分是針對宗教的觀點而發。他並非贊成每一個宗教，他有禪的根據。但是他也覺得禪本身有一個缺陷，他認為只有透過一個非二元統一的部分，去達致一個宗教的整合，並且讓宗教有一個完整的發展。最後一個部分是宗教存在的最終目的，阿部表示不論是佛教還是基督教都可以衝破自己的種族群體的藩籬，讓人類與終極存在有一種直接接觸心靈的自由。他認為因為人跟社會疏離，讓我們人離開了一個可以安身立命的場所。所以要透過尋找新的或者更進一步發展的宗教，這樣的宗教便成為當今人們面對的一個課題。他說必須要讓佛教或基督教衝破自己在民族性上母性或父性的框架，建立一個世界宗教。針對這個部分有些人認為像阿部這樣提出來的宗教觀，會不會有一種帝國主義的感覺呢？就是希望透過一個總合起來的宗教達到讓大家都信仰這樣的東西，藉以達到超脫的目標。

吳汝鈞：他是有這個意味。他認為，所有宗教裏，佛教是最周延的，對人類最有貢獻的一種宗教。因為阿部是佛教徒啊，所以他一定希望自己的宗教能夠對外擴張，讓所有的人都能信仰這個宗教，從這個宗教得到一個終極的完美的結果。這點我想也不能說是二元

的統一，這個問題我很久前就思考過了。他說是非二元的統一。那統一在哪裏呢？從京都學派西田幾多郎以來，都強調絕對無，大家都是以絕對無展示終極的原理。上世紀九十年代初，阿部從美國回到日本，我去看他，我就問他這個問題，你這個非二元性為甚麼要提絕對無，不講其他呢？譬如說絕對有、絕對善、不是善、不是惡，善惡的二元性是可以達到絕對的境界。而他的回應是：只有「無」這個觀念才能讓人從二元的思考中解放出來，無就是完全沒有一種正面的意味。這與善、惡不同，我們對善與惡可以說出具體的內容，若可以說出具體內容，它就會讓你產生二元性的思考。譬如說善、惡，理性、非理性，存在、非存在。你要把這些相對的關係超越、克服，唯有絕對無能超越所有的對相性，剩下就是一無所有。他就是從這一點提出絕對無，不提絕對善，不提絕對有。當時我還是覺得他給我的回應不能說服我。因為你說絕對無，就有人去想絕對有，所以無還是不能逃離這種相對的型態，你強調善，就會有人想到惡，這並非終極的境界。

許家瑞：會不會阿部正雄他所想的是：一旦我們提到絕對無這樣的概念之後，那既然是無，便有點類似道可道，非常道的說法。你無法論述他的對立面。這會不會是京都學派在思考上的重點呢？

吳汝鈞：京都學派可能做如是觀。不過道可道非常道，這裏就有一種常道、非常道的對立。任何概念都有正反兩個面向，譬如說儒家講仁，應該是終極的概念。而仁即涉及公、私的狀態。你就會想到這種公跟私的相對性，譬如說仁愛與殘暴不就是相對嗎？這個問題一旦有意義（meaning），就有對反，那個二元性還是會存在。你提出超越二元性的觀念，也會跟二元性成相對的關聯。這無法說服

別人。就是以絕對無闡釋超越的、絕對的、不二的終極意味的觀念，這個問題始終都存在，你用語言來講終極性的東西，這個東西總會有跟它相對的另一面。語言也有這問題，終極的真理是道，道是不可言詮的，不可以言語表示出來，勉強以語言來表示，老子說這非常道、真的道，真的道不是能被表述的。所以就出現了語言、非語言、超越語言的相對性。在語言非語言之間，你再也不能用語言來說明。在語言與非語言的相對性之上，更有非語言與非非語言的一個境界。

瞿慎思：我想是不是可提出另一個名相統一這個問題呢？非二元統一本身就包含了二元在裏面。我們能否提出一個更高的名相，如同老師所提出的「純粹力動」，或者是像《易經》提到易有太極，易生兩儀。在兩儀之上提出易的概念。

吳汝鈞：不行，這時候你提純粹力動，那有沒有不純粹力動呢？另外一點你提純粹力動，有沒有純粹力不動呢？所以語言便喪失功用。但是為了展示境界，又非用不可。所以在這裏的問題是：語言有它的作用，可是也有它的限制。所以在這裏西方的維根斯坦（Ludwig Wittgenstein）說：「在語言不能及的地方，我們只能保持緘默。」既然語言都不能表達，那就不必去講。那這個緘默即是去語言化。我想一個比較接近這個意味的就是無。無與緘默好像比較相應。所以用另外一種超越語言的方式來表達終極真理，你要展示某一種意念，某一種絕對的境界，毋須用語言來講，因為語言有分別性，就有限制。例如大禪師南泉見東、西兩廂徒眾爭論，此時南泉抓著一隻貓，另一手持刀，對著徒眾們說：「快說出如何體驗終極真理，說不出來，貓便難逃一死，我會一刀把牠砍了。」而徒

眾們道行尚淺，修證不足，沒有人說話，結果南泉便履行他的諾言，把貓殺掉。一天大弟子趙州從諗雲遊回來，其中一位和尚告知此事。趙州聽後也不說話，就將自己的鞋脫下放在頭上。和尚也不解其意。將趙州的作法說與南泉。南泉便知趙州能見真理，以超脫語言的方式展示終極真理，所以便嘆了一句，若當時趙州在，貓便不會枉死了。而這個答案有什麼特別的意味呢？這個答案是彎曲的，非直達的，顛倒的，只有這樣的答案才能證成真理。這是辯證，也是弔詭，終極真理有其弔詭性，並不是分析哲學，說一即是一，一加一等於二。而弔詭的說法是一加一等於一。如一堆泥土加一堆泥土，還是一堆泥土。這是辯證的說法，一個物件加上另一個物件，則是兩個物件，這是分析（analytics）。

　　弔詭不是耍魔術。兩手伸出來是空的放到背後再伸出來，變出五隻白鴿。魔術師表演，一定是伸手出來有蹊蹺。所以禪是以日常生活的事例，是不用語言，表達某一種終極性的意味，比較高明。這還是可以追問的。你所用的那種超越語言的形式，是不是還有另一種超越這形式的方式呢？你用超言說來展示真理的方式，那是否會招來另外一種對立的超超言說？那你的超言說就成為一個相對的概念、作法。那種對立性不明顯，一般人看不出來，若如此下去，會演變成無窮推溯。那哲學理論就崩壞了。

許家瑞：老師你剛提到的那個故事，我剛剛想起我高中讀物理聽到的一個實驗，我不曉得用這樣的方式去解釋所謂的終極真理是不是恰當。我以前讀物理的時候有讀到量子力學的科學家叫薛丁格，他提出一個實驗叫薛丁格的貓。他找了一個盒子放入一顆會衰變的原子，並將貓放進盒子。那個盒子是不透明的。原子衰變的機率是

50%，一旦原子衰變，便會釋放毒氣將貓毒死，科學家就說在我們還沒有打開盒子以前，這隻貓是又生又死。可不可以透過這樣既生又死的貓，既有又無，來超越這種二元的對立呢？

吳汝鈞：我想它之所以作為一種弔詭的事情來看，只因時機未到，不曉得盒子沒打開，裏面情況怎麼樣，你不知道。我想這個例子不是很實用，於道理上，這隻貓不是生就是死，對於這隻貓來講不恰當。沒有這種非生非死的狀態，你是把這個非生非死作用在人身上，在他把盒子打開以前，在這種不知是生是死的狀態來提出非生非死，這種謎話，我想不是很恰當。所有物理都是科學，都應是分析的，沒有這種弔詭的思考。

瞿慎思：老師我想問一下為什麼思考的概念跟語言一定要去追決定性？

吳汝鈞：因為語言的應用是相對的，語言本來的性格是約定俗成的。我們只能說當相對性被超越，它的絕對本質就顯出來。這個絕對的意味就在超越的時候顯現出來。通過一種對相對性的否定，絕對性是不言可喻的。這也不是所謂的物自身。感覺器官是有時空的限制，可是物自身不在時空裏，而是超越時空。若只用在時空範圍裏時，當然不能解釋這些。這物自身跟本質、上帝是在同一層次上。

瞿慎思：那我們不把物自身講的跟上帝有關係，就是講一個我們遲遲無法跨越的境界？

吳汝鈞：我們通常對物自身的了解是，不是我們的感官能夠認知、

察覺。在康德（Immanuel Kant）的哲學裏，是無意味的。只能夠依據邏輯的發展去推敲，在現象的背後有物自身支持，而物自身是不能顯現、接觸，只能推想。而且是消極的推想。但在東方儒家、道家、佛教的哲學裏，認為物自身通過修行就可以把握甚至創作出來。

瞿慎思：所以……物自身還是一種有？

吳汝鈞：在康德的哲學裏，物自身不能說是一種有，而是在我們的思想、邏輯的一種推想。在感官面前不能出現，只能出現在我們的知性，不能出現在感性。我們要有這種感性、知覺去收納存在世界的資訊。邏輯不算是科學，勉強只能說是形式科學。數學也是。如果要建立一套有關存在世界的知識，你就需要由感官取得存在世界一些資訊才行。所以就把資訊稱為「雜多」。經驗科學或自然科學和心理科學，都是要靠感覺與料（sense-data）為基礎，才有知識可以說。若沒有這些資料，我們還是一無所知。光是數學與邏輯是無法成就經驗科學的，康德講的非常清楚，我們也接受，沒有人反對。

瞿慎思：那如果說我們對現象的知識是相對性的話，那超越相對性的就是知識以外？

吳汝鈞：可以有超越相對性的那種絕對性的知識。有！！但認知的機能必須要超越時空，去建立時空以外的知識。物自身這種東西就是超越時空的，一般人沒有接觸它的機能，沒有辦法了解現象以外的本體知識。所以我們對本體的了解跟對一般事物的了解是不同層次。一種是本體的知識，另一為現象的知識。勞思光講康德哲學，

提出一個基源問題研究法，其實這也不是一個特別的研究法，凡是研究某一些特定問題都是從這著手。基源問題研究法是對的，但不用特別拿出來討論，世界上任何事物都需要注意它的基源問題。他指出康德哲學的基源的問題是對本體的知識是不是可能的，本體是物自身，我們能不能了解物自身，研究結果是不能的。不能了解，無法建立物自身的知識。故物自身沒有正面的內容，只是一種限制概念。物自身不是一種表達某種性格的概念，而是一種限制概念，限制我們的知識只能在現象範圍內，超出這範圍，我們的認知就失效、受限。物自身只有消極的意味，沒有積極的意味。有很多東西方學者，講起本體都不是像康德這樣講。在康德以前，德國神秘主義提出，上帝是物自身，祂和人的本質是愛、是無。這樣的意見，教會是反對的。若人的本質是愛、是無，上帝的本質也是愛、也是無，那人與上帝沒有分別，教會就沒有設立的必要了。教會不能容納那種說法，便將他們視為異己份子，是劉曉波，是異教徒。倘若上帝的本質是無，是物自身，我們可以與之溝通，不一定要通過耶穌，那耶穌就沒有重要性，道成肉身也不需要，三位一體也垮了。然後德國觀念論發展經過費希特（Johann Fichte），最後到現象學的胡塞爾（Edmund Husserl），他說有一些人認為物自身不能被認識，這種看法肯定是一種錯誤。他不直接點名批評康德，是中國觀念上「為賢者諱」，是一種尊敬的美德。

阿部所提出的「非二元的統一」體現了他對人類與世界的深刻關懷。這是一種建立在「空」或「無立場之立場」上的統一，認為這樣既完全接受，也保全了各個宗教的獨特性。在這樣的模式中，所有宗教的終極實在被認為是「無相、無色、無名、無限、非人格

的『開放』或『空』，它代表法身」。並強調：「空」是無立場之立場，因此它使其他立場在動態的和諧中成為可能。同時空亦非靜止狀態，而是空掉每一事物包括自己的動態活動。因此可以被看作是既通過人格神、又通過各種歷史上的宗教人物動態地展現自己的最終基礎。

我們回到阿部正雄身上，所以老師剛說的非二元的統一確實在實質上有一定的難度，但阿部正雄認為所有宗教的終極狀態，應該是無相、無色、無名、無限、非人格的開放或者是空，代表的是法身。並且他強調所謂的空是沒有立場的立場，這樣的一種狀態同時又是一種非靜止的，比較動態的部分，可以看作通過人格神，而且通過各種歷史上的宗教人物，動態的展現自己的最終基礎。而「主」這個概念可以指耶穌、悉達多、摩西甚至是穆罕默德，這樣的狀態指涉一個無限的開放性。透過這樣無限的開放性才可以去講，這個神不僅是道成肉身，也可以是任何形式的部分。

最後是我自己讀完阿部正雄的觀點後的思考，我覺得他說要讓佛教與基督教作一個對話，以禪的無、般若思想的空為主，試圖去解釋基督教，阿部正雄已經認定佛教為至善的終極的宗教，而去引導基督教。他已認定佛教為終極的性格，而對話只不過是想牽引基督教而已。這是我的第一個想法。再者，透過絕對無的概念我覺得過於形而上，我自己的想法比較實際，這樣子比較空泛的說法會不會缺乏實際運行的力量，也可能造成思考上的危機呢？就是一旦過於抽象，導致在宗教上沒有辦法說服別人，且缺乏宗教所具的實際力量。這是我自己看完阿部正雄的兩種想法。雖然阿部自己也有回應：認為佛教在倫理上面也有不足，應該要向西方宗教學習。透過與基督教思想家的對話，我開始意識到有必要超越對空的傳統詮

釋，更明確澄清空的積極和救贖的意義。換句話說，他自己也有去思考，並不是只有佛教的概念，才是終極的真理。而是不管任何的宗教都有他不足之處，所以他自己也應該反思。這是我對阿部正雄初步的了解，特別是他對宗教的一些看法。

吳汝鈞：阿部提出所謂上帝的淘空這點，再有就是他要把這個佛教重要的空觀點注入西方的神學、宗教學的傳統裏。他這樣做是不會成功的。但也不能說沒有價值，他的勇氣很大。《淘空的神》一書表示各種宗教的對話，將佛教的空的意味注入基督教的教義裏。另外還有一些書也是講類似的主題。西方很多神學家、哲學家、宗教學家都有回應，包含著名的漢斯昆（Hans Küng）。他們基本上表示欣賞阿部的用心良苦，重組宗教的教義。但這樣的理論，想解構西方神學的實體主義的宗教型態，不見得很受西方世界的歡迎。我想阿部已經盡力了，只能做到這個程度。不能在他所提出的觀念，再提出一些新元素來整合東西方的宗教。不會成功的理由有二：第一就是空，在佛教來講表示一切事物都是因緣生起，沒有常住不變的自性、實體，這是真理。這與西方的實體主義是相對反的，基督教、猶太教甚至是伊斯蘭教也好，對真理的瞭解就是有實體才是真理。沒有實體來談真理，那就是外道。當年耶穌在羅馬時代常講道，跟當時的人表示天國的上帝是人的創造者，對人的態度就是愛，我們都要皈依祂，不要被羅馬政府所影響。羅馬政府認為他是反動派，要推翻羅馬帝國，便把他釘上十字架。他所講的那套終極真理就是上帝。基督教講上帝是耶和華，伊斯蘭教講上帝是安拉。再加上猶太教，這幾個大宗教的哲學背景是實體主義。他們認為只有實體主義才能講終極真理。西方的大宗教與佛教都有一種對立

性。所以阿部提出這種新的宗教看法很難有效果，當然也不能否定他對宗教對話的努力，他是有很大貢獻的。

　　另一點就是他講這個空就是佛教，如果我們對這個觀念進行一種文獻學與哲學的雙軌研究，我們就說在文獻上，空就是一種沒有實體的狀態，萬物就是因緣而起，沒有獨立不變的實體，這就是空。空只是一種狀態，沒有實體的狀態。不要執著萬事萬物的實體，以為它是常住不變的。只是一種狀態而已。狀態是沒有力量的。一種終極真理如果沒有力量，只是一種狀態，它就沒有辦法交代萬物怎麼樣產生出來，萬物如何運行，萬物與真理有什麼關係，將這些問題擺出來就無法面對。再進一步就是說萬物主要是講眾生。這些眾生基本上存在於一種無明的狀態中，裏面有種種苦痛煩惱，有種種顛倒虛妄的見解，這種顛倒虛妄的見解會引致種種顛倒虛妄的行為，讓他生活在一個苦痛煩惱的環境裏面。所以我們對這些眾生要進行道德上的教化跟宗教上的轉化，這即是要「普渡眾生」。那普渡眾生是一種很大工程的宗教活動，你要有大力量才能有成功的希望。〈四弘誓願〉說：「眾生無邊誓願度；煩惱無盡誓願斷；法門無量誓願學；佛道無上誓願成。」若沒有強大的力量，如何普渡眾生呢？空只是一種真理的狀態，沒有力量。一邊講空的真理，但眾生還是生活在苦痛煩惱中。故空作為一種宗教的核心觀念，缺乏一種力量。所以我才提純粹力動這個觀念去取代這個空觀念作為終極真理。

　　所以阿部正雄的理論對於宗教的理解，老師提及這套理論有它的缺陷在，但他在整個宗教界的影響力還是很大的，因為光是我自己在查資料我就有注意到這件事情，阿部正雄的資料都是外文居

多，特別是英文、荷蘭文這方面的資料繁多。反而是日文，甚至《維基百科》只有短短四行就結束了他的一生。我就覺得在日本人來講就是不太重視，但世界各國的宗教人士反而對阿部正雄的宗教觀還是給予一定的地位和認同，我覺得這是阿部正雄厲害之處。

吳汝鈞：實際上也是這樣，在國際上很多人知道阿部的思想，也與他進行宗教活動。不管是不是認為他會成功，不完全同意但也不全完反對阿部的思想，而予以肯定。他的出發點很好，他也是希望通過理性來進行這種宗教的對話，這是國際上的印象，在日本國內沒有受到重視。一方面他比較多用英文發表，一般日本人不看英文，所以很少看他的文章，只有《非佛非魔》這主要著作是用日文寫的。另一本書是《從根源出發》，根源當然指終極真理。還有一本《虛偽與虛無》。這兩本書也是用日文寫的。他生前很少整理自己的著作，多忙於教學與指導年輕學子坐禪。

許家瑞：老師他的英文著作大概有五到六種，還有一本是與艾夫斯（Christopher Ives）一起翻譯西田幾多郎的名著《善之研究》。

吳汝鈞：還有一本比較著名的談道元的佛性論，是用英文寫的。另外還有一些講禪與西方思想的關係。至於那很有名的《禪與西方思想》，一些比較重要的著作都收入在裏面。他還有很多其他的英文的演講稿，一些在 Ｆ·Ａ·Ｓ 協會上的發言、語錄都沒有即時整理好，現在還是有一些人在整理。把以前一些發表過的論文，還有他參加研討會宣讀的論文繼續收集起來，希望未來能有一本書出版。

　　然而在這樣乍看平衡的「世界宗教」思維中，我以為其中仍有佛教（禪）凌駕於所有宗教之上的傾向，彷彿所有的終極實在均已

透過禪所提及的「空」與「無」概念統攝、包攬，這會容易造成佛教壟斷宗教的傾向。過於傾向形而上方面反而缺乏實際的力量，也容易成為思維上的危機而無法突破。不過，阿部並沒有忽視佛教向其他宗教學習的必要性。他多次提過佛教在倫理方面的不足，應當向西方宗教學習。他說：「通過與基督教思想家的對話，我開始意識到有必要超越對於空的傳統詮釋，更明確的澄清空的積極和救贖意義。」不過，基督教和廣義的西方哲學究竟在哪些方面，值得佛教學習，還有待進一步探討。

第五章
阿部正雄對於禪的繼承與回應

在二十世紀下半葉歐美的耶佛對話領域，阿部正雄（1915-2006）是最活躍也最重要的學者之一。他對佛教特別是禪宗思想的闡述，以及對佛教與基督教的比較研究，在耶佛對話，已廣為人知。他從京都學派的中心觀念「絕對無」中提煉出的「禪」的奧義。吳汝鈞認為：

> 阿部的哲學基礎並不弱，他對佛學、德國觀念論以至德國神秘主義也有一定的認識。他很關心宗教問題，特別是在宗教對話方面，很有熱誠，和一定的貢獻。在這一點上，被視為京都學派的任一成員都比不上他。他對佛學特別是禪的辯證思維，有相當深厚的造詣。哲學固然重要，但它要有宗教來扶持，其理想才能現成。[1]

從這段文字中可知，阿部正雄與禪的關聯尤其深厚，由於禪宗講究

---

[1]　參見吳汝鈞：〈宗教哲學與宗教對話：悼念阿部正雄先生〉，《中國文哲研究通訊》，第 17 卷，第 2 期（2007 年 6 月），頁 180-181。

的是「頓」[2]之工夫，其核心思想為：「教外別傳，不立文字；直
指人心，見性成佛」。[3]意指透過自身修證，從日常生活中參究真
理，直到最後悟道，也就是真正認識自己的本來面目。[4]但「悟
道」並非事畢，而是才剛剛踏入佛道的「無門之門」，真正懂得
「空性」（禪的無，般若思想的空）的真實義，由此「悟後起
修」，[5]一直到淨除二障：煩惱障與所知障後，成就佛果。

　　由於沒有一種可藉理智的方式表述的禪宗學說或神學體系，同
時在一些表述中也往往有自相矛盾、悖謬的說法，阿部正雄認為這
是禪宗的特別之處：它離一切語言文字相、心緣相、分別相。

吳汝鈞：你這邊第三行，離一切語言文字相、心緣相、分別相，這
裏的「心緣相」怎麼去了解呢？

朱韺儂：我的理解是指佛法中的因緣、因果。

吳汝鈞：怎麼會這樣理解呢？

2　　道生的頓悟是積累無限的「漸修頓悟」，即「約究竟佛位的圓滿頓
　　　悟說」；禪宗的見地恰恰相反，其所指的頓悟，不是漸悟，而是
　　　「約眾生初學的直悟本來」而說的「直下頓悟」。

3　　《興禪護國論》卷中云：「所謂佛法者，無法可說，是名佛法。今
　　　謂禪者，即其相也。……若人言佛、禪有文字言語者，實是謗佛謗
　　　法謗僧，是故祖師不立文字，直指人心，見性成佛。」

4　　《宗鏡錄》（卷三）：「達摩大師云：明佛心宗，了無差誤，名之
　　　曰祖。」《中峰錄》五下說：「禪何物？乃吾心之名也。心何物？
　　　即我禪之體也。惟禪與心，異名同體。」

5　　《楞嚴經》：「理則頓悟，乘悟併銷；事非頓除，因次第盡。」無
　　　始以來的習氣，不會因開悟而完全消失，要慢慢地去掉。悟前的修
　　　叫「前方便」，悟後的修叫「正行」。

朱翠儂：可能是因為感覺心是內在，去外緣他物。

吳汝鈞：這裏的關鍵字是：「緣」這個字。佛教裏面，「緣」有好幾個意思。「緣」就是「條件」。我們說「緣起」，就是條件的積集而生起。這個緣有「條件」意味。另外的就是「認識」，去認識外物。再來的一個意思就是「攀緣」，通常會因為一個對象，所以想去攀緣，然後去執著它，以為有很寶貴的東西在裏面，以為有實體、有自性。心緣相就是一種心對外物的攀緣，希望能夠占有它、擁有它。像女生喜歡買化妝品，在百貨公司賣化妝品的地方，很多女生都喜歡待在那邊，左看右看，心動，想要買它，這可以說是就是一種緣，心裏面有一個攀緣心，對那個化妝品，希望擁有它，讓自己變得美麗一點，對它心動。這也不是一種貪念，而是一種追逐，認為有價值的東西、有用的東西，對它有一種追求，然後想辦法拿到錢，把它買下來。

朱翠儂：所以這可以說是一種起心動念嗎？

吳汝鈞：對啊，這也不是一件壞事，人受外物形狀所吸引，吸引就有行動，想用什麼辦法去得到它，如果是定價多少錢，可以買來就拿錢去買，甚至不透過正途去取得那種東西，也可以包括在裏面。就是要得到這種東西的一種強烈的心意，不管合法不合法都想得到，要把東西拿到手才滿足。這也是一種煩惱。你心裏欲望的是什麼，就會有那個心願。

　　語言文字只是作為所顯義理的媒介，真正的義理是不可以語言文字來表達的，故佛祖提倡「依義不依語」，破除對語言文字上的執著，所謂「不立文字」。阿部正雄以為若要修習禪，必須有智性

的理解（intellectual understanding）與實踐，雙管齊下。欲認識阿部正雄的禪觀，可以從「山水公案」說起：

> 吉州青原惟信禪師，上堂：「老僧三十年前未參禪時，見山是山，見水是水。及至後來，親見知識，有個入處。見山不是山，見水不是水。而今得個休歇處，依前見山只是山，見水只是水。大眾，這三般見解，是同是別？有人緇素得出，許汝親見老僧。」（《五燈會元》卷十七・青原惟信禪師）

阿部正雄對於青原惟信述說其修行經驗的歷程：「見山是山，見水是水」、「見山不是山，見水不是水」，到最後覺悟時，「見山還是山，見水還是水」，他將這三個階段理解為未悟、初悟和徹悟三種見解，分別是習禪之前的見解、習禪若干年有所契會的見解、開悟時的見解。阿部認為，在第一階段，山水判然區分，既有山、水之間的區別性，又有山、水的各自的肯定性；在第二階段，既沒有了區別性，也沒有了肯定性，只有否定性；在第三階段，又重新的有了區別性和肯定性。吳汝鈞作出了更明確地整合：「我們可以這樣看，第一階段是常識層面，有執著在裏頭；第二階段去除執著，一切皆空；第三階段則是悟後所見的世界，一切如如。」[6]於是有

6　《楞伽經》所說五法之一。法性之理體，一切法皆是自性所現所變，所以一切法就是自性，我這個身體是自性，你的身體也是自性，他的身體還是自性，樹木花草的性體、山河大地的性體、虛空法界的性體全是自性，所以如如。性如其相，相如其性，性相合起來稱如如，……大乘佛法裏面講宇宙的源起，依正同時，沒有先後，正報是我自己，依報是我生活的環境，我生活的環境跟我自己

了以下的討論。⁷（按這是指下面第一節的討論）

吳汝鈞：這部《楞伽經》，是達摩祖師那時候持守的，然後五祖弘忍用《金剛經》，所以說禪宗是教外別傳，不立文字，不見得是一個事實。因為從達摩開始就有經典文獻，作為他們的根底。《楞伽經》是從達摩祖師開始所注重的一部文獻，到了五祖、六祖便重視《金剛經》，還有《壇經》。話說當年，五祖跟惠能講《金剛經》，講到「應無所住而生其心」，惠能便覺悟了。這本書《楞伽經》中的 *Laṅka*，這個字就是斯里蘭卡，是古代的斯里蘭卡一名從梵文裏面延伸出來。禪宗發展到後期，文獻最多。那些公案文獻，都很麻煩。你說終極真理，不是可以用文字描述、展示，那你要講清楚這個道理，也要用文字。你說終極真理不能夠用文字言傳出來，為什麼是這樣？要交代。你要講這個道理又要用文字，就是文字上又有文字。說不立文字，看起來跟文字關係切割，但在文獻這方面來說，禪宗留下的文字，卻是最多的。

朱掁儂：是不是正是因為如此，京都學派反而把注意力就放在這些公案上面呢？

吳汝鈞：不是，他們不是看哪個宗派文獻最多。

朱掁儂：不是因為歧義性的關係嗎？

吳汝鈞：不是，他們著重的是禪宗講的這個「無」。因為這個無有

是一體，無一不如。所以，萬法皆如，萬法如如，就是這個意思。

7　吳汝鈞：《絕對無的哲學：京都學派哲學導論》（臺北：臺灣商務印書館，1998 年），頁 242。

一定的重要性，譬如，《壇經》說：「無一物」。「無一物」有存有論、工夫論意味，把外界種種的對象性、物體或是對象，都否定掉。「無念為宗，無相為體，無住為本」，這完全是實踐、修行的方法。如果你去翻《壇經》，你就看到這樣的文字常常出現。就是神秀跟惠能，各自做了偈頌來表達自己修行的境界。神秀的偈頌是「身是菩提樹，心如明鏡台。時時勤拂拭，莫使惹塵埃。」，惠能是：「菩提本無樹，明鏡亦非台。本來無一物，何處惹塵埃？」他就強調這個無。這個無就是禪宗的無，惠能開出的禪法，最重要的觀念就是「無」。京都學派是在這方面來考量，然後把「無」加以「哲學化」或者是「理論化」，受了西方一些觀點的影響，把「無」提煉成所謂「絕對無」。「絕對無」是用來開拓禪裏面的這個「無」的一種表現。為什麼要講「絕對無」，不講「絕對善」，不講「永生」，或是「絕對勇氣」這些呢？無，是表達終極真理，最理想、最莊嚴的界定。但就像我剛剛說的，這也有問題，只要下落到文字上，問題總會來，所以最後還是不通過文字，通過日常活動，或動作，把這終極的消息表達出來。像那個趙州，把鞋子脫下擺在頭上，就是避免用語言文字表達真理，去展現終極真理。

一、主體與客體：「我」的「分別」

在第一階段中，惟信把山與水加以區別，「山不是水，而是山；水不是山，而是水」，將兩者判然相分。從而肯定了「山是山」而「水是水」。於是，我們在此既有區別性，又有肯定性。山跟水被視為兩個不同的「存有」來加以分別，而肯認他們。

同時，將山跟水客觀化的觀點，必須要有一主觀的我來完成。

「山」與「水」的差異，是從外部主觀的我來決定，而不是從山水本身被把握的。「我」去認知客觀的外在事物，形成二元對峙的關係，並凸顯了「主觀自我」的存在。在把山、水及一切構成我們世界的其他事物區別開來時，我們也就把我們自己與其他事物區別開來了。簡言之，在本來密不可分的山、水和其他客觀現象之間，以及自我和他物之間，產生了分別。此中，我是這一分別的基礎，「我」把自己置於萬物的中心地位，這個「自我」（ego-self）就是「分別」的基礎，它也會跟其他的自我產生對抗關係。

吳汝鈞：ego-self 為什麼會這樣用呢？

朱斍儂：因為這是用在本我、自我、超我上，人有主觀意識，就因為有這個主觀意識，才會有區別性。

吳汝鈞：按這本我、超我是精神分析的字眼，不宜在這裏提出來。我這個字，這個問題，有兩個層次，一個是悟前的自我，一個是悟後的自我。這兩個自我，不是同義，他們的性格不完全一樣，悟前的自我，就是經驗性自我、心理學的自我。悟後的自我，就是一種超越的自我，是一個真我。悟前是有執著的我，悟後是無執著的我，就是這兩個層次。你進行一種宗教的實證，從經驗的、平常的境界上提到超越的、沒有執著的境界。這就是兩層自我。然後再下來，不要待在上面，就與悟前的自我不一樣，這是悟前自我跟悟後自我的總合。所以佛教裏面有「世間」，然後有這個「出世間」，再有一個「世出世間」，世間是「見山是山、見水是水」，是經驗性的。「出世間」是超越的，「見山不是山、見水不是水」。然後再有一個綜合了這兩層的自我，可是他不是另外一個自我，還是第

一階段的自我，不過因為它做了工夫，做過實踐而且做了十年八年，所以他的自我的境界就不一樣，他跟「見山不是山、見水不是水」不一樣。如果把這兩者綜合起來，最後回到經驗世界，那你的境界就是「世出世間」，兩者你都把握了。那你的宗教修行，可以說是達到一個可以開啟進行普渡眾生的那條路。可以走進眾生中，有這個性格，又可以超越，又回到經驗，你就成功了，就可以進行宗教的活動了。

對於如何認知「我」的這個問題，必然會經過問答的歷程：「是誰在問？我是誰？」（我）也許會答：「是我在問，我是某某。」但在這個回答中，出現了兩個「我」：一個發問的「我」和一個被問的「我」。那麼，這兩個「我」究竟是同一的，還是有區別的呢？這個「我」在此就被區隔成兩部分：發問的「我」是問的主體，而被問的「我」則是被對象化、客體化，而不是真我。

可是，我們怎樣才能把握這個「我」呢？我們怎樣才能認識我們的真（我）呢？如果又開始提問，又會陷入新的客體，「是誰在問：我是誰？」這句話是說，曾為前一問題的主體的「我」，將會不斷地被客體化。這意味著，作為真正主體性、作為真「我」的「我」，會一直逃逸出我們的把握。因而，我們永遠與真「我」疏離，永遠飽嘗焦慮的折磨，永遠不可能達到安寧（unattainable）。

自我疏離和焦慮並非「我」的偶然附加物，而是內在於其機制中，這就是人類的困境，這一從根本上割裂主體與客體的「我」，永遠懸虜在萬丈深淵中，找不到立足之處。當然也有人否認這種基本焦慮的存在。縱然如此，他們卻擺脫不了這種焦慮。雖然人們普遍逃避或抑制這種焦慮，但若作一嚴格的自我省察，我們不得不承

認，這是徒勞無益的。

從此點回應到西方哲學中，康德以「理性」[8]作為道德實踐的基礎，以實踐理性作為道德的根據，又以「自由」為實踐理性的形上根據，但康德所指的理性和佛教的「理」是不同的，阿部正雄對其差異有這樣的說法：

> 佛教的「理」指事物不變的「性」；即一切東西如其所如的真如之意。倘若以一切皆是法，則這是法的本性，即法性。……「理性」一語，在佛教中亦表示法性或真如之意，與西方的 nous[9]，ratio[10]，Vernunft[11]，human reason 等意義不同。對應於西方思想史的 ratio，Vernunft，human reason 的東西，在佛教則為「識」、「思量」、「分別」。就究極言，他們都是迷妄，是空性，不能覺悟到真實，[12]它們常消極地、否定地被理解成「為了獲得真正智慧而必須被轉化或

8　勞思光的《康德知識論要義》尤堪注意，在其中，勞先生以他提出的基源問題研究法，確定康德知識論的基源問題為「對本體的知識是否可能？」，他斷定人類的知識只及於現象，不能及於物自身或本體，因而康德需由純粹理性過渡到實踐理性，依於此，勞先生定位康德的哲學路向為「窮智見德」。這實是一睿見。限制我們的認知在現象範圍裏面有效，一脫出範圍的「物自身」，我們的認知能力就失效，故「物自身」是一界限的概念。

9　nous，法文，智性。理智、理智直覺。

10　ratio，inner reason，拉丁語，內在理性。

11　德文，reason，理智。

12　空性的概念不是虛無主義的，它有著正面與肯定的意涵。在空性中，真正的真實顯露了它自己。

被捨離」的東西。[13]

就阿部正雄的說法來看，西方的「理性」，對佛教而言，是「識」、「思量」的分別作用，是「明心見性」的障礙，佛教的「理」是事物之本性，是空的本性，是可以被直覺的。如果要脫去對「識」、「思量」、「分別」的執著，則必須要有一飛躍的過程，才能到達「見山不是山，見水不是水」的階段。

吳汝鈞：阿部的這篇文章，我有看過，但是看完了之後，覺得它裏面講的問題都沒有錯，但是要了解終極真理，了解山水的真相是怎麼樣，是不是要像阿部這樣複雜來了解呢？他提出的東西太多，但它本來的字就是山水。「山是山，水是水」，「山不是山，水不是水」、「山還是山，水還是水」，只有兩個字，就是山與水，是與不是，那只是繫詞。禪是不是要用複雜的程序去了解呢？這些只是以前所看到的事物，也可以用花草樹木啊！「花是花，草是草」，「花不是花，草不是草」、「花還是花，草還是草」，而不是山水有何特殊的意思。所以當時我就有一種疑惑，他是否需要用這麼多篇幅來解釋，用理性的方式來解釋，如果這樣的話，就是曲曲折折的，經過多方面的思維才能達到這個境界，我是這樣想的。

　　我想說另外一種了解，簡明很多，就是關於禪整個實踐的歷程，講出來，很直截的方式。譬如說，第一個階段：「山是山，水是水」，這是常識的了解，山是山，水是水，就是以一種肯定的、

13　阿部正雄著，吳汝鈞譯：〈禪與西方思想〉，載於吳汝鈞：《佛學研究方法論》（臺北：臺灣學生書局，1983 年），頁 407。

進一步執著的心，去認識山水，就是屬於現象的層次。日常生活上的事物，所謂的平常心，一般的那種心態，一種攀緣的心願，就是上面的心緣相。除了認知之外，還是當做對象看，有一種執著的意味在裏面，還不明白山是無自性，水也是無自性。既然是無自性，執著它也沒有用，只是自尋煩惱而已。「山是山，水是水」是常識的了解，一出門看到很多東西，汽車、行人、交通燈號、很多店鋪，就是這些東西。山水也好，汽車也好，店鋪也好，就是這些東西，但就會有一種執著在裏面，以為這些東西都有自性。然後在下一步，就開啟了一些疑問，這些山，這些水，尤其是水是流動的，從上面流下來，是有所變化的、活動的，它不可能是有自性的，有自性是不變化的，是常住的，所以這段是就負面、否定的心理來說這種思路。山水的本質是空，這個「空」字出來了，就是空掉對於山水的執著，了解到這些東西都是沒有自性，是生滅法。然後第三階段，再度回歸到第一階段，這裏面就有辯證意味，就是黑格爾的辯證法，正反合。「山是山，水是水」是正；「山不是山，水不是水」這是把山水的自性給否定，是反；最後，「山還是山，水還是水」，這是回到原來的地方，這是合。這裏面又可就矢向說。我們說「見山是山，見水是水」，他們的矢向就是常識的矢向，從表面上肯定事物的矢向，但我們不會停留在這個層次。人會繼續努力，再上一層樓，了解到這個山這個水是緣起法，是生滅法，是會變動的，沒有自性的。所以，沒有自性相對於第一有自性的階段。可以說第一階段是經驗性，第二階段是超越性。我們已從常識性的經驗的層次，提升到超越的層次，這是淨土所講的往相。從經驗提升到超越這一種矢向，你也不會待在超越的層次，因為那個層次是不現實的，跟眾生有所隔，從有自性覺悟到無自性，這種無自性的狀態

就是一人在欣賞，不顧眾生的煩惱，一個人待在上面，要再下來才能講普渡眾生。在上面只是美學的經驗，沒有自性，沒有執著。可是高處不勝寒：「明月幾時有，把酒問青天。不知天上宮闕，今夕是何年。我欲乘風歸去，又恐瓊樓玉宇，高處不勝寒。」這裏的高處，不是世俗的境界，不是宗教，而是莊子所處的境界，這不是宗教的境界，這些是超越的、美學的境界，這裏是沒有你我的分別，這種美學的境界就是人跟我都是一體的，沒有分別。

　　王國維的《人間詞話》講到有我、無我的境界，有我是沒有這麼高的境界，到無我的境界才高。無我就是「採菊東籬下，悠然見南山」。你如果進入藝術的修行，已經很好了，不用下來，這是美學的境界。但宗教不一樣，最終就是要普渡眾生，一定要下來。先有往相，然後再有還相，歸還的還，兩相俱足，你這宗教境界才完滿，沒有高處不勝寒的問題與缺憾。高處不勝寒，很美，高，所以就淒美，也是很淒涼的。一個人孤孤單單在上面，像是白髮魔女，卓一航在一個山頭，白髮魔女在另外一個山頭，兩個人都沒有交集，你在這邊，我在那邊，這就是高處不勝寒，夫妻都做不成，沒有百年好合，這什麼都做不成的，這是一種缺憾。梁羽生是個天才，他寫到這裏，有一種遺憾的感覺，兩個人本來是相愛的，結果不知道發生什麼事情，兩個人卻你在這個山頭，我在那個山頭，這就是高處不勝寒。金庸有一本小說，有個劍客把劍法練到爐火純青，叫做獨孤求敗。他覺得很孤獨，沒有對手，希望有個人能夠打敗他，所以叫獨孤求敗，這就是高處不勝寒，很寂寞。

　　所以完整的宗教的修行是：一個是往相，一個是還相。沒有還相只有往相，是藝術的境界，不是宗教的。宗教一定要有還相，尤其是大乘佛法，一定要下來，眾生不會上去跟你求教的。這就是山

還是山，水還是水。要還返到經驗的世界，心裏面有一個宗教責任跟抱負，跟第一階段的心情是完全不一樣的。

所以我覺得阿部在這裏太過學理化，不是生活化，是義理化、學理化、概念化。不需要解讀得這麼複雜，這是現成的，不難做，擺在前面很清楚。就是把個人心裏面種種的煩惱執著，來一次大清洗，對於自性的執著徹底的否定，把它埋葬，不再執著。所以你要上去，上到超越的境界，沒有對自性的執著，但那個地方是高處不勝寒的，不完美，是美學的美，不是宗教的神聖。所以宗教最後發展到圓教，尤其是天台的圓教，宗教的開拓才完成，因為它是完滿的，它是高，但沒有脫離現實世界。人可以到最高的境界，但不宜老是在上面，還是要下來跟眾生分享他覺悟的經驗，展現他們的明覺，了解到、自覺到個人的佛性，把它開拓、展示出來，這才是完滿。這就是宗教的精神，所以淨土講往相跟還相。我以前有參加阿部他們的禪坐，最初就是要大家不斷在房間裏面走動，口裏面不斷唸四弘誓願，他們是用日文唸，我則唸漢譯《心經》。

你有沒有注意基督教呢？它義理上很簡單，實踐上更簡單，上帝創造世界，最初沒有光明，都是黑暗一片，上帝說 Let there be light，光明就來了。但沒有人也沒有動物，太寂寞了，祂就在地上挖了一堆泥土，捏來捏去就捏出亞當，Adam。看到亞當整天哭哭啼啼的很寂寞，便從他的肋骨拔出一根，吹一口氣，就變成了夏娃，Eva，他們相配就產生了子子孫孫。再做其他的動物，很簡單。到最後，耶穌說：「天國近了，你們都要悔改。」只要悔改就行，悔改就有希望。可是現在西方的神學越來越複雜，分許多派別，辯證神學、否定神學、歷程神學等等。現在西方神學界的人都有自己的說法，對《聖經》的詮釋都不一樣，所以產生了詮釋學。

本來的問題是怎樣去詮釋《聖經》，針對《聖經》的了解而提出來的，但是現在凡講到詮釋，都有一些文典文本，都可以做詮釋。然後再進一步，這詮釋學也變成一種哲學，叫做「哲學詮釋學」。後來還跟本體拉上關係，發展出所謂本體詮釋學。中國的學者成中英，就在說這一套，但詮釋學需要講得這麼深奧嗎？有一段時間，我也注意這個問題，拿成中英在《社會科學戰線》中說本體詮釋學的文字來看，看來看去看不懂，為什麼要叫本體詮釋學呢？把本體這個字作為他講這一套詮釋學的形容詞。以前我看書看不懂，就怪我自己，以為是自己天資不夠，可是現在越來越覺得不用責怪自己，是不是作者的表達有問題，讓我看不懂，有沒有這樣情況呢？當然有，現在很多人講現象學、詮釋學的，都講得不清楚，什麼是現象學、意向性？都講得不清楚。後來我就想，做這種學問應該有步驟，首先應該要把話講清楚，這是第一步，怎麼去表達觀念、思想？第二步才看你所說的是否吻合原來作者的意思。要把你的了解先清楚表達出來，這是最基礎的，第二步才是別人講的話，是不是真正理解現象學、詮釋學呢？是不是他講的那套，還是另外真正的一套呢？而且我覺得臺灣學者愛講現象學與後現代，每次都看不懂，我們生活在現代，後現代是誰說的呢？一大堆人都喜歡講後現代，多數都愛講，書名都取得很 fascinating，看了幾頁才知上當。

曾稚棉：為什麼老師的書《純粹力動現象學》在書名上配上德文？

吳汝鈞：因為我引用的東西是從德文來的。來自原典的一些著作，所以我要附上原來的文字，不能只用中文表達。因為我在寫外文，語言表達方面還有修改的空間，要專門請人把我的文章改好。我的博士論文是用英文寫的，要出版，得找人修改。因為我們的母語不

是英文，表達觀念難免會有問題，中國人寫英文，要符合它的地道性，就要請母語是英文的人來修改。這種修改已是一種職業，在文字上替人做工夫已經是一種職業，要繳個五千塊美元，是臺幣十五萬塊。要請人來改，改完才勉強可以出版。要不然別人一眼就看出來了。夏威夷大學要出版我的博士論文，但文字上還是有問題，查普爾（D. Chappell）教授便替我籌得五千美元，專門請人修改文字。

我在這裏不想批評阿部，這些詮釋，過於概念化，這種意念化、概念化本來就是禪所反對的。它說「見性成佛」，「教外別傳，不立文字」，你應該從這裏看到禪的宗旨，不要加太多主觀的、原創性的觀念來解釋，這是阿部的問題，他太概念化了。其實很多事情都是很簡單的，沒有這麼複雜，但很多人就會模糊焦點，對很簡單、很平常的東西，解得很複雜，尤其是在禪裏面，這種情況是相當多的。譬如公案，講的內容不複雜，要點都抓得到，但有些人就是太小心了，用了沒有直接關聯的字眼，把一段文字理論化、概念化、問題化了，這樣反而不好。所以阿部在這方面有這樣的問題，我覺得沒有需要用這麼多文字，來講這幾句話。有些人會覺得不是講廢話嗎？只要講「見山是山，見水是水」就好了，不用中間刻意要走到對反方面，講「見山不是山，見水不是水」。這在邏輯上是矛盾的。最後回到「見山還是山，見水還是水」，那你講「見山不是山，見水不是水」這兩種見法不是沒有用嘛？有人這樣了解，如果是這樣了解的話，就表示他不能把禪門裏面的體悟經驗搞清楚。其實文字還是非常簡單的，這位惟信大和尚，是很有功力的，在實踐方面用了很多工夫，經驗豐富。這樣簡單的一段話，他不是白癡，而是在這方面修行工夫很深的禪師。阿部卻花了那麼多

字來解讀，不是很奇怪嗎？他是說得太多了。所以我們還是不要把它看成重重複複，最後還是要回到原來的出發點，不要這樣看它。現在很多人講禪，都有這種趨向。念文學的人也講禪，念科學的人也講禪，什麼人都可以把禪的公案隨便發揮一下。我認為，不是這一行，不要越過界，每一種學問都有規矩，如果你是外行，便不要學講內行話。專業不是在這方面，卻由你主觀的觀點出發，來解讀那部分的文本，這是很容易出錯的。阿部在這方面的闡述，我不會講他不對，但我覺得需要講那麼詳細嗎？而且囉囉唆唆的。其實是很簡單，一個往相，然後還相，這樣就完了。上去那個超越的境界，再回來經驗世界，進行普渡眾生，這樣就夠了。

南泉說：「人心無住處，蹤跡不可尋。」[14]臨濟也說：「覓著轉遠，求之轉乖，號之為秘密。」[15]當真我因我們反復詢問自己而逐步後退，在不斷被驅使於這一無窮盡捕捉的過程中，我們同時也被迫認識到：這個可能被捕捉到的東西，無非是一個客體化的、僵死的自我。這種蘊含在「客體化方法」中的無窮後退，表明「分別的我」終將頹然崩解，自我與世界的聯繫便被超然地把握。這就是為甚麼惟信在第二階段說「我悟入禪的真理」。我們認識到世界不存在任何分別、任何客體化作用、任何肯定性和任何主客體二元對立的狀態，萬物皆空。在這種洞察中，洋溢著心靈的平靜和安寧，這便可以說覺悟了。

14　南泉普願，《指月錄》，卷八。

15　《古尊宿語錄》，卷四。

二、動感的空（dynamic śūnyatā）：
「否定的否定」

吳汝鈞：我這邊先從你提及的否定的否定做一些處理。

朱挈儂：好。

吳汝鈞：我們通常說否定，就是 negation，那是從邏輯來講，否定就是否定物體的存在性，否定這個概念是在絕對的層面，所以跟它相對的是肯定。肯定某種東西是存在的，否定某種東西是不存在。在邏輯上，在否定以外再來一個否定，就是雙重的否定，雙重的否定的結果就是肯定。兩個否定對消，肯定就出來了。這種了解是在邏輯的層次上的了解，可是京都學派他們講否定的否定，不是從邏輯來講，而是從弔詭、辯證法這方面來講。不是否定的否定是肯定，而是強調這肯定是絕對的肯定。那否定的否定的結果就是到了絕對的境界，而且是肯定，所以否定的否定就是絕對的肯定，終極真理就在絕對的肯定這種思維下被把握。

這點跟中國佛學特別是天台宗講「煩惱即菩提、生死即涅槃」也有關係，對於「煩惱即菩提、生死即涅槃」，我們不能把這種觀點看成為一種矛盾。你從邏輯角度來看它們是矛盾的，因為煩惱是染污的，菩提是清淨的，生死也是染污的，涅槃是清淨的。染污的怎麼跟清淨的合在一起呢？這裏明顯地有一種相斥的關係，negation 這種關係。但如果你從弔詭上來看，煩惱就是菩提，不是在意義上來說，不是這個意味，不是一種知識論的意味，從知識論、邏輯來看顯然是矛盾的。可在這裏像剛才我講的，否定的否定，就是絕對的肯定，這種思維可以放在「煩惱即菩提、生死即涅

槃」這種思考中。這不是一般的肯定，而是絕對的肯定。

這種絕對的肯定裏面出現一個結論：超越的存有、經驗的存有可以相即。煩惱是經驗的存有，菩提是超越的存有，它們可以相即。西田幾多郎很重視這種思考，這種思考是絕對矛盾的自我同一。這個名相有點怪，矛盾就是矛盾，就是相對的，怎麼來個絕對，絕對的矛盾又怎麼可以自我同一呢？你從邏輯來講，講東講西都講不通。你的思維層次不要留在相對的層次，要上提到絕對的層次，然後來一個絕對的肯定，這個絕對的肯定就指涉終極真理。再進一步，便可以講「煩惱即菩提、生死即涅槃」了。它不是從邏輯、知識論這個層次上來講，而是從實踐的、睿智的層次上來講。該怎麼講呢？你要證成這個菩提，要在煩惱裏面證成，不要離開煩惱去證成，也不要離開生死來證成涅槃。這裏面有一種非常幽微的洞見，你要先抓到這點，京都學派的哲學的種種表示，都是在這種思考模式下講的。就是說「煩惱即菩提、生死即涅槃」不是邏輯上的問題，你從邏輯來講它是錯的，煩惱怎麼會是菩提呢？剛剛相反。重點不是在這方面，而是在那個弔詭，paradox。你通過對否定的否定，要否定的是相對的層面，再來一次否定，那思維就從相對的層次上提到絕對的層次。而且要從實踐的角度來看，我們要證菩提智慧，就在煩惱裏面來證，不要離開煩惱，去證那個菩提，不要以為在染污的煩惱中不能證成清淨的菩提。它就是 dialectical，就是辯證法這種思考的模式。

所以在這裏我們要抓住「煩惱即菩提、生死即涅槃」，不要從邏輯角度來講，要從辯證法來講。當代西方哲學，就有一個對立的狀況，就是說，它們有兩條思路，一條是英美的思路，講分析哲學，另外一條思路是歐陸的，他們不講分析哲學，他們講現象學。

分析哲學是一般從邏輯開始講，所以在分析哲學裏面，你如果講「煩惱即菩提，生死即涅槃」，那肯定是錯的，他們一定會說你犯了邏輯上的錯誤。可人的智慧不限於分析，人除了分析之外，也能夠做那種辯證的思考，就是不同層次的思考。英美的那些經驗主義，就是以分析哲學為依據講的。歐陸那些哲學家講現象學。京都學派吸收了它們那套現象學，以辯證的思維來講終極真理的體現。譬如說從西田哲學來講，如果有兩個人在對話，一個是英美哲學家，另一個是歐陸哲學家，英美的哲學家會說：你這個否定的否定就是肯定，這是根據那個：~p，把 p 否定了，那是一種邏輯的否定，然後再一個否定：~(~p)，如果從邏輯來講，這個否定跟那個否定對消了，結果剩下邏輯的肯定，就是這樣了解。這只是邏輯而已，不是辯證法。這跟東方思維的方式不一樣，這點很重要。所以很多人覺得西田提那個絕對矛盾的自我同一，通通都是不能解的，解不通的。他們就是有這種想法，他們不能善讀西田的哲學，只知道邏輯的真理，不知道辯證法的真理。他們只是從邏輯這種學問來看世間種種事物的變化，他們不會進行那種弔詭的、辯證的洞見 dialectical insight 或思考。他們缺乏這種智慧，insight，英文叫 insight，德文叫 Einsicht，這個字眼在歐陸的現象學裏面很重要。再舉一個例子：《心經》，《般若心經》，林美惠你能不能背出來？

林美惠：沒辦法。

吳汝鈞：觀自在菩薩。行深波若波羅蜜多時。照見五蘊皆空。度一切苦厄。舍利子。色不異空。空不異色。色即是空。空即是色。再唸下去。

大家：受想行識，亦復如是。

吳汝鈞：這本經你說很簡單是很簡單，但不好解，為什麼不好解呢？因為色即是空，空即是色，這句話有問題。從邏輯上來講，色是物質，空是無自性，沒有這個自性，色即是空。空即是色，它是這樣講，它的本文是這樣。我們再進一步想，你說色即是空已經夠了，怎麼又再講一遍空即是色，這不是很無聊嗎？色跟空如果是同一的話，那只說一句就夠，為什麼還要講另外一句多餘的呢？是不是？你再考量到像《心經》這種文獻是拿來背誦的，背誦的文章是越短越好。如果同一個意思，你用十個字把這個意思講出來，跟用二十個字把這個意思講出來，那你挑哪一邊？從背誦的立場來講，你當然是挑十個字那邊。但是「色即是空，空即是色」，這八個字，如果你從邏輯的角度來看，你只是講「色即是空」四個字就夠了，那為什麼多背四個字呢？這些文本跟佛教講的偈語、偈頌，都是有一種背誦的意味在裏面，就是越簡單越好，你提這個「色即是空，空即是色」就不符合這原則。你講四個字就清楚，為什麼要講八個字？所以這後面的「空即是色」，問題就在這裏。我們說「色即是空」是一個意思，然後再講「空即是色」，它不可能是「色即是空」這個意味。在這裏肯定空即是色，他是有個理念、較細微的意思在裏面。那怎麼講呢？我們是這樣看，「色即是空」就是說一切物質的東西，本來都沒有自性，都是緣起的，是空。那是什麼性格的命題呢？是認識論的命題，這是增加我們的知識，這是知識論的講法，這很確定，沒有懷疑的。下面一句「空即是色」，我們不能也用知識論這種的思考方式來看，應該要從哪個角度來看呢？要從實踐的角度。怎麼看出實踐的意味啊？這也很簡單，「空即是

色」，這個空作為終極真理，要在「色」裏面證成，我們不能離開這個「色」，物質世界來體證無自性的空。所以這倆意思就很不一樣，一個是知識論的，一個是實踐的。色即是空，是一種知識，物質的東西就是空的，沒有自性。「空即是色」不是剛剛我講的那樣，而是另外一種思維，是從實踐的角度來講，要體證這個空，這個實踐的活動，要在「色」之中體證，這個實踐的意味就很明顯表達出來。很多佛教的文獻，很多講法基本上就是從實踐的方面來講。所以有人說佛學很難懂，就是因為他缺乏我們剛才講的那兩種分別的意思，一種是理論的，另一種是實踐的。所以康德（I. Kant）講理性也有兩種，一種是理論的理性（theoretische Vernunft），他另外也講實踐的理性（praktische Vernunft）。理論的理性是用來處理邏輯的問題、知識論的問題，實踐的理性是用來處理道德的問題和形而上的問題，譬如說上帝存在、不朽的靈魂、自由意志，這些觀念，屬於形而上的問題，你不能拿理論理性來處理，你要用實踐理性來處理，不然的話會衍生種種背反。康德的《第一批判》不是講背反（Antinomie）的問題嗎？像世界有沒有盡頭啊，在空間上有沒有限制啊，你給一個肯定或一個否定的答案都有矛盾在裏面，都有背反。為什麼會產生這種背反呢？康德說這理性分理論的與實踐的，你沒有分清楚這種區分。知識理性或理論理性，是處理經驗方面的問題。對於形而上學的問題、道德實踐的問題，你不要用理論理性，要用實踐理性。《心經》裏面，「色即是空，空即是色」，「色即是空」可以用理論理性來了解，「空即是色」非要用實踐理性來了解不可，因為這是實踐的，不是理論的，這點是非常不同的。京都學派，西田的書怎麼會這麼難看，關鍵的一點就是因為他的思考形態是歐陸形態，喜歡講弔詭的。

　　我再舉一個例子就很清楚，這個例子在我替你們中央大學開的另外的課程中也講過，便是關於南泉斬貓的公案。南泉問他的徒眾，說出實踐真理的方式，如果提不出來他就把貓砍死。結果東西兩邊的徒眾沒有一個人出來說話，那就表示他們提不出來啊，這個南泉大禪師就履行他的諾言，一刀把這隻貓砍死。這隻貓沒有犯罪啊，你把牠砍死不是很殘忍嗎？佛教不是講慈悲心嗎？為什麼就這樣一刀把這隻貓砍死呢？這是枉死啊！但是這怎麼講，不講這婦人之仁，他講那個大仁，就是不惜作一些犧牲，去成全徒眾對於重要道理的了解。這個事情之後，一天他的大弟子趙州從諗回來了，其中有個和尚把這個事情告訴趙州，趙州也不講話，把腳上的鞋子脫下來戴在頭上，就跑開了。這個小和尚覺得莫名其妙，怎麼這個大師兄做事情這麼不清楚的，糊裏糊塗的，不講出來，這隻鞋要穿在腳上啊，怎麼會戴在頭上呢？帽子才會戴在頭上。他就把這事講給南泉聽，南泉嘆息說，如果當時這個趙州在座，這隻貓就不會枉死了。趙州的那種表現、那種行為釋放出一種體證禪的終極真理的訊息，就是顛倒，把生活的秩序、種種的安排顛倒過來。鞋穿在腳上，也把它顛倒，放在頭上當帽子來戴。這種顛倒有辯證的意味，所以禪是這樣處理這些問題，《心經》是這樣處理這些問題，京都學派也是這樣處理這些問題。這個否定的否定也有顛倒的意味，否定的否定就是肯定，是相對的肯定。可是阿部這裏的意思是說這個肯定不是相對的，已經上提了，到絕對的肯定。這絕對的肯定也不是跟絕對的否定相矛盾，大否定就是大肯定，這又進一步了。所以京都學派也有一種說法，就是大非即大悲，他說大非即大悲，大慈悲要展示在大非裏面。那個大非就是講公案裏面一些明顯的事例，好像是不合理的，是跟我們一般思考不一樣的，跟一般感情不一樣

的，這就是大非的內容，就是大悲。

　　有人比較項羽跟劉邦相爭，打了十幾二十年的仗，結果項羽失敗了，在烏江自刎。項羽在那種情況，我覺得真的是很慘，他根本看不起劉邦，說他是流氓。因為項羽是貴族出身，當年揭竿起義，江東八千子弟都跟隨他起義，把秦朝打垮。可是最先打垮秦朝，先入咸陽的不是項羽，是劉邦，這是當時他們的義帝，楚國的後人，被推舉為楚國的繼承者，就是義帝提了這一點：先入關者為王。結果先入關不是項羽，是劉邦。劉邦知道自己的力量遠遠不及項羽，就讓給項羽，項羽不是完全相信，他的手下也要他謹慎，說這其中一定是有鬼。但項羽就沒看到這點。項羽這個人就是可愛，劉邦這個人就是詭計多端，項羽戰到最後，跑到烏江，看到一個船夫，船夫說可以免費載他過江，東山再起，再跟劉邦決一勝敗。但那個時候項羽已經沒有戰鬥意志了，不接受船夫所提出的好意，他說江東八千子弟渡江而西，而今無一人生還，我有何面目去回見江東父老啊？所以他就自殺，就把這個頭送給船夫。那個時候項羽的人頭非常寶貴，可能值十萬兩黃金，因為劉邦四方八面把項羽包圍，誰拿到他的人頭，就可領十萬兩黃金。所以這件事情表示項羽是分析的頭腦，劉邦才是辯證的頭腦。對啊，這裏的分別很明顯。項羽心裏面一定很難受，因為他最看不起的人，竟然最後把他打垮了，剩下一個人，被逼上自殺的末路。項羽這個人就是心直口快，心裏面有什麼講什麼，劉邦不是這種人，劉邦不是英雄，而是梟雄。項羽是英雄，可是他還不夠格，他英雄起來還是有弱點，就是他太仁慈，有一次劉邦把項羽包圍起來，項羽沒辦法，有些人就向他獻計，當時劉邦父親太公所在的地方還是項羽管制的地方，建議把劉邦的父親抓來，威脅劉邦。在兩兵相對的情況下，項羽那邊準備了一個大

大的鐵鍋，下面有猛火在燒，上面水滾滾的，項羽就跟劉邦講：你們退兵，不然的話我就把你的老爸烹掉。劉邦怎麼講呢？劉邦一點憐惜的心也沒有，就說好啊，項羽是我結拜兄弟，如果把我的老爸烹掉，那項羽應該分我一杯羹。他是這樣講啊，哪有這樣殘忍的人？梟雄。英雄是不能得天下的，梟雄才可以得天下。梟雄的背景是辯證法、弔詭，英雄符合邏輯分析。我們可以做這種了解。

曾稚棉：如果從一個高一點的角度來看的話，劉邦是不是超越了生死？項羽還是處在限制中。劉邦是不是像莊子，超越了生死的對待？那你們烹煮我的爸爸，也要分我一杯羹。如果超越了二元、二分法，他看待的東西會比較長遠。您舉的例子，讓我想到，莊子也有類似的思想，雖然不像佛教的那種有無的辯證，莊子也說了很多生死、超越的話，而且他是精神的超越，這之間是否有連結性呢？

吳汝鈞：你也可以把老子、莊子放在這裏，他們講話常常也有這種弔詭性，他們也能展示出那種洞見，對人生、對宇宙的一種洞見。不過，他們基本上立場不一樣，講法也許有點不同。京都學派算是非實體主義，佛家也是非實體主義，儒家是實體主義。至於老莊，一般人把老子的道講成是客觀的實有，那也是實體主義。又有人說道家講主觀實踐的境界。前一個講法是唐君毅的，後一個講法是牟宗三的，他們對道家有分歧的看法。我覺得他們都講得有道理。在劉邦的情況就是打贏這個天下，坐上皇帝的位置是他最大的目標，就算犧牲他老爸、老婆也可以。呂后也不是簡單的女人，她常常跟劉邦吵架，用小計謀，欺負劉邦。劉邦是梟雄，不是英雄，他沒有一般世間的情感，看來好像是很不在乎，他在乎的是天下，對父親、妻子，就是不在乎。

任何意識都會造就一種隱蔽的分別形式，為了避免分別之心，「否定要再度被否定」。阿部正雄認為否定的否定並非「相對的」否定，而是「絕對的」否定，而絕對的否定正是絕對的肯定。[16]

因此，分別的我被否定而成為無我，無我再被否定，便證成、覺悟到真我。事物以全體的和個別的姿態呈現，自由自在遊息於無的場所中，也不被對象化，互不相妨礙，構成一圓融無礙關係的世界，在絕對無的場所中呈現終極的實在性（ultimate reality）。阿部正雄更進一步說，事物在流動中不單自己決定自己，同時也互相決定，也可以說是世界決定世界。

動感的空是阿部思想中的基本觀念，他尤其強調「動感」的性格，意指空能夠引生出種種作用，也就是佛教所謂的「真空妙有」、「緣起性空」的概念。我們追溯佛教思想，可以見到在般若思想中，「色即是空，空即是色」，空與現象世界有著互動的關係，兩者互相涵攝。阿部用五點去說明其含義：

1.一切事物在空之中都是如其所如地被體證出來。

空的本身就是真理，事物處於空之中，即是處於真理之中，我們體證事物，是體證到其本質，而非現象。事物在真理之中，一方面呈現無自性、空的面貌，另一方面又能保持事物原有的特殊性與多樣性，即現象方面的面貌。我們可以說空具有包容性，將無自性的「真空」與獨特面貌的「妙有」同時包容、顯現。

2.空的開放性：主體性

16　阿部正雄著，吳汝鈞譯：〈從「有」、「無」問題看東西哲學的異向〉，載於吳汝鈞：《佛學研究方法論》下冊（臺北：臺灣學生書局，2006 年三版），頁 447。

　　阿部正雄認為空具有無界限的開放性，事物沒有特定的中心，事物跟事物之間沒有主宰與服從的關係。在動感的空之中，事物之間是對等的關係。任何事物都可作為主體，君臨一切事物之上，同時亦歸屬于其他事物之中。阿部正雄在此建立空的開放性，是特別針對基督教以神為中心的觀念而提出的。在基督教的教義中，從屬關係非常明顯，不具有所謂的開放性跟平等性，一切存在都歸屬於上帝。阿部正雄認為佛教的空才具有此特質：開放性、平等性。

吳汝鈞：你這裏提到空的開放性跟平等性，那你把這個開放性跟平等性放在一起，你的意思就是說，講空的開放性也有這種平等性的意味在裏面。

朱絜儂：因為它沒有中心。

吳汝鈞：這個平等性是對誰平等呢？

朱絜儂：就是事物跟事物之間。

　　3.用自然觀念來說空，空就是自然。

　　阿部正雄認為動感的空超越意志，去除主觀性。在一真如圓融的狀態之中。空作為自然，並不是一種死寂的狀態，而是在一純粹的活動狀態中，與經驗世界相對比，或是跳脫出經驗世界。這樣的純粹活動表現了一種「自發性」（dynamic spontaneity），呼應西田幾多郎所說的「純粹經驗」，不含有任何經驗的內容，排除主客對立關係，可說是萬物的基礎。

朱絜儂：我不太知道自然觀跟宇宙觀要怎麼理解呢？

吳汝鈞：你提這個自然，是有非常繁多內容的概念。譬如說，道家

講自然，就是道。科學講自然，就是 nature。佛教也有，但不是很強調，意思還是偏重於真理的方面。譬如說，所謂自然就是它的姿態保持下來，不需要人工動作，不需要勉強地加入人工的一些動作，讓它自然發展就好，不要多加一些人為的影響力，去對它構成影響、變化。自然這個字眼，在海德格（M. Heidegger）的著作裏，比較多出現，他也不是用 nature 這個字眼，他是講 Gelassenheit，即是泰然任之的意思。

許家瑞：阿部講的自然跟道家講的自然有甚麼不一樣呢？

吳汝鈞：自然在這幾方面有不同的講法：道家的講法、科學的講法、佛教的講法、海德格的講法。我覺得海德格的講法意義比較深奧，可是如果了解了以後，你就可以培養出一種人生觀，怎麼處理客觀的環境，怎麼樣去讓個人的情緒和思想發展。譬如說他講這個 Gelassenheit，如果以中文來講，可以翻為泰然任之，讓它保持原來的狀況，不要給它外在的影響，讓它不能維持本來的那種狀態，本來的那種面目。Ereignis 也有這種意味。所以有人把 Ereignis 翻譯成自然，把 Gelassenheit 翻譯成泰然任之。從我剛剛所講的來看，自然起碼就有這四個意味。還有一些補充：魏晉玄學的王弼註解《老子》文本的時候提過，我們對萬物的一種正確的態度，就是「不禁其性，不塞其原」。這是王弼自己提出來，解《老》的話語。「不塞其原」，不要把他的根源塞住，「不禁其性」，性就是自然，禁就是控制，不控制他的本性。在這裏，這個自然，我想阿部的用法是根據佛教，因為他本來就是佛教，特別是禪的立場。上面提及的幾種自然的意味，除了科學講的之外，其他幾種都有相通的地方，所以也不一定限制在某一種講法中。

朱輅儂：那我想問《六祖壇經》中講的自性，與阿部正雄所講的主體性有何差別呢？

吳汝鈞：自性就是佛性，《壇經》講自性，有時也講佛性。在那本書裏面，所有自性都是佛性，不是一般佛教講的不要執著事物有實體、有自性的這個自性。如果《壇經》不把它講成為自性，誤會就可以免掉。同一個自性，這兩個字完全一樣，但在《壇經》來講，一切眾生都有佛性。可是其他翻譯文獻把自性講成有獨立存在性，不用依靠別的東西，這就有本質、實體的意味。

你這裏提到西田的純粹經驗，這是挺難理解的，這純粹是表示最原始的、最根本的、沒有經驗的內容，甚至沒有主客的分別，它是一種物我合一、物我一體的真理狀態。這裏的經驗（empirical）跟我們講的經驗不一樣，它最難解的就是在某一個經驗活動裏面，有經驗的主體與被經驗的客體，我們的理解是先有一個經驗的主體，然後接觸到一個對象，這個經驗主體對這個對象有哪一方面的活動，怎麼處理經驗對象，這就是經驗的活動。我們通常這樣想，在一個活動裏面，一個主體去經驗某一個體。如我拿這壺水，把水喝下去，那我就是飲水的人，是經驗主體，被經驗對象就是這壺水。我拿它來飲，這就是經驗活動，就是飲水活動，這是很一般的了解，沒有難題，非常清楚簡單。可是西田就把它顛倒過來，他說先有的、先出現的不是經驗主體，而是經驗活動，這是純粹經驗。這純粹經驗不是一種經驗性的，它有一種根源的狀態的意味。他常常用純粹經驗來講終極真理，可是他用場所、上帝、形而上的綜合力量來講這純粹經驗。所以他講這個經驗，用很多名相，不一樣，最常用的就是純粹經驗。他說先有純粹經驗，然後內部分化，分化

成兩個面向：主體跟客體。他是從本體論、存有論來說；我們通常是從知識論來講，所以有兩種不同的經驗。西田講來講去都很難懂，讓人覺得他頭腦有問題。他的哲學有很高的原創性，跟一般人講的不一樣，這純粹經驗就是很明顯的例子。你若不是很了解，就拿他的《善之研究》來看一下。這跟我提的純粹力動有相關的地方，都是從存有論來講，不是從知識論來講。它不含有任何經驗的內容，所以它是超經驗的，排除主客對立關係。它是一元的，不是二元的，或是多元的。這個一元的一不是數目，而是絕對的意味，是萬物的基礎。

朱挈儂：這個一元跟佛教中的不二有何關聯？

吳汝鈞：一元，就是同一個源頭、根源。不二，就是不分離。不二指兩種分別的東西，這兩種分別的東西常常都是存在在一起，不離開，這就是不二。最明顯的是熊十力，他提那個本體、作用，體用不二的關係，「體」「用」不二，主要是不分離的意味，沒有體外的用，也沒有用外的體，只有用裏面的體，體裏面的用。離開了這個體就不能說用，離開了用就不能說體，所以體用不能分開。體用不能分開，但不代表體用相同，兩者還是有分別，熊十力講體用不二，而亦有別（分）。

　　這裏的基礎，並不是從宇宙論的角度來看，沒有一種「創造」的意味，而是就著萬事萬物的姿態來說的：宇宙萬物的本質就是動感的空。

4.非實體主義：對反事物的相互轉化

　　但阿部正雄所說的動感的空，與道家「周行而不殆」的道，仍

有所不同。「動感的空」的背景是「非實體」主義，道家所說的道則是一種形而上的實體，背景是「實體」主義。

　　依實體主義，事物被置定於一個固定的位置，被賦予了固定的性格。但在佛教非實體主義的立場下，對反的事物並非走極端的，在生死、煩惱的世界中亦可以實現涅槃的境界。因為生死與涅槃是有交點的。在這裏阿部正雄吸收了天台宗的教理發展出這套義理，《維摩詰所說經》[17]：「諸煩惱是道場，知如實故。眾生是道場，知無我故。一切法是道場。」、「不入煩惱大海，則不能得一切智寶」[18]，天台宗《法華玄義》亦說：「煩惱即菩提，生死即涅槃」。清淨與污染不會永恆的分隔開來，而是相互轉化。當無自性空的真理呈現出來的時候，生死煩惱可以透過對於空的體證，轉化為超生死的永恆境界，就是涅槃的境界。[19]

吳汝鈞：你這裏提出《維摩經》這一句「諸煩惱是道場」。《維摩經》有兩個比較通行的翻譯本，一個是鳩摩羅什的，一個是玄奘的。這部經也有西藏文翻譯。這兩種翻譯，對於這一句意思剛好相反。漢文的翻譯是「諸煩惱是道場」，西藏文的翻譯是：「諸煩惱

---

[17]　《維摩詰所說經》的「不二法門」思想，深深影響了禪宗的「不二」思想。即所謂的「動靜不二，真妄不二，維摩明一切法皆入不二門」。

[18]　〈菩薩品第四〉，《維摩詰所說經》。

[19]　依佛法而言，戒是對治貪，定是對治瞋，慧是對治癡。戒律令三業清淨，了知五蘊皆空，使心不生貪欲，則戒律成就。禪定對治瞋恚，當知禪定（梵語 dhyāna）與瞋恚（梵語 pratigha）皆無自性，心地之火焰當下成紅蓮，則禪定成就。智慧對治愚癡，了知人生宇宙本緣起，諸法自性不可得，執著當下解脫，心地光明自顯，則智慧成就。

的熄滅是道場」，就是諸煩惱熄滅了就清淨了，原文是怎麼樣，我們得去查一下。有很多翻譯過來的經，跟原文意思有出入，所以中文跟梵文不一樣。你也不能說翻譯錯了，你可以提出這個問題，對於某一梵文的文本，翻譯是不相應的。但這種情況是翻譯者翻錯了，還是有其他原因，這不能確定。因為以前的經是用抄寫方式流傳的，用印度的貝葉樹的貝葉來抄寫，這種樹葉比較大，比較有韌性，很多文本是抄在上面，不只有一個版本，這不奇怪。但抄寫容易出錯，你只能說某一人的翻譯跟原文不是完全一樣，你可以這樣說，但你不能說鳩摩羅什翻錯了。也許他拿到的梵文本子跟其他的不一樣，你很難判斷跟考證，因為這些版本都沒有流傳下來。這是文獻學的問題。

《維摩經》是偏向辯證思考，「諸煩惱是道場」就辯證的性格來了解，沒有問題。但它有西藏文翻譯：「諸煩惱的熄滅是道場」，這裏面有翻譯上的問題。「不入煩惱大海，則不能得一切智寶」是說不能離開煩惱世界，一定要在煩惱世界裏面才能得到智寶。至於「煩惱即菩提，生死即涅槃」，則是智顗大師在《法華玄義》寫的。天台宗跟《維摩經》都是偏向一種弔詭的思考、辯證的思考。

5.空的兩個特質：智慧、悲願

阿部正雄將空的涵義擴大到智慧、悲願兩方面。空的智慧重點在觀照。空的悲願重點在倫理。在空的智慧中，他認為每一種事物的普遍共相都能清晰的展示出來，又不會失去別異性和同一性。別異性相等於唯識中由第六識轉成的妙觀察智所觀取的對象的多樣性，同一性相當於第七識轉成的平等性智所照見對象的自我同一。

吳汝鈞：籠統地這樣講，我們人有這個心識，這個心識常常會執著外面各種相狀，不了解緣起性空的真相，卻看成為是有自性、真實性，把那些東西加以執著。因為執著，所以有不正確的了解，由不正確的了解產生種種顛倒的行為，這些顛倒的行為，讓我們生活在苦痛煩惱的世界裏面，不停地淪轉。唯識學以外，其他宗派對心識並不多著墨。唯識學比較重視心識的分別作用，這些分別趨向於虛妄的分別，再從虛妄的分別引起種種執著、煩惱。一個人生活在煩惱苦海中，就會有種種顛倒的行為，生命會在苦痛的大海裏面，不能解脫出來。唯識學有八識的講法，是從眼耳鼻舌身，感識，前五識，作為一類。第六識是意識，就是我們的了解、認知的能力、知性，這可以進行邏輯思考。在意識底層有一個第八識阿賴耶識（ālaya-vijñāna），其作用不是清楚的感覺到，它是一種下意識，叫做阿賴耶識，意識對第八識一無所知。然後在意識與下意識之間有個中介的第七識，末那識（manas-vijñāna），它是溝通意識跟下意識的一個媒介，它自己也有執著，執著什麼呢？它執著第八識，就是阿賴耶識裏面的一切內容，把它執著成為一個自我，產生我執。我執一出來，就會產生種種虛妄構想，衍生種種苦痛煩惱，這就是八識說。這八識可以歸為四類：第一到第五是感識，第六識是意識，第七識是意識跟下意識的中介末那識，最後就是第八識阿賴耶識。

這些講法都有文獻上的根據。主要就是唯識學一本開宗的重要的文獻，叫《唯識三十頌》，是世親（Vasubandhu）寫的，以三十首偈頌把唯識的道理講出來。這本書很流行，文字非常精簡，可是所概括的範圍非常廣，非常多元，所以就有人對這本書做了解釋。唯識分兩派，一派是護法（Dharmapāla）。當年玄奘到印度取經，

經過許多苦痛困擾，最後到了印度東北，那邊有個佛教研究中心，就是唯識學的中心，裏面的主持就是戒賢（Śīlabhadra）大師。玄奘就在他門下學習唯識學。戒賢所了解的唯識學是來自護法所傳的《成唯識論》。《成唯識論》是世親的唯識學裏面兩種詮釋的一種，它有漢譯，是玄奘把它翻譯成漢文。載於《大正大藏經》裏面。另一個詮釋的人叫做安慧（Sthiramati），他講的唯識傳到西藏，沒有傳到中國。所以世親的唯識學發展就有兩支，一支是藏傳唯識，一支是奘傳唯識。奘傳的唯識學是玄奘傳過來的，他把護法的解釋翻成漢文。安慧的解釋就傳到西藏，沒有傳到中國。這套唯識學只在西藏流行，沒有在中國流行，沒有漢譯。玄奘傳的唯識學，有漢譯，這種唯識學的思想傳到高麗，再傳到日本，再傳到歐美。這是概括性的了解。所以講唯識學，有兩方面的講法，一種是護法唯識，一種是安慧唯識。護法在中國流行，在西藏不流行，安慧在中國不流行，在西藏流行。漢傳的有漢譯，護法的書有漢譯，安慧傳的只有藏譯。漢譯的《成唯識論》沒有梵文原本，我們了解漢傳唯識，只能參考玄奘的翻譯。現在很多學者寫博士論文，喜歡寫玄奘傳的唯識學，因為有漢譯，不必看西藏文的翻譯，也沒有梵文原本可看。所以只要參考玄奘的就行，很容易做，因為不用管西藏文跟梵文，所以很多人喜歡根據護法的《成唯識論》來研究，不管是臺灣也好，中國也好，都有方便性。因為梵文的資料失傳了，所以講唯識的人十個有九個都只講漢傳唯識學，只要看玄奘的漢譯。

在空的悲願中，事物的善惡、對錯這些道德倫理的判斷被超越過來，達到一種終極的導向。在悲願中，可以醞釀出一巨大力量，

是一種宗教轉化的力量，包容一切善惡。

　　京都學派的核心觀念在於絕對無，阿部所提出的動感的空，其實帶有絕對無的涵義，最關鍵之處在於空不能被對象化、概念化。空掃除了主客的對立，另一方面不能用有缺陷的理性和意志去體證，可說是將空與絕對無等同起來。吳汝鈞所言：

> 很明顯，京都學派的成員重視絕對無，把它提煉成一個終極的觀念或理念，那是立根於佛教，特別是禪的。般若與中觀的空、禪的無，與絕對無具有極類似的義理。它們都是終極的否定原理。照阿部正雄的說法，在本體論的層次上，它們並不比西方作為終極的肯定原理的實有或上帝為低。無寧是，它們能指導人們克服與超越現實的有無、生死、善惡、肯定否定的相對領域，而步步提升，以達於那絕對不二的、圓融無礙的精神世界。*20*

絕對無是相對性的有跟無的根基，有、無要以絕對無為基礎才能成立。回應到禪宗臨濟所說的「真法無相」，阿部認為空本身亦要空卻，不要以為空有空的自性，並回應到龍樹《中論》中「空亦復空」的說法，是一種「否定的否定」，而這種雙重否定可以轉出肯定，所肯定的就是在空空的情況下，事物的形象可以保留下來，不被執取，顯示出「動感的空」的意義。

20　吳汝鈞：《絕對無的哲學》，頁 VII。

三、結語

　　惟信在他的說法中所清楚表明的，他所經歷的第一、第二、第三階段是前後相繼的。這樣一種逐步深化的禪悟過程的明確記錄，在禪宗文獻中是罕見的，導致在分析惟信的禪修體驗時，只能沿著這條逐步深化過程為線索，但是否意味著第一、第二、第三階段俱有連續性呢？

　　阿部正雄強調，由第一階段進至第二階段是沒有連續性的，而是要經過一飛躍。在這飛躍中，分別的自我被徹底的和完全的突破出來。同樣由第二階段到第三階段也是不連續的，也要經過相同的飛躍。

　　在禪修中，「第二階段」的無分別或無我的否定性認識，與「第三階段」的真我的肯定性認識，可以是同時發生的。「大死一番才有大活」。嚴格來說，這無非表明在第二和第三階段同時發生的認識。在分析惟信的禪修體驗時，只能沿著這條逐步深化過程的線索來進行。

　　在真正的禪悟中，第三即最後階段包含了前兩個階段，甚至連「階段」這一用語亦不甚恰當，因為禪悟是在存在上的一種「覺悟」，它超越了否定性和肯定性，也超越了任何漸進的方法。

　　而且，禪和現在的終末論都重視「當下」，例如：惠能所說「於念念中，自見本性清淨，自修自行，自成佛道」。[21]道元提出佛性現成的說法，若能念念自見本性清淨，則佛性當下現成。禪把

21　《佛光大藏經》禪藏《六祖法寶壇經》（宗寶本），坐禪第五，頁38。

「時間」放在「瞬間」或「現在」上面，禪並不是在從過去經過現在而往未來流動方向的時序編記的時間觀之上成立的，例如惠能破斥時序編記的時間觀當中的對於未來的終末的預期是一種「繫縛」，惠能說：「我此法門，從上以來，先立無念為宗，無相為體，無住為本……念念之中，不思前境。若前念、今念、後念，念念相續不斷，名為繫縛。於諸法上念念不住，即無縛也。此是以無住為本。」[22]

禪是活在實存的見性的時間當中，它不是在從將來經過現在往過去流動的將來終末論上成立的，而是從活生生的佛性當下現前成立的，終末論所關心的「最後的事物」對禪而言就是法爾自然[23]的佛性的當下現成，其解答存在於、建基於空的哲學的終末論。

不過，吳汝鈞在《絕對無詮釋學：京都學派的批判性研究》[24]中，也提出了作者對於京都學派的質疑：不論是阿部正雄還是其他京都哲學家對於東方的宗教與哲學是有選擇性的，他們只關注「禪」，來概括東方思想，是相當偏頗的做法，也無法提供足夠的

22　《佛光大藏經》禪藏《六祖法寶壇經》（宗寶本），定慧第四，頁 36。

23　又作法然、法爾自然、本來法爾。所謂自然，即指事情之自然形成；所謂法爾，即指依循真理而同於真理。《翻譯名義集》卷二則謂，「自然」即「法爾」，「法爾」即「自然」。又《大毗婆沙論》卷一五三列舉出形成世間各種事物之三種力，「法爾力」即其中之一，而相對於另外的「因力」、「業力」兩力；例如世界自然壞滅時，下地之眾生必生於上界。於日本，淨土真宗開祖親鸞以捨自力而將一切付託於如來之手，稱為自然法爾，意謂投身於絕對真理的彌陀之中。（《大毗婆沙論》卷九十一、正像末和讚（親鸞））

24　臺北：臺灣學生書局，2012 年。

動感力量，使得在立論方面，有著無可避免的缺憾。阿部雖主張精神不能停留在抽象的孤懸狀態，重視己事究明，覺悟內在的主體性，但卻無法站在空間、時間的角度上呼應世界觀與歷史觀的需要，僅能就原則性來做解釋，缺乏力量，以有效地落實在經驗與現實世界中。

吳汝鈞：你這邊結論對於動感的空應該反思一下。看在文獻學、哲學分析上，能不能夠成立。我跟阿部關係非常好，因為我交往的日本學者，第一個就是阿部正雄。我去見他的時候，是 1974 年，他那時大概六十歲，人非常好，國外的學者都喜歡找他。他們對東方思想，特別是佛教，特別是禪宗，禪這方面的學問產生問題，常常找他。他也很積極地進行宗教的活動、宗教的對話，通過對話，他把佛教，特別是禪的真相，他認為的真相，傳播出去。所以很多西方學者，近代神學家、宗教學者、哲學家，跟他舉行對談。他可以說是京都學派中有爭議性的人物。京都學派作為一個哲學學派，在日本裏面跟外面有不同的了解，成員有哪些人，有相當大的分歧。國際、國內的認可有一定程度的分歧，國際上阿部正雄算是京都學派第三代。第一代是西田幾多郎、田邊元，第二代是久松真一、西谷啟治，第三代是武內義範、阿部正雄、上田閑照，第四代是有一群人在，走他們這條路，他們的思想還在發展中，年齡跟我差不多，應該可以講出第四代。目前國際上注意前三代的人物。在日本國內所講的京都學派人非常多，他們的專長也很多元，比起國際認可的京都學派來說，要複雜很多。阿部正雄沒有被包括在國內認可的京都學派之內，在國際上則有包含。他算不算是京都學派的成員，就有這個問題提出來，答案是國際算，國內不算。有些第四

代，包括在外國研究神學、宗教學的人，對他的評價，也有分歧。
如果我們不把京都學派作為純哲學的學派看，不把這一點抓得太
緊，除了哲學以外還可有其他題材，阿部應該算是京都學派的人
物，並且他有一些特殊的貢獻，他與西方接觸最多。他所接觸的西
方宗教界，以美國方面為主，跟他有來往的人，很多都是美國的學
者。同一代，武內義範和上田閑照，他們兩位是德國的學歷，他們
學問的根底在德國的哲學、宗教學。阿部跟美國比較親近，跟歐洲
互動比較少，最主要是語文的關係，因為阿部常常用英文寫論文，
也可以講英文，所以美國人跟他來往比較多，武內跟上田是用德文
來寫，也會講德文，所以有這些分別。

　　不過，我們這裏所要強調的，阿部提出「動感的空」，是新的
觀念，在理據方面能不能站得住，是可爭論的。我個人跟阿部來往
多，看他的作品也不少，personal contact 就是個人的交往不少。不
過這種關係是關係，學問是學問，在對東方哲學跟宗教方面，他用
了很大的工夫，也寫了不少著作，可我對他還是有點保留。其中一
點很重要的，就是「動感的空」這個觀念，是他所提出來的，他提
「動感的空」，有沒有依據呢？可不可以追蹤線索呢？可以，久松
真一與西谷啟治。他們是他的老師，他自己說：西谷啟治是他的學
問上的母親，久松真一是學問上的父親。在日本社會，父親地位比
母親高一點，日本是大男人主義，父親是一家之主，母親是其中一
個成員。在一個家庭裏面，父親提到他自己的妻子，稱為「家
內」，僅限於家裏面，外面不過問，不能過問，你可以有這個了
解。

　　久松提出「能動的無」。這個無，就是禪裏面所講的無。他認
為這個無有能動性，有動感，阿部很明顯接受了他這種講法，然後

做了一些調整，將重點從「無」轉移到「空」，因為空畢竟空是佛教最常見的，就是在那些文獻上最常出現的。空有印度佛學的關聯，禪跟印度佛學沒有什麼密切的關聯。我覺得不管是「能動的無」也好，「動感的空」也好，你要把它建構為一個關鍵性的哲學觀念，這是代表佛教裏面的一種重要的思想，一種思考的模式，要講理據。問題就是，如果你從佛教或者禪的傳統來看，不光是久松的「能動的無」，我想成立的理據偏弱。「動感的空」也是一樣，理據不足，在文獻學、義理上，理據都不夠。反而顯出他個人一些基於佛教，以佛教為基礎，繼續向前發展的一種新的觀念。就是說是個人思想的成分比較重，反而客觀佛教、禪思想比較淡。因為這空是最常見的觀念，本來是所謂空宗的一個大招牌，空宗就以這個觀念定作它的宗派的名字。空宗到底指哪一些學派呢？它主要是兩個學派，一個是般若思想，一個是中觀學。那我們就般若思想、中觀學看，這個空的觀念是指哪一方面的意思呢？這點可以一直追溯很多年前到我寫博士論文，我曾經對空這個觀念，做了廣泛全面的考察，得到一種對空的解析。空有否定的意味這沒有問題，但要否定什麼呢？在中觀學來說，這個空一方面表示，對一切異端學說、不正確瞭解的否定，要超越種種不正確的異端邪說，像婆羅門教那些歪理。就是六派哲學講實在論，跟佛教講觀念論不同，這是一個意思。另外一個意思是對自性的否定，所謂自性就是實體，就是獨立實在性，independent reality。就是這樣的意味，一個是對邪見的否定，一個是對自性的否定。這兩個也可以統一成為一個，就是對邪見的否定。對自性的否定也可包含在對異端學說的否定中。這是主要的解釋，這是中觀學的總說。般若思想所講的空，與中觀學沒有很大的差別，談不上本質上的差別。所以般若思想跟這中觀學合

起來，就成為空宗，與有宗相對的那個空宗。

有宗唯識剛才我們也提到，他們所講的重點，跟空宗不一樣，唯識講的是萬物緣起的性格，就是京都學派講到妙有的那方面。空宗所講的是萬物的真相，正確的狀態是空。萬物的真相是緣起的，沒有自性的，這就是萬物的真理。這也很奇怪，佛教跟其他哲學有個有趣的分別，尤其是西方希臘哲學。希臘哲學跟下面發展出來的很多學派，都以「實體」來解讀真理，「真理」就是「實體」，就是「自性」，如果以佛教的名相來說。柏拉圖講的理型（Ideas），亞理斯多德講的「實體」（Substance），然後下來基督教講上帝，是個大實體，再下來有實在論的發展。所以在西方哲學裏面，主流的形而上學方面，對於真理的解讀就是實體，實體就是真理。終極真理就是有關實體的內容，有關它的真理。但佛教剛剛相反，真理就是沒有實體，真理就是緣起。所以我們說，「一樣米養百樣人」，這樣的情況。再進一步看「動感的空」，這個觀念沒有理據。這個空是終極真理，具有動感，能發出有效的力量去改變世界，轉化這個世界，這是阿部對「空」的概括性的了解。但根據中觀學、般若思想，這個動感無從說起。它們只是說空不具有自性，不具有自性的正確狀態就是終極真理，沒有提到「力」跟「動感」。所以在這裏，要找文獻學的根據很難找，可能找不到。

我們再看義理上有沒有理據，我們說在中觀學、般若思想裏面，說空是沒有自性的那種狀態，狀態而已，the state of Non-Substance，沒有自性，沒有實體的一種正確狀態，the correct state of Non-Substantiality。它只是一種狀態，靜態的。你不會想到動的觀念，沒有動感，講不出來。所以從義理來說，你把一種正確的狀態講成有力動、有動感，這有點困難。我們講英文，狀態，就是

state，德文就是 Zustand，就是狀態。這兩個字眼都沒有動感的意味。所以你將動感加到空上，構成一種動感的空，這個觀念沒有文獻學的根據，也沒有義理上的根據，這是阿部一廂情願提出來的。尤其是他把這個動感的空常常放在「真空妙有」中講。「真空」是直接指那個真理，「妙有」是在時間中的種種的存在，「真空妙有」很難說有動感。什麼叫做動感呢？什麼叫做沒有動感呢？我們舉一個例子就很清楚，上帝有很強的動感，祂說「要有光，就有光」，就是一句話，你看這個動力多強。祂在地上挖一把泥土，吹一口氣，男人就出來了；然後在人的肋骨挖一根出來，吹一口氣，女的就出來了，所以上帝是有很強動感的實體。空哪有這個意思呢？根本談不上。

京都學派的哲學有它的價值，它所關心的問題也是重要的問題，就是他們進行種種宗教活動，包括宗教的對話，又反省戰爭的問題。尤其是田邊元，他從淨土的立場，反省日本在戰爭所犯下的很嚴重的罪行，讓那些人覺得自己根本沒有繼續生存下去的資格。你看他反省到這個地步，就是「大非」，徹底的、徹裏徹外徹上徹下的一種否定，可他沒有倒下，因為他的哲學還繼續發展。人的生命裏面就有一種反彈力，越是感到沒有生存下去的資格，就越是要奮鬥、自我強化，讓自己做一種徹底的轉化，讓自己從沒有資格生存下去變成有資格生存下去。他是從懺悔來做，懺悔什麼呢？懺悔日本人在二戰中殺了多少人，犯了多少罪行，做徹底的懺悔。另一面，在懺悔的背後，有一種強大的生命的反彈力，要讓自己具有生存下去的資格。他就提出懺悔道哲學，這是田邊元自己創造出來的一套哲學。他跟阿部、久松很少交集，因為他們的哲學背景不一樣，學派背景不一樣。久松、阿部是「禪」的背景，自力成佛的那

種背景，田邊元與他的學生武內義範則是淨土宗的，他力覺悟的背景。

　　京都學派分這兩支思想，到了第四代，還是有這兩支的分法，那個痕跡 trace 還在。所以阿部提「動感的空」，作為一種佛教所發展下來的一種新的思想、新的觀念，但缺乏文獻學、義理上的依據。「能動的無」也是一樣，也是沒有文獻學的、義理上的依據，都是一廂情願。你們會說，這樣的批評不太讓人沮喪、受習難嗎？可是我是從學理來說，那與我跟他們的個人關係不一樣。你對老師可以完全不同意他的講法跟思想，這種情況很多。西方尤其多，像現象學，胡塞爾（E. Husserl）創造了一套現象學，海德格（M. Heidegger）繼承他，發展到某一階段，他發現胡塞爾的不對，太強調意識，忽略存有，他就把他的研究重點放在存有這方面Dasein，具體的存有。在精神分析上，弗洛伊德（S. Freud）與榮格（C. Jung）師徒關係很好，但是榮格後來發現，弗洛伊德太強調性，太強調性對我們的生活跟文化的影響，所以他也提出自己的深層的精神分析。最初是合作的關係，後來分家，更對立起來。

　　最後講到東方的主體性，久松跟阿部還有其他京都學派成員都強調東方的「無」的精神性。他們基本上是從佛教、禪、西田幾多郎這幾方面講東方的精神性，說西方有西方的精神性，東方有東方的精神性。我覺得這樣的講法並不周延。因為東方宗教其實有兩個分支，一個是實體主義，像印度教或婆羅門教、老子講的道、儒家講的天命，都是實體主義；另一面是非實體主義，禪、佛教、莊子、京都學派是否定實體的，是非實體主義。他們說 Eastern spirituality，只看到禪佛教，沒有看到婆羅門教。只是看到一部分東方的哲學，就把它定位為 Eastern spirituality，這樣有偏差。他們

對東方思想的了解，在佛教、禪方面比較好，相對比較正確，但了解儒家、道家都有不少不正確的地方，所以儒家、印度教、老子，這些思想很少在他們的著作中提到，佛教、禪就常常提到。另外一個問題是，他們對儒家、道家的理解大有偏差，而且是很明顯的偏差。像西田是京都學派最重要的人物，他了解老子，是從《道德經》來講，將道德講成 morality。你看，道家哲學不太講道德，而且道德不是 morality，而是合於道的，有得于道，這個道德就是終極真理、自然。我們的生活跟文化表現，要有一個動能，去體證真理、自然、道、無，儘量跟真理、自然走，有得于自然，這就是道德。花岡永子跟太老師一樣，把《道德經》講成有關「道德」的文獻。他們對老子、儒學沒有什麼研究。對這個無的了解，道家、佛家講無就一樣，我也不明白他們怎麼會搞出這麼大的錯誤，怎麼會把《道德經》看成講道德的經典呢？下面怎麼講下去呢？下面那一大堆，就跟道德沒有正面關聯。孔夫子說「克己復禮為仁」，道家有講嗎？說守喪三年，宰我不同意，孔夫子就教訓他，一個人出生三年都是在父母的懷抱中長大，三年之喪是合理的，要報答他們的苦勞。他批評宰我，說他不仁。這就是孝、仁，但現在拿出來講，就不合時宜了。要放下工作，守孝三年，這不合理，也不實際；不要講三年，一個月就餓死了。現在的社會不容許了。所以京都學派對儒家、對中國文化，沒有很深的了解。他們學問的根源在西方哲學，尤其是德國的觀念論，他們的學問就建構在觀念的哲學上。這些人的哲學，跟我們中國傳統思想、文化，是有段距離的。

　　二○○八年夏天，我們文哲所舉辦了一場當代新儒學與京都學派的國際研討會，包括這兩個學派的直接對話和發表論文。我便發表了一篇京都學派對中國哲學缺乏正確理解的論文，其中便提到西

田幾多郎對《道德經》的誤解，把「道德」視為 morality。對話的那天，日本的代表松丸壽雄便對我說，他在前一晚看過我的論文，承認京都學派真的有這種誤解，他們正是這樣理解道家特別是《老子》的思想的。

第六章　上田閑照的絕對無的觀照與禪的實踐

吳汝鈞：日本曹洞宗道元，到中國取經，回去日本創辦曹洞宗。有一天學生問他，「什麼是佛學？」道元回答：「佛學就是學佛。」學生問：「什麼是學佛？」道元答：「學佛就是學自己。」學生再問：「什麼是學自己？」道元答：「學自己就是忘記自己、忘我，而這個最難。」每個人都有自我中心的意識，要忘掉自我意識或主體，實在太難。所以京都學派標榜一種口號，其處理的問題就是要「己事究明」，這主要是為己的事。京都學派的創辦人西田幾多郎談到宗教的問題，他說宗教就是心靈的實在，是一種很嚴肅很認真的事情，是一種心靈的工夫，所以不管什麼宗教還是脫離不了自己心靈上的修養，自己先要修養好，才能影響他人。

林春銀：上田閑照是京都學派的第三代成員，且是德國神秘主義者艾克哈特（Meister Eckhart）研究的專家，精研西方宗教與禪學。他吸取京都學派前兩代的「絕對無」觀念，從久松真一的無相自我的概念與西谷啟治的主體性的開放來發揚「絕對無」義理，又把西田幾多郎的絕對無的場所概念，應用到禪學終極目標的理解上，更進一步以「絕對無」的觀念來詮釋宋代廓庵禪師的〈十牛圖頌〉，

進而提出禪的實踐工夫在於修行的實際體驗。

吳汝鈞：Meister 是德文大師的意思，Eckhart 應是他的姓。這個〈十牛圖頌〉不是只有宋代廓庵禪師所提出的頌，也有其他牧牛的頌，主要說明一個禪修行者，如何在自己的心作工夫，讓自己的心擺脫原始的野性和執著性，走向一個正確的軌道。在這個過程，心仍有種種不規矩的活動，和禪原有方向相反，例如容易被新對象所吸引而忘記自己。處在這種情形，心還是要被克服與超越，如果還是不行，也可以用強力方式讓心感到痛苦、感到不安，像對付一頭牛一樣。如牛的野性、不守規矩的本有慾望，遠離正常軌道，便要訓練牛，把不對的道路矯正，回歸到正確的道路，這就是心牛，以牛講心。主要就是講自己的心要修養好，展示原有的明覺，體證終極真理的意思。這種處理心的問題需要一種過程，是一種漸悟的程序，所以用牧牛來比喻我們的修心，用牛來比喻心。這種牧牛圖頌，在禪裏面出現很多種，不過還是以廓庵禪師〈十牛圖頌〉的詮釋比較圓滿，有人用圖畫來表示這種程序。以十幀圖畫來展示牧牛的實際的狀況；在不同的階段，牧牛有不同的表現，「教」與「牧」都有不同的作法，所以牧牛就是牧心。牧是動詞用，讓心能夠修養，境界漸漸提高。從經驗的層次，把種種慾望念頭，轉為清淨的、守規矩的行為，順著這種培養與發揚明覺之路走下去。

吳汝鈞：慎思有沒有問題啊？

瞿慎思：還沒有。

林春銀：上田閑照除了努力發揚且延續京都學派的「絕對無」理念外，更致力對禪與哲學的雙重現象學及宗教觀的研究，探討自我和

世界之間的關係。如同他所強調，這是一個實在的世界，有生老病死，我們應有一種超脫與自在的自我覺醒以進入禪的世界，這樣我們才能得到精神上、心靈上的解脫。上田主要由佛教空的觀點為基礎，使經驗和覺醒成為一種客觀的事實，實際的生活，參照 Meister Eckhart 對於自由與宗教的義理發展禪的終極真理。

吳汝鈞：你在這裏講到 Meister Eckhart 對於自由與宗教的解讀與發展禪的終極真理，那麼 Eckhart 對於自由與宗教提出什麼講法與觀點呢？在義理上發展出禪的終極真理應有一個歷程性的交待。

林春銀：對於這個問題，我只談到他在宗教絕對性的觀點，Eckhart 談到宗教在上帝的絕對性之中，以上帝就是目的的絕對性去發展禪的終極真理。事實上我對他所提出的宗教上的超脫與自由，這個自由是什麼，並不是很了解。

吳汝鈞：在這裏有一些觀點我們來談一下。你所講的自由，可以從不同角度來講。層次比較低的自由，是以主觀性與經驗性來講。如果以佛教的名相來講，這種自由有一種執著性，執著自己內心的感覺，把它放第一位，把別人心裏的感覺放第二位，有高下與先後的分別。就是把主觀個人的自由放在主位，他人心裏的感覺放在次位，以個人的經驗感覺為主。再上一層的自由，是道德自由，從道德講自由，儒家講很多，但不用自由二字，是講心、性，基本上都是道德心、道德性。道德自由如何了解，我們也不能從觀念來講。舉例，孔子對不同學生提出仁的實踐問題，給予不同回應。如有次樊遲問仁，子曰：「愛人。」顏淵問仁，子曰：「克己復禮為仁。」這些回答都是實踐性格，孔子有不同的回應。對於道德的自

我如何了解，可以說，一個凡夫通常對自我問題，總有不正確的了解，就是把自己的自我看得太重，別人看得太輕，都是以自我的利益作為考量標準，這是對自我不正確的了解。佛教也有提出我執的問題，我癡、我愛、我慢、我見，這些自我觀就是沒有經過道德實踐，只知道自己是最重要的，最能幹的。所以應該對自我有一種培養，要克己復禮，克服、超越自我中心的想法，恢復一種客觀的道德方面的規矩，即是道德自由。

　　再上一層是宗教的自由，這個層次比道德自由更深邃。宗教的自由除了信仰意味以外，進一步可說從宗教信仰向上提升理性的程度。何謂理性程度？在種種的不同信仰的對象中，有些宗教強調人格神（Personal God），有些宗教強調終極的真理或原理。談起宗教信仰的對象，可分人格神與終極的原理，不單是信仰，還有實踐。一講實踐，就要講精神要達到與終極者同一的關係，有一種回歸絕對真理的意味。信仰是多元，不管是信仰哪一種宗教，其對象一種是人格神，一種是終極原理。這是正面，另有一種負面的，如佛教的終極原理是空，以無自性、緣起的這些義理作為終極原理。另外，對人格神信仰之外，終極原理信仰還可分成實體主義與非實體主義的信仰。實體主義的信仰是終極原理，就是絕對有，非實體主義的信仰，是沒有實體即是終極原理。故信仰有兩方面，一是實體的認證是終極真理，另一是佛教所講的沒有實體才是終極原理。而所謂宗教性的自由，是在實踐上達到一種境界，不管是實體主義或是非實體主義都能契合，都能在生命中體證終極原理，自由是在這裏講。你可以提出，如果相信人格神，比較難建立自由的觀念，比如基督教講人格神，人與上帝或神，只有皈依的關係，沒有平起平坐的關係，沒有產生同一的關連，所以在這裏，自由是較難講

的。西方宗教對自由的觀念看得較輕，在淨土佛教亦然，淨土宗強調一種他力的關係，依他力大能接引到西方極樂世界，我們很難講和祂合而為一的自由。個人能力有限，不能以個人能力為基礎達致覺悟與解脫，還是要借助他力大能，不管是阿彌陀佛、上帝，或耶穌，都要依他力大能的力量，讓生命從有限發展到無限。

我們在這還可提出另一觀點，就他力主義的宗教說，對他力大能有一種絕對的信仰與信賴，要把個人的主體性或自我克服，犧牲個人的主體性或自我才能真正皈依我們所相信的他力大能，這裏就有一種辯證意味。要得到他力大能的加持，就要放棄個人的主體性。

這裏有兩種不同的宗教的自由。一種是對他力大能有完完全全的信仰，無條件的，完全忘記自己的主體性，一心一意去皈依，個人自願放棄自己的主體性，把生命、主體性交給他力大能，由祂解決我們的宗教的問題。如是自願即是一種自由，自願放棄個人的主體性。

另一種是把終極真理講到原理方面，如莊子說與道合而為一，與自然合而為一，與天地精神相往來，這裏精神主體的自我與終極原理提升到合一境界，這也可講宗教的自由。

但說到底還是道德自由較好講，從道德上講自由較簡單。我們的選擇，在實踐境界的提升，在提升過程當中把自我意識拋棄，在精神上與終極原理合而為一，這就是儒家所講的天人合一的道德境界。在這裏沒有二元性的思考，一切二元性思考都放在終極真理下合而為一，被融化了。這種道德上的自由，不是因為有其他目的，純然以道德為基礎，這種自由較好了解。還有其他問題麼？

林春銀：在這裏的宗教的自由與海德格所講的主體性的自由，有何不同？

吳汝鈞：兩者的自由是無關的。海德格所講的主體性的自由應是存在的自由、此在（Dasein）的自由，和道德關係較輕微，在海德格哲學中很少講道德問題，較少強調道德理性。儒家認為道德理性是最重要，從多元角度看理性，如道德、科學、藝術、宗教、教育……等等理性，最重要的是道德理性。牟先生和唐先生都很重視，海德格則不太講道德問題，主要是講存有關係，而且不是我們主動認識存有，而是存有向我們開顯。不是我們主動了解存有，而是終極性的存有不停地開顯自己。雙方的用力方向不同。我們所熟悉的是主動去了解存有，海德格把自己的主體性收攝，把焦點放在存有，從認識方面去談，是存有把種種遮避因素排除，明顯地向我們展示其真面目，這和我們談的自由沒有密切關連。儒家重視道德理性的先在性，如唐君毅的《文化意識與道德理性》，就講人類種種不同的文化活動，如科學、道德、宗教、藝術、政治、經濟、教育與軍事等等，這些不同活動根源在文化意識，文化意識的根基是道德理性。道德理性最後能展示自己的道德的明覺，得到覺悟或超越，達到天人合一境界。一切文化活動與多元意識的基礎都在道德理性，整本書都是講這道德理性。一切文化活動都立基於文化意識，文化意識立基於道德理性，他的道德意識多強啊！

林春銀：接著我要報告上田主要打破二元對立的超越性思惟，企圖以心靈達致絕對一體的境界，以呼應禪的自由與解放。如同我們的存在與生活的方式，現實的自己與真正的自己自覺為一體。首先我們要平實地思考問自己是什麼？這樣的提問始於把存在視為探索生

命的本質，這不同於純然的理性或是經驗的思考方式。

吳汝鈞：你自己提出一個很有趣問題，我們需要平實的思考問自己是什麼？及如何把存在視為探索生命的本質，這句話很難懂。存在是什麼，你自己應要界定自己是什麼及存在是什麼？你的問題是否有預設存在的觀點或看法在探究自己呢？探究自己？誰去問自己是什麼？存在是什麼？就自己的存在性去探索整個生命存在？對這些問題的推溯是沒完沒了的。

林春銀：我想看完上田閑照的觀點後，再從實體化的我和意識中的我去找尋我是誰的答案。

吳汝鈞：慎思你是什麼呢？

瞿慎思：我是一個孩子的媽媽。「我」是指現在存在的樣態，與將來的活動構成的自我。這有兩個不同的層次：現在的我與未來的我。對於未來的自我有一種理想價值，是一種自我實現。目前的我是充實自己的學問及哲學知識，然後在有限生命中期許從事哲學教育普遍化的工作。展示哲學的教育普遍的存在，整個社會氣氛都有哲學教育，及讓自己成為一個懂得哲學思考的人。

吳汝鈞：什麼是哲學思考？如何進行哲學思考？為何在理想上有哲學思考的成就？

瞿慎思：哲學思考就是對於事情的根源的理性思考，具有熱情與洞見，而如何進行哲學思考，有位老師說，人的一生只要花 20 年把擅長的事做好，就可以對社會有貢獻。哲學思考的價值追求是使社會更進步，應該具有根植性很強的思考概念及反省能力。如我們現

在面對西方消費主義的影響，大家對心靈反省能力都太低，所以具有人文和哲學的思辨能力就很重要，例如法國對公民的人文養成教育就很重視。如果我可以投身在這種教育推動中，是一件很有使命感的理想事情。

吳汝鈞：如果我是馬英九，就要請慎思去做教育部長，她對自己將來要做什麼事情有一種具體的想法。再問哲學作為理性思考活動對於提高教育各方面是否都有幫助呢？而道德宗教的學問對於社會教育價值有沒有幫助呢？哲學基礎如何推動教育事業走向一個康正的途徑？透過宗教、藝術與科學，不行嗎？是不是有其他方面可以推動教育達到更有效的方法呢？為何妳要重視哲學教育，不講宗教、藝術或其他呢？

瞿慎思：宗教、藝術及科學都可成為各別學科來看，但哲學是最基礎的學科。現代教育部側重科學，忽略人文精神價值基礎與活動展現。它不是講有效性的學科應用，卻是一種精神活動的展現，而我們所側重的學科會依重點工業發展不同有所改變，如往年首選的電機系，現在則著重生醫科系產業，那是會演變的。

吳汝鈞：你的講法不錯，你把自己是什麼的問題，從知識論的問題轉向在教育、宗教與道德的期許，先做好準備恰當階段，把教育作為中心結合哲學的學問貢獻給社會。你們怎麼想？師妹？你是什麼？你是吳汝鈞的師妹啊？

曾稚棉：我會著重在學術方面的工作，我常被問自己現在所學與將來所做的對學術有何影響和貢獻？依這個問題我會思考自己應成為一個學者，會思考結合所學與所做。這和慎思的想法不同，這可能

是對自己的定位點不同，我想做的是對學術方面的貢獻，所以我想成為學者（scholar）。

吳汝鈞：你的重點是放在學術方面，心裏想開拓學術成就，結果是可能成為一個學者。但為何要成為一個學術研究的學者，是否肯定學術研究有它的價值呢？這種價值涉及個人還是涉及社會呢？

曾稚棉：我常被別人問我的東西會對學術有何貢獻？很自然會順著這個問題而認為應成為一個學者。我比較想追求知識上的成就價值。當我在學習過程，接受前輩知識的傳承與潛移默化的改變，都是前輩學問貢獻的陶冶，因此我想做知識學術的傳承者，同樣去利益別人，不管學術或是人文性格陶冶都是一種價值。而這個價值是涉及個人還是整個環境？當然如我在將來在學術上有某種成就，就會把這種成就開拓出去，讓大家分享知識上的果實。我想利用科學方法去還原當時中國佛學詮釋的道理，就好比「草木有佛性」這句話，有人會質疑做這個研究有何價值？這只是一種辯證。可是我只是還原這種理論如何被詮釋，就學術而言是詮釋當時的情形，讓後人可以更嚴謹的明白考證的學術知識背景。這種學術研究的價值不同宗教與個人的情操，是以科學作最原始的還原學術考證的研究，現代人忽略學術時間背景的考慮，這種還原事實也就是學術上的成就。但在教育則沒有此問題，教育或是哲學不考慮材料，而還原事實是需要嚴謹的考證，態度是不同。也許我所做的是沒有直接對社會國家有影響，但是對學術有價值。

陳哲音：他們兩位沒有對立，學術知識可以提供學生適合教育，學生很缺少哲學的思考，這種哲學思考則是一種教育。目前國中小學

最缺少的是教材，沒有適合教材提供中小學。大部分的文章及道理很深，學生不太懂內容意義，因此要進行淺白及普及的教育及教材，如數學理化的基礎學科，可以編制好的教材，得到認同與普及化。

吳汝鈞：這是臺灣現在教育所面臨的現實問題。我的總結是每個人將來努力的觀點，不管是教育及學術研究，與每個人所學的分不開。慎思重點在哲學思想教育，哲音關心國中教育問題，學妹要作佛教的研究，關心佛教的學術問題。海德格曾說「容易了解的哲學就不是好的哲學」，是否如此呢？有價值、影響性的哲學一定要很複雜展示嗎？還是傳達的技巧，每一學問都有一些名相理論，都是不能免的。但有時意思可用簡單的文字講明白，有些哲學家講得很複雜，讓讀者很辛苦，可見詮釋問題還是很重要。比如唐君毅寫六大本《中國哲學原論》，內容非常充實周延，在六本書充分提出和探討中國哲學問題，但在表達方面不能用一種深入淺出的方式給讀者講明白。所以傳達思想和教育有關連，但如此說也不能對唐君毅有太高的要求，因為個人在時間和經歷上都有一定限制。所以我們可以分工，深入淺出地詮釋，把哲學或中國哲學的研究，用一種淺白流暢的文字表達寫出來，這些工作可以分工，最後這個問題還是可以解決。用易懂的義理來教育大家。比如傅佩榮以淺白的文字來闡述哲學深奧的義理，用平易流暢方式表達詮釋，其著作很普及與被大家閱讀，對整個哲學教育有很大貢獻。當然過於表面化也在所難免。一個多產的（prolific）學者總是如此。

一、上田閑照對於「絕對無」的體驗基礎

林春銀：上田認為「絕對無」的主體性的思考依於生命本身，是獨立於一切對象而顯現，是直接當下自然的生活。這種活動的思考主要認為「絕對無」不同於虛無。這種有基礎的思考是透過自我的意識心靈對實體化的超越。當我們可以徹底消解自我意識中的實體化活動，這種解構過程即是「絕對無」的本質超越理性知識，呈現一種生命存在的自由性格，如同上帝與佛陀，各自顯現不同的終極的超越性格。因此上田舉出 Eckhart 的神秘主義的哲學理論主要說明宗教在上帝的絕對性，「上帝本身便是目的，祂不為其他物類而做事、而生活。對於 Eckhart 而言，生活而不問為什麼，是人的最高自由。因為生活本身便是目的，它是自足的。」[1]上田認為生命依自己而生活，那麼只為自己，而不探討為何而生活，倘若我能明白生活有個基底，而依於自己的所有對象而生活，這就是一種超脫。上田認為 Eckhart 的神秘色彩重視個人意味，而禪則超脫個人，把人從實體化的思維和對自我實體化的把握中解放出來。

　　上田依佛教所講的空與「絕對無」展現一種由解構實體主義到建立非實體主義的歷程，透過「絕對無」的作用，轉化為一種簡單與開放性的主體。這種開放多元性的主體不是絕對的一，但也包含本身的主體性。簡單而言，上田認為真理顯現在多元事物的脈絡

1　吳汝鈞：《絕對無的哲學——京都學派哲學導論》（臺北：臺灣商務印書館，1998 年），頁 257。

中，他舉出《碧巖錄》第四十五則公案：[2]

> 僧問趙州：萬法歸一，一歸何處？州云：我在青州作一領布
> 衫，重七斤。

吳汝鈞：你在報告中講到本體的問題，提出「上田認為真理僅有一個本體性」。佛教很少講本體、實體及自性，這些都是虛妄，「本體」是西方形而上學所談，本體就是實體。佛教不講也不承認宇宙的本體或有本體性格，而是要空掉，本體或實體都是虛妄構想所產生的東西，應該要超越與克服它的虛妄性，所以上田認為真理僅有一個本體性。此問題可大可小，佛教是要空，因此把本體與真理連在一起是有矛盾的，然後你提出一的問題及一個公案：「僧問趙州：萬法歸一，一歸何處？州云：我在青州作一領布衫，重七斤。」在這裏，不要被「我在青州作一領布衫，重七斤」所牽纏，這公案是考驗人的思惟與智慧洞見，表面看此公案是矛盾，但這個一不是數字的一，而是一種絕對一。萬法歸一，一就是萬法的所歸，就是萬法的根源，怎可再問一歸何處與根源呢？一在禪宗通常就是無，萬法歸於無，佛教的一就是空，萬法歸於空。你怎可再問「空」或「無」歸到哪呢？在哲學中如果一個答案是無窮回溯，是無效的，所以「我在青州作一領布衫，重七斤」這種不相關的答案，就是萬法的根源，表示一歸何處的問題是不該存在的問題。若

---

2 吳汝鈞：《京都學派哲學七講》（臺北：文津出版社，1998 年），
頁 213。

以一還有所歸，便是頭上安頭。

曾稚棉：這個「歸」的問題很重要，「歸」這個字如同道家的生成論，有生於無，道生一，一生二，二生三，三生萬物，所以萬物可以回到三，三回到一，有個原始點可以歸回去。但佛教沒有這種生成問題，萬法歸一就是要有所本才能歸回去。

吳汝鈞：這個「歸」在佛教是不存在的，只有無或是空，但無和空不是所歸之處，兩者都是虛的，不是實的，也不是馬上便說的「絕對無」。只有終極真理才是所歸，在禪宗可以回答無，在佛教是空，基督教是耶穌、是上帝，道家是自然，儒家是天理、良知。如果你問我這個問題，我會回答「我中午吃意大利麵，喝紅酒」來回答。禪的公案就如鐵饅頭般難啃，它把矛盾的問題頂回去。

林春銀：所以真理是一種不具有任何形式的終極原理，真理的實現如百川匯流於海的具有圓通性格。因此上田認為對於「絕對無」的體驗不能以實體的方式來處理，它是具有一種簡單、簡樸的活動，這種動感是直接的與當下的，也是禪的活動。他引用西谷啟治的說法來表述：[3]

> 在生命的根柢中，我們並沒有基底在下面，可作為站立之所。我們毋寧必須這樣說，生命便是生命，因為它正立根於它可以站立於其上的無何有之所，然而正在這無基底性的自我覺識中，自我的一個新的主體性被實現出來了，這主體性

---

[3]　吳汝鈞：《絕對無的哲學——京都學派哲學導論》，頁 255。

　　湧流過知解、理性和自然生命。

基於這樣對「絕對無」的把握，上田認為「絕對無」的性格是一種直接的且當前的，所以與禪的直接性「沒有為什麼」的活動很貼近。他說生命便是生命，它可以獨立於其他任何的有，在這樣對基底的覺識中，自我的一個新的主體被實現出來，這主體性超越知解、理性和自然生命。

吳汝鈞：在這段話，京都學派提出另一個觀念來講生命的所歸是依於無根柢者。從宇宙萬物所歸的根源說，基督教歸於上帝，依最後的審判，上天堂或是下地獄。佛教所講的是涅槃，如果達不到涅槃就會在六道輪迴。依一切眾生皆有佛性，可達致覺悟與解脫，最後證成空或無。京都學派另提出無基底者。所歸的依據就是沒有所歸之處。其無何有之所，就是無基底者（ground-less-ness），德文是 Ungrund。在這無基底性的自我覺識中，自我的一個新的主體性被實現出來了，這主體性湧流過而超越知解、理性和自然生命。這主體性和理性、自然生命是不同層次的，意思是我們不要以為生命的基礎、所歸的地方是有正面義涵的依據，就是基底（Substratum）。佛教徒講涅槃，基督徒講天堂，道教講神仙居住的地方，因為希望長生不死，作為神仙的最後歸屬。京都學派講的是無基底，是無所歸的所歸，就是空、無。所以生命是如如的生命，不增不減的生命，就是如其所如：恰如其分，無何有之所。如莊子在《逍遙遊》所提，「今子有大樹，患其無用，何不樹之於無何有之鄉，廣漠之野，彷徨乎無為其側，逍遙乎寢臥其下」，這無何有之鄉是一種空靈的狀態。

　　另外你說上田認為「絕對無」的性格是一種直接的且當前的，所以與禪的直接性「沒有為什麼」的活動很貼近。禪沒有問為什麼的問題，不同於科學的探究，講因果關係。禪是講終極真理，超越了科學的真理的俗諦，在層次上比科學真理更高。科學喜歡問為什麼，「絕對無」的世界是沒有為什麼的，一切存在自己都有無上的、不可替代的價值，任何存在不附屬另一存在，任何存在都是目的，其價值是無可代替，是均等的，如帝王與乞丐是兩個不一樣的身分存在，但其價值也是均等，不要有這種分別。在郭象所注《莊子》也有此意味，萬物在外表及作用上不同，但從逍遙角度而言，萬物的逍遙及自由自在的狀態都是一樣，「大小雖殊，逍遙一也」。萬物本身就是目的，當下實現。上田所提在絕對無的場所之存在，都有無可替代的價值。所以莊子講齊物論，「齊」有「一」的意味，齊一也。

林春銀：上田訴求這種深沈自然性，當你把握到這種「絕對無」是一種精神的境界，便可以提供一種精神性的場所，讓萬物在此場所中遊憩，自由無礙。在絕對無的空間內，萬物可以自由地發展自己的特性。

吳汝鈞：這和儒家《中庸》所說的「萬物並育而不相害，道並行而不相悖」相近，但這兩個系統不一樣，《中庸》是實體主義，在這精神實體下萬物並育而不相害，道並行而不相悖。在絕對無的場所，一切事物都可以自由自在遊憩其中，發展自己的性格，但這是非實體主義的精神空間。

林春銀：上田認為絕對真理是從多元事物的脈絡下展示出來，對於

一的不可執著才能是終極真理，那麼真理的實現就會如百川滙流於海的具有圓通性格。因此對於「絕對無」的體驗不能以實體的方式來把握，如上面所說過的。它是一種簡單、簡樸而深邃的活動，這種動感是直接的與當下的，也是禪的旨趣，所以與禪的直接性「沒有為什麼」的活動很貼近。生活就在這種無基底的自我覺識中達到生命自在的精神境，可在生活當中被實現出來，成為我們一種生活方式。

吳汝鈞：你說「對於絕對無的體驗不能以實體的方式來把握」，這句話的行文似乎可以說思惟可以用非實體的方式探究，而絕對無本來就是非實體主義的觀念，所以，最好以實踐的方式來說較妥當，因為體驗是一種實踐的工夫。

二、上田閑照對於〈十牛圖頌〉的闡述

林春銀：關於廓庵禪師的〈十牛圖頌〉，吳汝鈞曾於〈十牛圖頌所展示的禪的實踐與終極關懷〉中有精闢的詳解，提出禪佛教的實踐程序及終極關懷。「由第一圖頌〈尋牛〉開始，以迄第八圖頌〈人牛俱忘〉，是個人的修行階段，目的是要尋回久已忘失了的心牛。第八圖頌達致這階段的極峰，表示修行者已臻於忘主客、齊物我的精神境界。第九圖頌〈返本還源〉與第十圖頌〈入鄽垂手〉則表示修行者尋回心牛，個人的覺行圓滿後，仍然不捨世界，要把自家修得的功德，回向世界，以垂手拱立的謙卑方式，服務人群，引導他們覺悟本具的心牛，共享解脫的果實。這是禪佛教的終極關懷所

在」。[4]

吳汝鈞：這個牧牛圖分十階段，牧牛如同牧心，心有野性、無明，有種種執著，如牛一般，常被外界對象吸引，被迷惑，然後迷路。所以牧心有如牧牛，牧牛是一種比喻。牧牛要把牠找回來，引導牠向正途，所以我們把心當作一頭牛。

　　這裏主要說明心牛的實踐修證程序有兩個階段，第一個是美學、藝術的階段，即從第一圖到第八圖，是所努力的目標。第八圖〈人牛俱忘〉，人是主體性，牛是客體，到此境界已經沒有主客的分別意識，沒有種種主客、內外相對的分別。俱忘是關鍵字，表示主客合而為一，這就是藝術無我的境界。談藝術有兩種狀況，一種是有我，一種是無我。第八圖是藝術的無我境界，如陶淵明《歸去來兮辭》的語句「採菊東籬下，悠然見南山」，就是無我之境，是藝術最高階段。但從宗教而言這還不是最高，這種修行的完美只限於個人的生命與精神境界之提升，克服主、客及人、我的相對關係，最完美是所有眾生都能有此境界。因此要有宗教目標、普渡眾生的情懷，讓眾生體證終極真理的覺悟境界。雖然藝術和宗教都是一種有價值的文化生活活動，但藝術還有不完美，進一步還是得以宗教完成此目標。如四宏誓願：「眾生無邊誓願度，煩惱無數誓願斷，法門無盡誓願學，佛道無上誓願成」，從藝術境界再進一層。

林春銀：以下則是透過上田閑照如何依牛與牧牛者的關係，展示

---

[4]　吳汝鈞：《遊戲三昧：禪的實踐與終極關懷》（臺北：臺灣學生書局，1994 年），頁 119-157。

「絕對無」禪的境界。依吳汝鈞之闡釋如下：[5]

> 第一圖：尋牛，牧牛者到處
> 找尋牛隻，意指心牛的迷
> 失。上田表示這裏有現實的
> 自己與真正的自己的差別。
>
> 序：從來不失，何用追尋？
> 由背覺以成疏，在向塵而遂
> 失。家山漸遠，岐路俄差，
> 得失熾然，是非鋒起。
>
> 頌：茫茫撥草去追尋，水闊
> 山遙路更深，力盡神疲無處
> 覓，但聞楓樹晚蟬吟。

吳汝鈞：我們的自我作為一個主
體性有兩層，一層是經驗的自我或是現象的自我。現象的自我一切
活動都是依因果律進行，是經驗世界的種種活動，沒有超越的自由
及道德或是良知的自由，一切都是自然形態（natural），這種自我
對外界接觸有一種分別的關係，把自己看成是主體，外界看成是客
體，是一種主客關係的世界。主、客分得很清楚，主體可根據種種
知識的範疇了解客體及自然世界，所以主客觀關係在存有論的地位
是對等的，一切煩惱都是由執著所形成。我們通常講不應有得失之

5　〈十牛圖頌〉的圖解參考吳汝鈞：《絕對無的哲學──京都學派哲
　　學導論》，頁 264-267；上田閑照的詮釋參考 Ueda Shizuteru,
　　"Emptiness and Fullness," in *The Eastern Buddhist*, 15, no.1 (Spring
　　1982). pp.9-37. 圖片則是德力富吉郎所刻摺。

心的涵養，因得和失都指涉客體，有如此分別就有痛苦，會得而喜，失而悲，都是經驗自我的意識。在宗教的修行，要對主客作一種思考與反思，把種種客體徹底的了解與超越，克服經驗的自我，超越主客、內外、得失、存在與非存在、有無、無明法性的分別。所有分別都是經驗性，都要克服，很清楚了解經驗的自我和真我是不同的，要把客體的我克服，把它涵蓋在真正的主體裏。如此，主客無分別，心牛就會在此無分別意識下轉出來，和真我有一種實際的交合。最後我們可以說人的自我有兩層，一層是自由自在的主體性、絕對主體性。另一層是經驗的自我。這種相對待到了一種完美的關係後，經驗及現象的自我是真我的一種影子（shadow），我們要能把真我的影子化掉，讓整個影子回歸到真我的主體性，真我和假我的影子統一，這就是人牛俱忘的境界。無我就是讓有分別意識的我，現象、經驗的我轉化，不是消滅，消滅就是一個空的我，和尼采一樣走向虛無主義，剩下自己（超人），這樣太極端了。我們生命中是有一個真我和假我，而我們的良知在真我，和現實的假我常有不協調的關係，真我和假我對立。「真我」有一種公心、惻隱之心、道心。「假我」是私心、執著之心。兩者時常鬥爭，所以人總是生活在於一種分裂的狀況中，兩種不同性格的自我的分裂，會產生天人交戰，公心和私心的矛盾。人要以公廢私，用公忘私，最後沒有公私的分別意識。

　　佛教說無明、假我與法性、真我，煩惱是假我，菩提是真我，儒家講天理是真我，人欲是假我，所以天理與人欲在鬥爭，是以，王陽明提倡「存天理、去人欲」。但我深覺得人欲不能去，人欲是一種生活基礎，只須要克制與調理。有時，人欲是一種更平實與實在感的生活方式，不需消滅。我們是否要接受儒家所提倡「存天

理、去人欲」作為生活原則呢？還是有一種生活原則，只要管理好人欲，使之不泛濫開來便好呢？

許家瑞：可否不用「去」人欲，用「忘」人欲呢？

吳汝鈞：不能用「忘」，這個人欲的問題還在，忘掉是不徹底、不負責任。要把人欲好好管教，不讓它作我們的主人，我們不隨它的腳跟起舞，但讓它成為我們生活的一部分。

曾稚棉：在這可從義理了解，煩惱即菩提，人欲與聖人都是相對的，重要的是佛教要了解煩惱即菩提是相對的，不是要「去」，而是要了解人欲，接受轉化與提升，如佛陀明白世間是苦，不是要逃避，而是要去接受。

吳汝鈞：我舉個例。愛情是否可以成為道德上的一種價值？我們包容它，這是一般人間的愛情，當然有另一種柏拉圖理想的愛情，他講得太簡單，把愛情放在道德的教條處理，只有情沒有愛。人間的愛情，有愛也有情，要達到愛和情都包容，都不去掉，生活才有踏實現實感。去人欲是更好的作法嗎？如何去？及能不能去？該不該去？都是一個問題。

陳哲晉：這在文學的作品反應很多。如郭小莊的「問天」，即描述一位守寡的婦人，因為對一位秀才動心，在秀才離別赴京趕考前夕，忍不住滿腔情思夜奔秀才書房告白，秀才雖對寡婦也有意，但顧及自己前程而拒絕。這個寡婦就在羞慚倉惶離去時被門夾傷二指，回房以後她羞憤難當，就斷二指以自惕，從此一心撫養兒子。這個寡婦的兒子非常孝順，長大後中狀元。這個秀才後來成為相國

女兒的夫婿，並且坦白將當年的寡婦之情告訴妻子。就在寡婦的孝順兒子為母親上表請荊立貞節牌坊，不料，寡婦以前夜奔書生之事被秀才的妻子所揭露。這時寡婦兒子即將犯了欺君大罪，而寡婦為了救兒，不顧臉面地上殿自呈羞事，皇上念其斷指的勇氣與決心，饒了其子之罪，還賜扁題詞「晚節可封」以為獎勵，不料這個欽賜扁額卻讓寡婦無地自容，只好走上絕路。因為這個「晚節可封」將寡婦曾犯過的羞事公諸於世，讓她無地自容。事後，皇上問秀才當初對寡婦有無動心時，他回答：「論事不論心，論心古今無完人。」當時所奉行的即是「去人欲」的體制，連心動也不行。皇帝表彰當朝為重禮教，因有「晚節可封」的寡婦，可抗拒情欲的秀才，有賢德的妻子，有孝順的兒子。

吳汝鈞：我覺得這種人欲不是大惡，這種表示突顯受制於禮教而殺人這個問題。人的生命是活的，禮教是死的。從現代人看這個問題則不一樣，我認為，人欲還是不可完全去掉，我們對人欲也不可放縱，心理要有警惕。

吳嘉明：大家還是會拿中華文化和儒家架構的道德意識批判，顯現一種民族性格，希望依道德理性或意識作批判。但這有一個問題，人們希不希望把這種道德性格架在一個高度上使人信仰它呢？

曾稚棉：人欲在儒家是被歸於負面？什麼是人欲？

吳嘉明：在朱熹的思惟框架裏，理氣二分概念上，就有氣質之性及天地之性的問題，強調如何變換氣質問題。爾後朱熹在《中和新說》，「喜怒哀樂之未發，謂之中；發而皆中節，謂之和。」這就是情的問題，過度或泛濫的就是情的問題。

林春銀：

第二圖：見跡，牧牛者透過腳印，見到牛隻蹤跡。意旨心牛有跡可循。上田：要突破往外蹤跡，回歸向真正的自己。

序：依經解義，閱教知蹤。明眾器為一金，體萬物為自己。正邪不辨，真偽奚分？未入斯門，權為見跡。

頌：水邊林下跡偏多，芳草離披見也麼？縱是深山更深處，遼天鼻孔怎藏他？

見跡二

見牛三

第三圖：見牛，牧牛者見到牛隻。意指找到心牛。上田：自己對自己本身覺悟的體驗。

序：從聲得入，見處逢源。六根門著著無差，動用中頭頭顯露。水中鹽味，色裏膠青，眨上眉毛，非是他物。

頌：黃鶯枝上一聲聲，日暖風和岸柳青，只此更無回避處，森森頭角畫難成。

第四圖：得牛，牧牛者已經尋回牛隻，並用繩索套住，但牛隻仍不受牽制。意指心牛被找回，牧牛者小心看管住牠，不讓牠往外奔馳，需涵養心牛。上田：由於人即是牛，到底是誰逃跑？誰去追？心牛一直都在，離開的是牧牛者。

序：久埋郊外，今日逢渠。由境勝以難追，戀芳叢而不已。頑心尚勇，野性猶存，欲得純和，必加鞭撻。

頌：竭盡精神獲得渠，心強力壯卒難除，有時才到高原上，又入煙雲深處居。

第五圖：牧牛，由於牛隻仍有野性，故用繩索管束馴和。意指心牛已找回，但舊有習性仍會往外馳騁，需下工夫管束。上田：牧牛與人趨向一體的關係。

序：前思才起，後念相隨。由覺故以成真，在迷故而為妄。不由境有，唯自心生，鼻索牢牽，不容擬議。

頌：鞭索時時不離身，恐伊縱步入埃塵，相將牧得純和也，羈鎖無拘自逐人。

第六圖：騎牛歸家，牛隻找回，又已經被馴服，回復本來樣貌，不再忘失。上田：騎牛歸家，表人與牛為一體。其一體的自然與天地交響而起，與天地相合。

序：干戈已罷，得失還空。唱樵子之村歌，吹兒童之野曲。身橫牛上，目視雲霄，呼喚不回，撈籠不住。

頌：騎牛迤邐欲還家，羌笛聲聲送晚霞，一拍一歌無限意，知音何必鼓唇牙？

第七圖：忘牛存人，牛隻已經找到，沒有必要再想著這件事。意指找尋牛目的已經完成，只剩下我的存在。上田：當事人已經找尋到忘失的真正自己，找尋的自己與被找尋的自己合為一體，這個人是一個現實的以平常心自處的人。

序：法無二法，牛且為宗。喻蹄兔之異名，顯筌魚之差別。如
金出鑛，似月離雲，一道寒光，威音劫外。

頌：騎牛已得到家山，牛也空兮人也閒，紅日三竿猶作夢，鞭
繩空頓草堂間。

吳汝鈞：上田在他所寫《自我現象學》一書的靈感就是由這個〈十
牛圖頌〉引發的，自我現象學就是如何從現象學角度看自我，從實
踐工夫的成就看自我。我們講自我範圍很廣，內容很豐富，自我有
野性、非理性、蠻性、人欲的負面因素；也有正面因素如明覺、超
越、絕對等。人如何從非理性的動物通過實踐的工夫慢慢提升其精
神境界，最後達到真我境界，一切自我中心意識、情欲都被克服，
達到圓融境界的真我，而普渡眾生，就是第八到第十圖的內容。第
八圖人牛俱忘，把真我、假我的分別都去掉，人我合為一體，俱忘
就是沒有人牛分別的意識，沒有公心、私心、天理、人欲、真我和
假我的問題，這是第八圖。第九圖是把修行體驗到的功德積集起
來，返本還源。最後是入鄽垂手，個人功德完成，展開普渡眾生的
工作。「鄽」就是街市，在大賣場的街市去普渡眾生，完成這個目
標，則整個宗教任務完成，這即是最後的理想。

從第一到第七圖都是過程，真正結果是第八圖。沒有主體與客
體、真我與假我的分別，返本還源與入鄽垂手都是宗教教化工作。
入鄽垂手如魯迅提到的兩句話「橫眉冷對千夫指，俯首甘為孺子
牛」，可能是受到〈十牛圖頌〉特別是第十圖頌的啟發。

林春銀：

第八圖：人牛俱忘，把作為客體的牛與主體的牧人都忘掉，意
指超越主客的絕對境界。圖中只有一個圓圈，表示這是個人修

持最圓滿的境界，聖人的往向之路。這是人生美好的境地，對對象不起執著及分別心，順其自然，如其所如地存在，沒有主體與客體的分別意識，達到真如的境界。上田：引領人走向非實體主義的道路，在「絕對無」中，一切形相消散掉，空無掉，這個圓圈就是絕對無。一切實體性思惟都在這種絕對無的場域中消失淨盡。

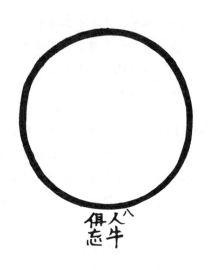

序：凡情脫落，聖意皆空。有佛處不用邀遊，無佛處急須走過。兩頭不著，千眼難窺，百鳥銜華，一場懡㦬。

頌：鞭索人牛盡屬空，碧天遼闊信難通，紅爐焰上爭容雪？到此方能合祖宗。

吳汝鈞：我們日常所執著的事物及情感都從凡情解放。聖意是一種聖人的意思，把成聖成佛的要求同時空掉，沒有聖佛之意，表示徹底的覺悟。聖意從文字看為聖人之意，沒有做聖人的意思。聖人之意與凡夫所構成的分別意識都空掉，但在文字講，「皆」所指有兩種意思，聖或是意，但要把聖和意兩種講皆，在此是不通的，如「聖凡皆空」就解得通，因此「聖意」的「意」是否有寫錯，已經很難考，有可能是人為抄寫錯誤，或是說凡情與聖意兩者都空掉。有佛、無佛是一種心理沒有相對的分別，佛與凡夫的分別，能顯出

分別，分別就是回應聖意皆空。心裏沒「有佛」與「無佛」的分別，到此境界，兩頭不著，不執著有與無、佛與凡夫、存在與非存在、理性與非理性、善與惡，兩端不著，很少人可以理會、窺見此境界，儘管有百鳥含花，都是一場戲，一場鬧劇，人生如戲。

　　碧天遼闊信難通，用一種反面語詞來講碧天遼闊，原本就是自由自在的境界，字面難解讀，有一種超出語言的意味。紅爐焰上爭容雪？到此方能合祖宗。此中的的雪就是執著，把種種執著都去掉，好像把雪放在紅爐焰上，雪如何在紅爐焰上存在呢？「爭」解為怎麼能，在這種處境如何容許雪存放在紅爐焰上呢？合祖宗是禪的最後目標，如達摩祖師所傳四句哲理「教外別傳，不立文字，直指本心，見性成佛」。祖師就是達摩，六祖是禪宗的祖師，宗就是宗旨，祖宗就是祖師的宗旨，這即是禪的宗旨。

林春銀：

　　第九圖：返本還源，修行者走向下之路前的預備階段。意指從超越的境界走出來，用自己的生命力與精神去感化他者，這時的圖是一棵在河邊開著花的樹。上田：主要呈現無我的自我。突破主客的二元性，顯現真我的自由性。由絕對否定達到一種絕對肯定，如此的真我是無自

我性的自由的主體性。如花如其所如地開著，河水如其所如地
湧現。表示真我在自由自在的無限制的環境下自然呈現。這樣
的解釋把自我獨立於其他一切外在的對象，讓真我不依附其他
對象而顯現，「絕對無」已隱含在花朵自身被具體化之中，是
作為一種心靈的呈現，一切自然如此而已。

序：本來清淨，不受一塵。觀有相之榮枯，處無為之凝寂。不
同幻化，豈假修治？水綠山青，坐觀成敗。

頌：返本還源已費功，爭如直下若盲聾，庵中不見庵前物，水
自茫茫花自紅。

吳汝鈞：上田的解讀不是很好，因為他把「絕對無」安上去解釋，
但禪宗只有無，「絕對無」是京都學派所建立。在第九圖以「絕對
無」作主觀的了解。我們可以從字面看本來清淨，不受一塵，涉及
慧能有異於神秀的不同偈語：「菩提本無樹，明鏡亦非台；本來無
一物，何處惹塵埃？」神秀提出「身是菩提樹，心如明鏡台，時時
勤拂拭，勿使惹塵埃。」神秀有修行未到家的分別心，把心比如明
鏡台，不圓融，廓庵禪師在此似是走慧能南宗禪的路。

　　觀有相之榮枯，處無為之凝寂。有相與無相、無為成為一種背
反，有相是熱鬧，無為是凝寂。現象活動或無為境界，都不是一種
幻化，而是一種明覺，可以看到萬物的本質。此處空的本質不是幻
化，不要把禪的覺悟、明覺看成為一種刻意達成的目標，而是一種
依循戒定慧修行而得的自然的境界。到此境界青山綠水，不以成敗
論英雄，是一種心靈工夫。

　　返本還源已費功，爭如直下若盲聾，庵中不見庵前物，水自茫
茫花自紅。這個頌寫得真美真好，返本還源已費功是一種隱密的活

動，不需要大力氣來行動，順其自然而生活，世間的一切煩亂現象都不受影響。庵中不見庵前物，水自茫茫花自紅，這兩句在文學上很美，意境深遠，你們看如何解？

朱契儂：這兩句在講自然狀態，我們處在庵中不用專注某件物體，因為整個世界都是自然狀態，不必在意刻意可以看見什麼或沒看見什麼，水不停在自然流動，花自然綻放。所有一切都是自然運行，沒有我的意識存在，關鍵是「不見」，把我無了，就不會有物的存在。

吳汝鈞：你強調自然運行意味，但不精確。「庵中不見庵前物」為何是自然？庵中如何不見，「不見」應是一種修養工夫。

許家瑞：一種現象超脫的本體的意味，所以已經不是現象，是現象背後的東西。

陳哲晉：修行到此境界，眼前一切事物都不是障礙，見到一切都不是生命障礙，就像是不見，這還不是最高境界，因他還在庵中。

曾稚棉：有種見而不見，在人牛俱忘後，反而會用一種超然的心態看一切事物。如禪宗到了見山還是山，見水還是水的心，用超然的心看見事物，這和第一階段所見不同。「庵中不見庵前物」雖在庵中，所看到庵前物並不是看物體的表象，而是用一種見而不見的超然心態，回到現實世界的心態、超然不執著的心來看。

吳汝鈞：為何見而不見，庵中不見庵前物，是何種道理呢？水自茫茫花自紅，如王弼的《老子注》中提到「不塞其源，不禁其性」，讓其自由自在的發展，沒有任何人為干預，如海德格（M. Heidegger）

的「泰然任之」（Gelassenheit）的態度，這句表現，在文字及義理方面都展現很好的工夫。

瞿慎思：雖然外面事物都在，以其各面目存在，不作分別，讓他們是什麼就是什麼。「庵」就修行來講還是有一種限制，所以還在庵中。

吳汝鈞：這不相干，庵中與庵外不是很相干。在庵中顯示一個主體性，作為一個主體性，庵外是作為主體的相對客體，或者是對象。到這種階段，作為一種主體面對外面客體，不把它當成一種對象來處理。把對象性的執著拿掉，才能看見它如如的本來面目，自由自在的狀態，也就是水自茫茫花自紅。修行境界把主客、認知主體、認知客體或被認知的對象區分都克服，主客、我物二元的分別都克服，不會把庵外的東西都當成對象，一切的認知滲透到物自身，就要把對象性克服。不把主體看成一種主體，不把事物當作一種對象，不執著物是一種對象，有自性的對象。所以庵前物，這個物就是對象，最後把對象性的意識都克服，就是無相，一切如如，無執無著，水才會茫茫花才會自紅。自茫的水和自紅的花就讓它如其所如的存在，不要把對象的概念限制它們的自在性格。最後我們要去除一切二元對立的分別。從分別意識到無分別的境界，就是不要把眼前存在種種都對象化，不然的話，明覺會被對象性所阻礙，不能顯現。庵中就是當事人，主體。庵前物就是面對種種不同事物，不見就是不把它看成種種對象。這就是悟，能這樣體會就能悟。

林春銀：

　　第十圖：入鄽垂手。顯示一老一少在路上相遇。意指修行圓

滿，還落到經驗世界，在人間施教化，為禪的終極關懷。上田：透過兩個人的對話，在我與汝兩者之間，少年人被引領到真我的覺悟問題上去。土要展現自我性的作用，使不落入「我是我」的自我意識中，最後接受轉化，而走入還相境地。

序：柴門獨掩，千聖不知。埋自己之風光，負前賢之途轍。提瓢入市，策杖還家，酒肆魚行，化令成佛。

頌：露胸跣足入鄽來，抹土塗灰笑滿腮，不用神仙真秘訣，直教枯木放花開。

從〈十牛圖頌〉中，牛是被探索的真我，而牧人代表去尋找真我的個人。從尋牛、見牛等前七圖的過程都是在真我方面建立一種修行訓練。第八至第十圖則是真我當下的顯現。意即這是一種正反解構的過程，最後自我形相解散，以純粹、簡單的無相性顯露自己。這個圓即是絕對無，它具足動力，由此再前進，成為一個沒有自我的自我。第十圖是無自我性的境界，修行者不返回自我中心的意識中那個我，卻是最後被轉化，也去轉化眾生。

我們可以發現自我在一種變動中，在這些動感當中，自我不停

由自身開始又回到它自身，因此上田認為真我是無自我的自我。[6]
真我是超越主體性，真我的動感是由自身開始又回到自身。上田所
強調的無自我的自我不是一個實體，而是一種動感的運作與循環。
人生經過磨練之後又重新肯定自己，使生命成長，所以絕對無的主
體性是一種活動的主體，不是存有論的實體，這說明人在自然環境
之中的連動的表現。上田認為超越一己的私我之上存在著普遍的主
體性，如何實現這主體性就靠修行的實踐工夫。「絕對無」是超越
與克服一切二元對立的想法的絕對境界，人要去除自己與佛陀的分
別與執著，從修行實踐工夫達到一體的真我，才可達致禪的自由
性。禪的自由自在是生活的開放性，要達到禪的自由就要靠修行。

吳汝鈞：你所闡述的是上田依京都學派的佛學基礎來提出他的了
解，其實不一定得通過「絕對無」解讀第十圖。我們可以這樣說，
「柴門獨掩，千聖不知。埋自己之風光，負前賢之途轍」，句中所
釋出的消息，是很低調去進行普渡眾生的工作，不拋頭露面去顯露
自己在渡化眾生。在繁忙的市集中作教化雖然很辛苦，但內心很快
樂。就是普渡眾生是很有愛心，不要有神仙身分，以愛心、耐心的
真誠去做事，會有殊勝的效果，可以起死回生，讓枯木開花。如果
你的內心真正關懷這個世界，便要把這個混亂的世界變成有秩序
的。一個人從愚癡轉為明覺是可能的，即使是一個很壞的人，我們
也不能判斷這個人是沒希望了，我們沒有權利判定這個人是沒有被
教養的可能性。作宗教教化、轉化工作的人，對轉化的對象賦予愛
心與耐心，以種種有效的法門去啟發，有一天會使他人轉惡為善，

6　吳汝鈞：《絕對無的哲學——京都學派哲學導論》，頁 259。

轉識成智。即便是很愚笨或滿是罪惡的人，經過苦口婆心的教化，最後亦能轉惡為善，從非理性轉為理性，從執著轉為明覺。

三、小結

林春銀：上田閑照將絕對無的運用，把禪的風景體現在實踐工夫上。我認為他企圖面對西方的虛無主義與存在實有的看法等問題，以佛教空的哲學來超越它們，提出要從京都學派的「絕對無」契入空或禪的佛教哲學。他將牧牛圖中的真我思惟，進一步推到「事理圓融」的境界。他所提出來的根源的主體性哲學亦即空的哲學，主張我們需超越理性思惟所產生的主客對立的二元狀態或關係。從禪的實踐，消解自我的中心意識，從真我的把握開始，消解自我的實在意識，才能解除痛苦和盲動。

第七章 結 論

吳汝鈞：今天要把有關京都學派重要的問題作一總結，包括思想上受到哪一方面的影響？他們對西田提出的「絕對無」，每個人都有自己的詮釋，這個詮釋表示自己關心的問題在哪些方面？再看這和西方哲學、中國哲學、佛教及日本哲學有何關連？京都學派在東亞已經發展為一個很大的學派，哲學的份量很強，對人生、文化影響都很重要。我們可以這樣講，在當代東亞這方面有兩個大學派，一個是京都學派，一個是當代新儒家。這兩個學派到目前，已經發展到相當成熟的階段，不過還在向前開拓中。兩個學派都經歷過第一代、第二代及第三代。到今天，第四代也慢慢冒起來，年紀和我差不多。我先講京都學派，再交待它和當代新儒家的比較。

一、京都學派的代表人物

第一點從人物講起，目前可以說有三代，第四代還在發展中。第一代是西田幾多郎與田邊元。第二代是久松真一與西谷啟治。第三代是武內義範、阿部正雄與上田閑照。第三代只有上田閑照還健在，其他都去世了。第四代比較受到注意的有幾位，大部分我都認識，而且有互動、交流。如花岡永子、大橋良介、小坂國繼、冰見

潔、尾崎誠、藤田正勝，以這些人物為主。不過其中尚未有人提出
一套哲學理論，他們都是在努力中，有些已經退休，有些還在大學
教課。

　　下面我就講這三代人物，在裏面有兩個流派，一個流派是講自
力主義，自力的是要潛心修行展示本有的明覺，主要依靠自己努
力。另一派是他力，要依賴一個他力大能，讓祂幫我們解決生命
上、文化上、宗教上的種種問題。自力的人較多，第一代西田幾多
郎，第二代久松真一、西谷啟治，第三代阿部正雄與上田閑照這五
個人都走自力主義，靠向禪宗方面。另外田邊元及武內義範是屬於
他力主義，靠向淨土宗。這七個人以自力主義為主流，他力主義為
支流。

二、京都學派的哲學立場

　　這個京都學派在哲學的立場是如何呢？自力主義及他力主義是
講修行、實踐方面，他們在哲學方面的基本立場又如何呢？通常我
們講到哲學立場，有不同分法，如理性主義、經驗主義、康德批判
哲學。理性哲學興起於歐陸，經驗哲學流行於英美，康德參考兩
者，開拓出批判哲學。康德哲學下來有幾個有名的哲學家，如謝
林、費希特、黑格爾這些人都是走康德路向，強調人的理性、理想
主義，他們哲學的核心問題主要在觀念方面，所以我們把這種立場
稱為觀念論，或者是觀念主義，因為他們都是德國哲學家，也稱德
國觀念論。往後歐陸哲學的發展就出現現象學、存在主義與詮釋
學。英美方面，有邏輯實證論、實用主義、分析哲學。如我們講當
代哲學，可從歐陸哲學與英美哲學來講，這是近代西方哲學的大體

情形。

　　剛才我講哲學立場可有幾種不同講法，如觀念論是一種講法，代表一種哲學立場。另一種是對反的實在論。觀念論認為終極真理是在觀念，由心靈開拓出來。實在論是把世界種種事物，包括生命存在，都視為有實在性，譬如裝水的壺、包包、眼鏡都有實在性。仔細看來，實在性可分兩個層次，一個是經驗的實在性，另一個是超越的、形而上的實在性。後者最有代表性的是柏拉圖講的理型（Idea），它是實在的，具有實體。這實體（Substance）是一種哲學立場，強調這個宇宙是有形而上的實體，這實體有超越性、普遍性，超越時間和空間的。宇宙的終極真理關連到實體方面，整個世界宇宙都由形而上的實體來統合。這個實體在希臘哲學柏拉圖所講是理型，亞里士多德所講是基體（Substratum）。另一種哲學立場是非實體主義，剛好和實體主義對反，認為這宇宙一切都沒有實體，都是由種種因素條件構成的，佛教即屬於此立場。東方哲學除了佛教以外，還有道家，特別是莊子那套哲學，也可說是一種非實體主義。實體主義以終極真理在實體裏面，非實體主義則以終極原理不能講實體，或是說非實體才是終極真理。佛教是非實體主義，京都學派也是非實體主義。實體主義與非實體主義，從西方哲學、東方哲學舉一些例子。西方哲學在形而上學有兩個傳統。一個是希臘傳統，一個是希伯來傳統，希臘傳統包括蘇格拉底、柏拉圖、亞里士多德，趨向實體主義。希伯來傳統是基督教，也包括猶太教，都是實體主義，強調造物主或上帝是一個大實體，一切東西都是由上帝所創造出來，也順著上帝所指引的方向發展下去。這是西方哲學實體主義的兩個大傳統。

　　西方也有非實體主義，但這是暗流，不是主流，實體主義才是

主流。強調這種哲學立場的是基督教或是德國神秘主義，因為他們都是基督教的信仰，也是德國人。神秘主義有兩個代表人物，一個是艾克哈特（Meister Eckhart）、一個是伯美（Jacob Böhme），強調神或是上帝不是實體而是無（Nichts）。這和佛教的無自性相像，雙方大有對話空間。就是說這個無和東方哲學有接軌。他們強調上帝的本質是無，人類的本質也是無，不講人是上帝創造出來。講到這就停下來，你也可以繼續發揮，上帝是無，人類也是無，那麼上帝和我們是同一的，他們沒有公開講人和上帝是同質，但你可以依此講法推出上帝和人是沒有分別。人分享上帝無的本性。那麼，耶穌扮演的角色就是多餘的了。在基督教裏面耶穌是上帝的道成肉身，耶穌作為人與上帝的溝通者，作為救世主（Messiah），來到人間替人類贖罪。他的任務是為世人贖罪，受盡苦難，釘在十字架上，寶血不停流下來，象徵用寶血清洗世人的原罪。基督教一定要說在人和神之間有一種本質上的分別。如果說人、神同質，那麼就沒有道成肉身的需要，耶穌也變成不必要，教會也不需要，如果是這樣，基督教、教會勢必會瓦解。因此正統教會非常反對德國神秘密主義的講法，排斥他們，把他們看成是異教徒。所以他們在正統的基督教受到排擠，沒有立足之地。大部分基督信徒仍相信上帝是宇宙創造主，具有超越性、常住性與絕對性。而人是經驗性、相對性的，沒有常住性，最後會死亡。

　　基督教神秘密主義發展出這種理論不受歡迎，他們被看成異教徒，離經叛道，所以對西方影響不大。西方認為基督教的教義就是上帝創造出萬事萬物，耶穌是救世主，這是正宗教會的基本理解。可是基督教神秘主義雖然不容於西方，卻受東方歡迎，因為東方很有一部分在宗教與哲學上都是走向非實體主義，最明顯的是佛教與

道家，如莊子。東方哲學、宗教比西方還要多元，有實體主義和非實體主義。比如印度教，強調大梵（Brahman）是宇宙的終極原理，一切萬物都是大梵所創化，也提供運行、活動的規則。儒家也是實體主義，大家比較明白儒家所提的觀念都是實體形態，如天道、天命、天理、良知、本心都是實體。京都學派的哲學立場容易定位，可以安放在一個恰當的地方，就是非實體主義，和佛教、莊子相通。我們也可以說，京都學派的思想脫離不了佛教的影響。

三、京都學派哲學家的思想

我們進一步看京都學派的思想。不同成員以不同的語詞來講終極真理，每個人的基本立場一樣，但如何展示這立場，都有自己的作法；不同的成員都有不同的概念、觀念來講無、絕對無。西田幾多郎講終極真理是「絕對無的場所」，場所是指精神或意識的空間。田邊元則講他力大能阿彌陀佛，終極真理是阿彌陀佛，所以我們要皈依阿彌陀佛，佛教的信仰意味很濃厚。第二代久松真一講無相的自我，通常的我是有相，就是有對象性、執著性，無相就是遠離一切對象性思維，而顯現出超越對象性、執著性的自我、真我。這有點消極的意味，無相是超越現象世界的種種對象，強調無相主體，這裏有一種與實際世界分離的意味，相是現象世界，無相是超越現象世界。西谷啟治則從佛教般若思想的空的觀念來講絕對無。第三代武內義範強調絕對無，以阿彌陀佛作為中心，宇宙萬物都歸向阿彌陀佛，無條件的歸向，萬物因此有一種互動、諧和的關係，一切不同的東西、矛盾與衝突都在阿彌陀佛的悲願裏面給解構，淨土宗的立場很明顯。然後阿部正雄提出實踐意味的非佛非魔，佛是

絕對清淨、覺悟，魔是染污的。通常佛、魔的界限是很清楚的。一般儘量皈向佛而脫離魔的影響，如此則會產生佛、魔二元對立關係。最後我們要突破、超越這種二元對立關係，阿部於是提出非佛非魔，超越佛魔這種相對性的背反，顯出中道（madhyamā pratipad）的意味，就是從兩種極端突破，達到無佛無魔或佛魔同體的圓融境界。

陳哲晉：魔在六道中是哪一種在存呢？

吳汝鈞：十界中在人以下的有四界，阿修羅、畜生、餓鬼和地獄。對於覺悟來講是負面，魔大概是屬於阿修羅（asura）或畜生。牛魔王不也只是畜生嗎？在其上就是人、天，這六種從天到地獄都要經過輪迴，捱盡苦痛煩惱。所以在佛教，上帝不過是人的上一層，不是獨一無二的神。佛教沒有人格神的觀念，如果有人說佛教講人、神，講上帝，對嗎？講，但是境界不高，只是比人高一層而已。天上種種包括玉皇大帝、王母娘娘、太上老君等，這些都要輪迴，沒有達到解脫的境界。

　　阿部正雄提出非佛非魔、動感的空及淘空的上帝，這些語詞是針對基督教而發的。最後上田閑照通過〈十牛圖頌〉第八圖來講絕對無，從人牛俱忘、返本還源、入鄽垂手，從實踐的路數來講絕對無，發展出自我的現象學。這是在〈十牛圖〉裏展示實踐，自己對自己的一種修煉，克服種種自我中心意識，把自我和其它東西，用一種平等心來看待，從自我發展成無我。自我中心意識是不好的，佛教講到對自我的執著，到自我執著成為自我中心的大煩惱，就是我癡、我愛、我見、我慢，這四種執著是人最大的煩惱，所以修行的最大目標就是要去除自我的這四種煩惱，要克服、超越它，然後

才能講覺悟。在這裏他提出新名相「自我現象學」，這是西方沒有提到的。西方胡塞爾是現象學祖師，海德格是他的學生，也是講現象學，後來與胡塞爾分道揚鑣。自我現象學也可說是一套實踐工夫意味非常濃厚的形而上學。在這形而上學裏面證成自我就是解脫的自我，自己就表現為一種絕對的主體性。後來我寫《唯識現象學》及《純粹力動現象學》都有這方面的意味。

林春銀：京都學派所提出的禪與淨土的修行方式為何呢？

吳汝鈞：禪的修行是坐禪，去除種種慾望、意念、念頭，是靠自力的。淨土是他力的修行，修行是唸佛，唸南無阿彌陀佛。南無（namas, namo）是梵語音譯，尊敬、歸命、皈依之意；阿彌陀佛是他力大能，是西方極樂淨土的教主，現在還在那裏，不在地球，在很遙遠的地方，每天講法，在那個殊勝的場所修行，要成佛不難。

吳嘉明：他力的方法如何轉化到轉識成智，其實踐過程的引導性如何？主體性是否為外面改變呢？

吳汝鈞：所謂他力主義就是感受到個人能力有限，我們的生命有許多無明煩惱、自我中心意識、自我執著所產生大煩惱，要把這些煩惱都去掉，得先以阿彌陀佛他力大能作為皈依對象，把自己整個生命存在交出來，由祂安排你的修行，引領你到祂的西方極樂淨土世界的道場。唸佛祈求阿彌陀佛的加持，以阿彌陀佛的悲願接引你到極樂淨土的世界，到了那裏，處處都是對修行好的、正面的因緣，最後便能展示明覺、得覺悟與解脫。先要完全放下自己的主體性，無條件交託給阿彌陀佛，這很難啊！

　　基本上，德國神秘主義艾克哈特所講與淨土微有相通之處，不過淨土要求更嚴格，這也可反映人的力量是多麼脆弱，自己不能完成求覺悟得解脫的目標，需要依靠他力大能的幫助，接引到西方。德國神秘主義則不說這個，他說人和神的本質都是一樣，何必求你呢？自己可以面對種種困難。所以淨土反而和正統基督教相通，要信才得解脫，不信就得在人間受苦、輪迴，接受末日審判。淨土和正統基督教有對話空間。我認為現有的宗教，如是信仰宗教，就要無條件接受宗教的教義都是完美，沒有批評的空間，才能得救。我是覺得宗教信仰非常重要，如果你有信仰是很大的福氣。信仰在宗教情感是一種非常嚴肅的活動，不能預先有一個動機或目標才去信仰，同時在日常生活也要接受宗教的規條。但我找不到現實的宗教可以無條件去接受其中的教義，可我真是很需要宗教，所以要造論，造一套有宗教意義的系統哲學。我提出純粹力動現象學，對我而言，它不但是哲學，也是宗教。

四、京都學派學者和西方宗教、哲學的關係

　　接著我們要談京都學派這些學者與其哲學、宗教有何關連？京都學派學者受到什麼哲學、宗教的影響以發展出他們的哲學？首先看京都學派學者和西方宗教、哲學的關係。我們可以說不同成員都受其他種種哲學與宗教的影響，他們都是踩著宗教、哲學的巨人肩膀而爬上去，以傳統現有的哲學與宗教作為基礎，最後建立自己思想體系。

　　西田主要受西方哲學影響，可以從他的著作看到西方哲學家、宗教家足跡：威廉詹姆士（William James）、懷德海（A. N.

Whitehead）、萊布尼茨（G. W. v. Leibniz）、柏格森（H. Bergson）、黑格爾（G. W. F. Hegel），受到多方面西方哲學的影響，最後發展個人的風格的弔詭性的思考。什麼是弔詭性的思考呢？其字眼就是「逆對應」，是對反的對應，是弔詭的關係。在佛教天台宗也有相似的講法，如煩惱即菩提，生死即涅槃。《維摩經》也說，諸煩惱是道場。愈是負面，環境愈惡劣，愈能引發求道的意志。不認輸，就有希望。還講淫、怒、癡就是解脫。我們要求得解脫，不要在清淨環境裏求，不要在瓊樓玉宇高處不勝寒的地方求解脫，而要在污穢的地方求。所以這種事例很矛盾，是弔詭性的行動。但這可顯出另外一種智慧，面對惡劣的環境，意志就會變得堅強。

　　田邊元有比較實際、比較強的國家社會意識，他一方面受基督教影響，但是傾向淨土宗，基督教和淨土宗有一相同的地方，就是他力主義。田邊元原也受馬克斯主義的影響，馬克斯強調唯物主義，強調我們的意識型態是受生產力的轉變影響，生產方式、意識形態、物質的條件影響我們的價值觀，他提出辯證法唯物論，認為物質有一種辯證的發展的歷程，在唯物主義的基礎上建立歷史觀點：唯物史觀。認為歷史發展是依階級鬥爭而前進，不能獨立發展。馬克斯主義有很多不正確的講法，但有一句話講得很好：哲學不單是要了解這個世界，而且要改造這個世界。這句話的真理性也展示在他身上，馬克斯、列寧在二次世界大戰後，把世界分成共產主義與資本主義。所以哲學不光是理解世界，同時要改造世界，從資產階級改為無產階級，從唯心論改為唯物論，共產主義能對人的信念徹底改變，這是洗腦啊，很厲害。

　　就像儒家的思想仍在影響中國人的文化和生活，它強調觀念論

和唯心論，不同馬克斯主義。大部分歐洲人相信基督教，耶穌改變了西方的文化與生活。我們看歷史不能只看一部分，要放長眼光來看。你看西方國家基督徒比佛教徒、回教徒多。你看世界三大宗教，佛教發展歷史最長，然後是基督教，再來是伊斯蘭教。可發展最盛、信徒最多還是基督教。當年羅馬總督認為耶穌要顛覆羅馬的政權，但你看今天是基督教幾乎征服了西方世界。

陳哲睿：馬克斯思想是獨創的，還是有前例？

吳汝鈞：基本上在希臘思想有一個話題被常拿來討論，就是萬物的根源是什麼？當時有很多不同講法，其中有一個流行講法就是萬物的根源是水，水是物質，物質不是唯物論嗎？有人說火，在印度，地、水、火、風全是唯物，所以馬克斯承繼唯物論的講法，用新的名相再建構、闡釋唯物論思想。沒想到 1989 年天安門事件後不久，蘇聯就分裂、瓦解，問題很多。所以國與國的利益、紛爭時常是物質性的。如現在國與國石油的利益問題，常起紛爭，可以確認物質決定國與國的關係，人與人的意識形態。但這種決定不是絕對的。

　　接著講久松。他是沒有受西方哲學某一特別人物或學派所影響，他對西方哲學的了解也不弱，有一定程度。基本上是承襲德國哲學。他的活動和其他京都學派的人不一樣，很多元，像在京都大學當教授，也成立 FAS 協會，進行很多宗教活動；也講禪的藝術、禪的美感，參與書法、畫、詩、俳句、刻印、茶道等等文化活動，都有相當涵養，是比較全面的人。特別在茶道方面，他發展出一套茶道哲學。晚年時也很熱心進行宗教對話，和西方有名、有影響力的人對話，就是東洋與西洋的對話。他的對話對手都是世界上

頂尖的、一流的宗教家、哲學家，包括海德格（M. Heidegger）、榮格（C. Jung）。

　　跟著是西谷啟治。他的影響愈來愈廣，愈來愈深，西方人想了解宗教，大部分都去日本找層次較高的人，就是京都學派的學者來對話，最熱門的是西谷啟治及阿部正雄。阿部正雄是繼承鈴木大拙。鈴木大拙很有名，他是禪宗人物，屬臨濟宗一派，臨濟宗講動感性很強的棒喝，另一宗派曹洞宗則講打坐，目前日本這兩種禪的活動都很流行，所以鈴木和西方重要思想界的人都有來往。1960年代中期，他去世之後有柴山全慶和山田無文從事這種活動，但影響不大。要到阿部正雄，才能承接鈴木。阿部退休後，到美國進行宗教對話 10 多年之久，晚年才回到日本。上田閑照則是熱衷德國神秘主義，他畢業於德國慕尼黑大學（Universität München），博士論文即是研究德國神秘主義，集中在艾克哈特。所以這幾代學者都有德國背景，只有阿部正雄是例外。

五、京都學派與中國哲學的關係

　　現在說到中國方面。一言以蔽之，京都學派與中國哲學沒有重要的關係。不過因為日本文化主要從中國傳過去，所以中國哲學還有中國宗教，特別是佛教，在日本思想界來說，還是常常有人提到，有相當程度的影響。譬如說儒家思想，像朱熹與王陽明，他們兩位的哲學與實踐方法都傳到日本。日本一般文化方面，不光是哲學、宗教，一般文化領域都有一定的中國的痕跡。不過這是京都學派成立以前的事。它基本上跟西方哲學與宗教有較密切的關聯。這七個人裏面有大部分人在德國待過兩年、三年，主要是學習德國哲

學，特別是現象學。有一些人跟海德格有交往，譬如說，西谷啟治就聽過海德格的講課。西谷對德國神秘主義也很有興趣，也做過不少研究。不過影響最大的還是上田閑照，因為他年輕時曾經在慕尼黑大學念博士，他的博士論文就是講德國神秘主義，特別是艾克哈特，如上面所說。中國方面比較受注意的還是儒家。特別是田邊元，他覺得儒家、基督教、馬克思主義都有可取的地方，因為他們都強調動感，強調哲學家與宗教家不要老是待在很少人去的地方，隱蔽起來，應該出來跟社會多一點互動，做一些貢獻。其他那些人很少提到儒家。在道家方面，阿部正雄有時候提過莊子的思想。西田提過老子的思想，又拿老子的《道德經》來講，可是他對《道德經》裏的道德在理解上出了很嚴重的錯誤。因為他把「道德」語詞解成 morality，就是道德主體所強調的道德性，這完全不對，可以說是捉錯用神。因為《道德經》裏面的道德，不是一般 morality 的意思，而是從義理方面分享道的性質、性格，就是有得於道。這《道德經》的「德」是德性的德，在文獻是如此寫。比較正確的寫法應該是「得」，是個動詞，你有得於道，你是理解、體證這個道，從道裏面承受了它的性格。所以這是完全誤解的地方，而且他們也沒有知覺到。西田是第一代，講錯了，第二代、第三代比較少人講道家，只有阿部正雄講到莊子。到了第四代，比較資深的學者花岡永子講《道德經》的時候，也跟西田一樣去了解，把道德了解為 morality，一錯再錯，沒有人出來把話講清楚。所以我們可以這樣說，京都學派對西洋哲學與宗教在了解上比較正確，對中國哲學就不行。

在佛教這方面，特別是禪對京都學派有相當大的影響。他們在禪的思想與實踐方面，可以說是承受過來再加以開拓。所以我們說

中國哲學與宗教對京都學派沒有很大的影響，那是一般的講法，禪是例外。特別是《六祖壇經》裏面提到「無一物」。「無一物」是從慧能所做的一首偈頌引出來。當年五祖弘忍叫他的弟子每個人寫一首偈頌來展示覺悟的深度。其中名望最高及一般承認繼承衣缽的最佳人選的神秀，就做了一首偈頌：「身是菩提樹，心如明鏡台，時時勤拂拭，勿使惹塵埃。」慧能針對這首作了另外一首：「菩提本無樹，明鏡亦非台，本來無一物，何處惹塵埃？」無一物就是從慧能偈頌「本來無一物」一句抽出來的。基本上，這就是一種實踐的方法，我們不要把種種不同的物體，以為都有自性，不要執著這些物體的自性，它們的本性是空的，是緣起的。我們不應該把它們看成是一種有實體及有自性的。所以本來無一物是一種工夫論的講法。然後慧能繼續展開無一物的實踐，他從三方面來講：無相為體、無住為本、無念為宗。所以無相、無住、無念都是對「無一物」的進一步的詮釋。這三無就是從「無一物」，基本的觀點、基本的實踐原則，進一步開拓。京都學派那些人就把禪裏面「無」這個觀念抓得很緊。再進一步把它向哲學與宗教方面開拓。把「無」提煉成為「絕對無」的觀念，以「絕對無」來解讀終極真理。我們可以說京都學派最重要的觀念就是「絕對無」。

這個「無」的觀念是直接從禪，特別是慧能的《六祖壇經》講的「無一物」與無相、無念、無住，這三無抽出來，把它哲學化、理論化、體系化，成為整個京都學派的哲學體系最重要、最有關鍵性的觀念，直接關連到終極真理問題。終極真理是一個非常普遍的名相。希臘哲學講終極真理，如柏拉圖講理型，從理型了解終極真理。基督教把上帝與終極真理關連起來。到了德國觀念論的黑格爾就提出精神（Geist）這個觀念，特別是絕對精神，他認為絕對精

神就是解讀終極真理最正確最恰當的講法。再下來就是英美方面講實在論（realism），他們認為終極真理和真實性，基本上是形而上性格，如柏拉圖的理型的講法。發展到後期、近代及現代的，像羅素那些人，就把終極真理或實在性擴張，不光是形而上學那些東西有真實性，就連我們在經驗世界所接觸到的種種事物都有實在性。所以它是把實在性、終極真理涵蓋的範圍擴張。不光是形而上的理型與上帝，還有形而下我們日常碰到的經驗性格的東西都有實在性。京都學派在這方面可以說是沒有受到西方哲學的影響，在建構他們的終極真理觀念上，主要是從中國禪的思想與實踐來取經，把禪所講的「無」，提煉成「絕對無」這一個哲學的觀念，以「絕對無」來解讀終極真理。京都學派以「無」的觀念來講終極真理的哲學跟西方哲學主流沒有密切關係，可是跟它的暗流有密切的關係。這個暗流就是由基督教分化出來的神秘主義，把上帝與人的本質都講到「無」這方面。在這一點上，德國神祕主義所講的「無」，一方面有存有論的意味，也有實踐、工夫這方面的意味。所以在這裏，我們可以對這學派所發展出的「絕對無」的來源，作一個總的表述：這「絕對無」跟禪宗所講的無一物、無相、無住、無念有密切關係，再有就是德國神祕主義講人跟上帝的本質都是無，從這兩個根源發展出來的。

　　西方哲學、西方宗教，「絕對無」與「絕對有」，兩者不是放在同一個層次上來講，而是放在一個有高下分別的構造裏面講。就是說，在西方形而上學，「絕對有」是最高的，像柏拉圖講理型，基督教講上帝，都是「絕對有」的形態。在存有論上是層次最高的觀念。可是無不能跟有相比，它們的層次不一樣。它們在不同層次裏面發展出來，這種關係是甚麼關係呢？在西方哲學與宗教來講，

甚麼是無呢？在道家來講，無是道、是自然，有積極的意味，無和自然表示終極真理。在西方哲學不是這樣看，無就是有的狀態消失才有無。比如說我口袋裏有好幾千塊，這是有，我把錢消費掉了，就是無。所以他們了解無，不是把無作為一個獨立的觀念來看，而是附屬於有，「有」消失了，沒有「有」了，就是「無」。所以他們是以無來詮釋有，有是最高的。道家與京都學派就不是這樣看，他們是把有跟無放在對等的位置來看。無是從消極的、負面的來講終極真理，有是從積極的、正面的角度來講終極真理。所以有與無是在同一層次上表述終極真理。這裏提的消極、積極、正面的、負面的，沒有評價的意味，不是說積極的、正面的，價值比較高，消極的、負面的，價值比較低。這兩個觀念是並排的，都是講終極真理，只是從不同面向來講。西方的有或絕對有，是表示從積極的、正面的角度來講終極真理。東方這方面，譬如說道家或京都學派講「無」，也是把它看成終極真理，不過講法不一樣，它們是從消極的、負面的方面來講終極真理。所以「絕對有」跟「絕對無」都是表示終極真理，不過一邊是從積極的、正面的來講，另外一邊是從消極的、負面的來講。這沒有價值的意味，不是說消極的不如積極的，不是這樣，他們並不認為「絕對有」在價值上比「絕對無」為高。所以「絕對有」與「絕對無」是在哲學與宗教上對終極真理不同的表述方式，就像海峽兩岸對於中國講九二共識，各自表述。

　　上面我們講過在東方跟西方都有闡述「絕對無」與「絕對有」，在西方哲學、宗教來講，「絕對有」是主流，「絕對無」是暗流，只有德國神秘主義講這個。在東方來講，兩邊是對等的。印度教、儒家、日本神道教都是屬於「絕對有」的形態。京都學派、佛教，特別是般若思想、禪、道家莊子講到終極真理的時候都用

「絕對無」來講。這是東、西方講到哲學、宗教一些大問題，情況就是這樣。如果有人問東西方哲學不同的地方在哪裏呢？特別是牽涉到終極真理這方面，雙方有甚麼不同，我們就可以像剛才所說的回應這問題。

佛教的華嚴宗跟京都學派在某一程度上有關連。尤其是華嚴宗所講的法界（Dhātu）、法界緣起觀念；這種法界觀或法界緣起觀，在某種程度影響西田幾多郎與武內義範的哲學、宗教。華嚴宗要講出一種法界，一種理想的世界，這種理想的世界是毘盧遮那佛（Vairocana Buddha）在祂的海印三昧禪定中所映現出來的境界。在這種理想的世界裏面，種種事物都是交相輝映，互不相礙，萬物在這種法界緣起的環境裏面，都是處於一種圓融的狀態，不相妨礙。就是在這理想的世界裏面，萬物都有它們的獨一無二的價值跟位置，不能被其他物體所代替。在這個法界緣起的世界裏面，萬物都能夠自由自在的存在於這個世界，遊息於這個世界中，不會有障礙，不會受到來自其它物體的壓力而影響它的活動。在這方面，西田提出場所的觀念，他把場所看作為意識空間或是精神空間。在場所世界觀裏面，種種事物都有自己獨立的價值、獨立的存在性，不能給另外一些東西所取代。少了一個東西，整個宇宙都有改變。譬如說我現在有一個水壺放在這裏，我們想像整個宇宙，包括地球、太陽與其他的星球，在這個環境裏面，就有一個水壺放在這裏。然後，假如這個水壺不存在，那整個宇宙都變了，因為其中有一個因素從有便成無，整個法界、場所及世界都會因為水壺不存在而改變。我們通常講牽一髮而動全身，就是這個意味。譬如說，朱挈儂，妳去理髮，剪掉了一些頭髮，那妳就改變了這個宇宙。本來這個宇宙包括妳在內，妳的存在性也確定於很多因素，頭髮是其中一

個因素，頭髮不見了，因素就有改變，妳整個人都改變，整個宇宙也改變。在法界緣起的觀點下，所有的事物都有它自己獨一無二的價值，都有它自由自在活動的可能性。從這一點來講，在法界緣起的世界裏面，萬物都有同一的存在價值。這裏沒有大小的分別。《莊子》第一章〈逍遙遊〉便說，在道的自然世界，萬物不論大小，都有它們的逍遙的、自由自在獨立的狀態，其他事物不能剝奪或改變這種狀態。到了郭象注解《莊子》，他說萬物不管大小，都能自由自在存在於道的世界中，這裏是平等的。郭象用了兩句就把這意思講清楚，他說「夫萬物大小雖殊，逍遙一也」。如果其中有一個物體變成沒有自由，沒有逍遙的狀態，那就表示世界改變了。所以你可以說道家就是在這種義理下講齊物。《莊子》內七篇有〈齊物論〉，所謂齊物就是萬物都是平等的，在逍遙的狀態下是平等的。

瞿慎思：如果依此理解方式，萬物都是獨立的，不能被其他事物所影響，那就沒有改變，很多關係都不能講了。

吳汝鈞：沒有那麼嚴重！就是牽一髮而動全身，萬物都在不斷運轉的狀態裏面，我們通常覺得一些物體有它的固定性、不變性、常住性等等，其實不是這樣。萬物都在不斷變動中，不斷的轉化、動轉，我們看不到它們改變，是因為我們視覺能力太粗糙、太低，以至看不到它們的改變。像生物學裏提到的變形蟲，身體很小，要放在顯微鏡下面才看得到。所以你不能說看不到就說變形蟲是無。有啊，不過你的眼睛看不見。所以有些哲學家對於這些物體以及構成物體種種的分子、原子進行研究，然後分子、原子可以進一步解析、解構變成另外的粒子，像中子、質子、電子。我在中學唸化

學，唸到原子，原子並不是密密實實的物體，而是有它的結構：中心和周圍，中心裏面有中子、質子，周圍有電子圍繞著，像九大行星圍繞大陽一樣。所以我們不應該把一般物體看成為一個單位，一個實實在在的物體，裏面都是固定的、沒有空間的，不要這樣看。要把它們看成一種結構（structure）。因為一個事物，我們不可能把它一一分拆到最後，分到那些粒子不能再分了，不能這樣看。粒子的固定狀態還是可以打破，我們只能說原子的結構，是由原子核，裏面有中子、質子，外面有電子不停的轉動。我們只能這樣說，不要說成不能再分的東西。今天化學、物理學不能分開，也許未來化學、物理學進步及改變，可以把原子分開。所以這樣講就不對了。要深一層理解，不要把物體看成固定的單位，不能再分。

關於這點，中國哲學界有一位張東蓀提出這樣的見解：我們不要把物體講成真的不能打破，沒有種種構成因素去構成這個物體，所以它就是固定的。我們應該把它看成是一種結構，也就是把它一直還原下去，到最小的單位原子，還是可以再繼續還原下去，不過就是我們的科學達不到那個程度。所以你就可以明白，為什麼當年愛因斯坦（A. Einstein）提出質能互變，愛因斯坦是當代公認最偉大的物理學家，他是第一個發明製造原子彈方法的人。當年納粹黨想做原子彈，如果他們做成原子彈，就可以征服世界。他們知道愛因斯坦有這本領，就到處去找他，後來美國人把愛因斯坦送到美國，納粹黨就找不到他了。他為什麼這麼重要呢？因為他是第一個打破物體的觀念，他認為物體的質量與能量可以互變，怎麼變法，他提出 $E=MC^2$ 的公式。E 是能量，M 是質量，C 是光速，光速還要平方，那能量巨大得不得了。所以當年美國在廣島投下第一個原子彈，整個廣島都受到輻射的傷害，很多人當場死掉，有二十多萬

人死掉，更多人受到輻射的感染，到現在還受到影響。那是 1945 年，超過半個世紀了，負面的效應、影響還在。所以現在化學、物理學已經不講粒子，不講原子、分子、中子及電子，而是講結構。

六、京都學派與日本傳統哲學及宗教的關係

再下來一點，京都學派跟日本傳統哲學及傳統宗教有甚麼關係呢？說到日本的宗教有兩個來源，一個是原本的神道教，教主是天照大御神，日本皇族是祂的血統。日本的天皇現在是平成，前一位是昭和。昭和天皇很有學問，是研究生物學的。有一次我在日本看電視，記者訪問，直接問他：「你做為日本最高領袖，你覺得對於第二次世界大戰的爆發要不要負責任呢？」他回說：「第二次世界大戰引發的人是東條英機。」東條英機在當年是他的手下，後來給吊死，因他是戰犯，發動中日蘆溝橋事變蔓延到全世界，是主要發動戰爭的人。然後他說：「最後日本投降是他下命令的。」你看這個人，心裏面有很多計謀啊！他說投降是我下命令的，不要再打了，再打下去日本就沒了，世界就沒有寧日了。也就是世界和平是因為他下令投降這樣來的。

另一方面是佛教，佛教主要影響日本思想的是禪與淨土。我們講京都學派七個人，這七個人有兩個派系，一個派系是自力主義，是禪；另一個派系是他力主義，是淨土。禪對日本人的生活有很大的影響，可以說是成為他們生活中的一部分，就是禪坐及禪修。有人統計過，日本人為什麼那麼長命，通常都有八、九十歲以上。一個重要的原因是他們修禪，讓自己心平氣和起來，不起種種雜念、不正當念想，這樣整個身體的狀態就能夠保持一種諧和氣氛，沒有

刺激，這樣就直接影響到壽命。另一種就是唸佛，通過唸佛表示對淨土宗的信仰，希望得到阿彌陀佛亦即他力大能的注意，發慈悲心，把當事人引領到西方極樂世界，最後成佛。

禪這方面有一代表人就是道元，它是屬曹洞宗。禪分五家，「一花開五葉，結果自然成」。五家為溈仰宗、臨濟宗、曹洞宗、雲門宗、法眼宗。淨土宗的代表人物是親鸞，他開拓淨土真宗，一般日本人稱他為親鸞聖人，可是他有三妻四妾。道元就學習唐僧去印度取經，他到中國學習禪，受學於天童如淨。還有一個和尚是從中國到日本傳教的，鑒真，他去了幾趟都遇到大風浪，結果撤回。但他不灰心，不肯認輸。好像到了第六次最後那次終於成行，後來沒回中國，在日本落地生根，傳播佛教。

七、京都學派與當代新儒家的關係

最後，我們談一談京都學派與當代新儒家。這兩派的哲學和宗教是東亞最有實力、最有分量的哲學學派。每一派都有幾個世代，京都學派有三代，第四代已經慢慢冒起來。當代新儒學也可以說有四代，第一代熊十力、梁漱溟、馬一浮，第二代唐君毅、牟宗三、徐復觀，第三代杜維明、劉述先、成中英，有人把余英時也放進來。第四代的思想還在發展中。哲學和宗教一成派別，就有封閉性，不能自由思想，京都學派與當代新儒家都是這樣，他們要守家法，不能批評上一代的講法，提出修改，他們有很多限制。

現在因為這兩個派別的名氣越來越盛，影響越來越廣，所以每一方面都有很多人對他們的思想做研究，結果兩邊都有很多著作，講他們的思想，著書與論文都非常多。又有人出來做比較，譬如拿

西田幾多郎和熊十力做比較，因為這兩個人各自創造他的學派。西田是京都學派的創教人，熊十力則是新儒學的創教人。又有人比較唐君毅跟西谷啟治。不過現在有個問題，京都學派與當代新儒學的代表人物，都經過一段非常長久而且艱辛的學問歷程才能提出自己的那套理論。尤其是京都學派，他們那些成員在西方，特別是歐陸哲學、德國哲學，做了很多研究，吸取了他們最好的養分，然後慢慢消化，讓自己的學問充實起來。兩邊的人都做了不少工夫。有些人喜歡做比較，將兩個立場不同的大學派，裏面找一兩個具有代表性的人做一些對比、比較。可是不管是京都學派或是當代新儒家，他們的學問都是經過艱苦的打拼過程而成立，如果你要做比較，得先了解他們學問的根源在哪裏，對那些根源有一定程度的理解，才可以做比較深、比較廣的研究。很多人沒有這方面的基礎，一下子就把兩個代表人物做比較，所以這種比較做起來，在深度、廣度都不夠。因為他們不是很懂、很熟悉那些代表人物的學問背景。譬如說像京都學派這七個人，其中有六個在國外做過研究，特別是在德國，研究現象學、詮釋學、德國神秘主義、基督教等等。可是如果你對這些學問不懂，就拿去跟當代新儒學比較，同時也不很懂新儒學的人的學問背景，所做的比較就沒有專業性，缺乏深度與廣度。

　　劉述先算是新儒家代表第三代，他講過京都學派的「絕對有」，新儒家不能接受，可京都學派就把儒家放在「絕對有」的派別，不是「絕對無」。因為他們的立場是「絕對無」，在這種比對之下對「絕對有」了解得不夠深，不夠廣，而且帶有某種程度的主觀性。我認為不管是講「絕對有」也好，講「絕對無」也好，都不能周延、恰當地把終極真理的內容正確地、完整地講出來，各有所偏。譬如說你講絕對有，如儒家講的天命、天道、天理、良知，或

是印度教講的梵天，因為「絕對有」是陽剛性的學問，講實體，萬物都是由實體創生，所以萬物都有實體性，都有實在性，不是虛妄的，不像佛教講的沒有自性或是空。可是你這樣講「絕對有」，跟它所創造的整個宇宙，萬事萬物，都是真實不虛。那我就提個問題：萬事萬物都是真實不虛，這很好，可是應有一個限度，它們的真實性到了某個階段就得停下來，不要再前進。因為這堅實性如果無窮的發展下去，結果它的堅、實，到了某種程度太堅太實，就會演化成為一種常住論，真實性的常住傾向非常強，常住論一出現，這套學問就有問題。萬事萬物有常住性，或是有非常強的堅實性，那個東西就不能改變。也就是有病，也不要期待病會轉好。你去看醫生都沒有用，因為如果這個病有太強、太堅的常住性，就不能變化，沒有轉好的可能。所以實體主義或是儒家講陽剛性的天道、天命、天理、良知、本心這些觀念，會影響萬事萬物都有很強的真實性、堅住性，便趨向常住論。常住論是一個很嚴重的問題，整個世界都不能改變，道德上的教化、宗教上的轉化都不能講。如果一個人生性愚癡，就是不能改，如果「絕對有」發展到此程度，則道德、宗教及藝術都不能講。如果本性發展到某一程度的太堅、太實，是不能改，修行也沒有用。當代新儒家似乎沒討論這類問題。

　　另外，絕對無也有問題。從佛教的空、無發展出來，如果空跟無這觀念不斷開拓，因為沒有實體，沒有自性，沒有體性，空、無只能作為一種事物真理的狀態來看，它那種力量就不夠，太弱。力量不夠，力動不夠，就不能進行一些艱難的、規模大的活動。終極真理本身發不出巨大的力量去改造眾生，去普渡眾生。這種情況如果繼續氾濫，發展下去就會出現虛無主義，就是把一切都看成是虛空的，一無所有。如果「絕對無」發展到那個程度，也不能講改

變，不能講道德上的教化、宗教上的轉化，因為你的力動不夠。像佛教強調要普渡眾生，因眾生無量，所以一定要有足夠的力量與足夠的時間來進行宗教活動。如果「絕對無」開不出堅強的力動、力量，就不能完成普渡眾生的大事業。因為它是空，是無，沒有實體，只表示事物的無自性、空這種性格，是一種狀態，不是一種力動。狀態是靜態的，它是真實的狀況，在佛教來說是緣起的、無自性的、空的，沒有力量足以改變眾生。

後　記

　　忙了好一段時間，這本書終於基本上完成，可以付印了。此書的篇幅不算多，但我用了很多時間來整理、改正字眼，這樣一改再改，改了四次，才放心，也難為有參予做逐字稿的同學了。

　　這本書跟以往的對話詮釋有明顯的不同。通常同學多是根據我的著作或論文，做出他／她所負責的那部分的報告，在課堂上闡述，我則如常作出種種回應。但在這本書中，同學除了參考我的著作外，也找另外一些有關的書來看。如許家瑞君看阿部正雄的《禪與西方思想》。林春銀君看上田閑照在 *The Eastern Buddhist* 發表的文字。黃奕睿君更在網路上看了不少久松真一的有關茶道的思想與表演，這方面是我所忽略的。他的解說，大大豐富了本書的內容。

　　我在這裏謹祝願有來聽課和參予報告的同學，希望他們繼續努力，加把勁，在學問上有一個美好的未來。

　　　　　　　　　　　　　　　　　　　　　　　吳汝鈞

國家圖書館出版品預行編目資料

京都學派與禪

吳汝鈞等著. – 初版. – 臺北市：臺灣學生，2015.06
面；公分：

ISBN 978-957-15-1649-3 (平裝)

1. 日本哲學 2. 禪宗

131.94　　　　　　　　　　　　　　　104007719

京都學派與禪

著　作　者：吳　　　汝　　　鈞　　　等
出　版　者：臺 灣 學 生 書 局 有 限 公 司
發　行　人：楊　　　　　雲　　　　　龍
發　行　所：臺 灣 學 生 書 局 有 限 公 司
　　　　　　臺北市和平東路一段七十五巷十一號
　　　　　　郵 政 劃 撥 帳 號 ： 0 0 0 2 4 6 6 8
　　　　　　電　話　：（ 0 2 ） 2 3 9 2 8 1 8 5
　　　　　　傳　眞　：（ 0 2 ） 2 3 9 2 8 1 0 5
　　　　　　E-mail：student.book@msa.hinet.net
　　　　　　http：//www.studentbook.com.tw
本 書 局 登
記 證 字 號：行政院新聞局局版北市業字第玖捌壹號

印　刷　所：長　欣　印　刷　企　業　社
　　　　　　新北市中和區中正路九八八巷十七號
　　　　　　電　話　：（ 0 2 ） 2 2 2 6 8 8 5 3

定價：新臺幣三五○元

二　○　一　五　年　六　月　初　版

13102　　　　　有著作權・侵害必究
ISBN 978-957-15-1649-3 (平裝)